Philipp Schaaf mit Fred Sellin

# INSIDE KSK

Philipp Schaaf mit Fred Sellin

# INSIDE KSK

Ein Ex-Kommandosoldat
über das verborgene Innenleben
der Eliteeinheit und ihre Skandale

YES

Originalausgabe
1. Auflage 2023

Türkenstraße 89, 80799 München
info@yes-publishing.de


Umschlaggestaltung: Ivan Kurylenko (hortasar covers)
Umschlagabbildung: Thomas Malik
Layout und Satz: Daniel Förster
Druck: GGP Media GmbH, Pößneck
Printed in Germany

ISBN Print 978-3-96905-274-7
ISBN E-Book (EPUB, Mobi) 978-3-96905-276-1
ISBN E-Book (PDF) 978-3-96905-275-4

# INHALT

## TEIL 3
## IM EINSATZ

Das Buch basiert auf wahren Begebenheiten, wie ich sie erlebte. Ich schildere die Ereignisse aus meiner Sicht, die zwangsläufig eine subjektive sein muss. Aus persönlichkeitsrechtlichen Gründen, um ihre Identität zu schützen und um dem Geheimnisschutz gerecht zu werden, wurden die Namen aller Personen anonymisiert, manche Handlungen an andere Orte verlegt und bestimmte Details verändert.

Ich war mit Leib und Seele und aus tiefster Überzeugung Soldat. Mit der Entscheidung für diesen Beruf habe ich geschworen, meinem Vaterland, der Bundesrepublik Deutschland, treu zu dienen und das Recht und die Freiheit des deutschen Volkes tapfer zu verteidigen. Verfassungstreue, Pflichtbewusstsein, Kameradschaft und die Werte unserer freiheitlichen Grundordnung waren stets Basis meines Tuns. Und doch habe ich Fehler begangen, von denen der schlimmste eine Straftat, ein Verbrechen darstellt – was ich zutiefst bereue.

# BRANDBRIEF DES KOMMANDEURS

***Kommando Spezialkräfte***
*Kommandeur*

*KSK*
*Postfach 1363*
*75353 Calw*

*Calw, 18.05.2020*

*Soldatinnen und Soldaten,*
*Mitarbeiterinnen und Mitarbeiter*
*unseres Kommandos Spezialkräfte,*

*ich wende mich heute auf diesem Weg in schriftlicher Form an Sie. Die Auswirkungen der Corona-Pandemie verbieten es, derzeit eine weitere der Ihnen wohlbekannten Informations- und Weiterbildungsveranstaltungen mit großer Teilnehmerzahl einzuberufen. Doch die Dringlichkeit und Bedeutung meiner Botschaft an Sie alle erlaubt keinen Aufschub.*

*Unser Verband und seine Menschen, also Sie alle, sind wahrlich erfahren im Umgang mit Krisen, Konflikten und besonderen Lagen unterschiedlichster Art, bis hin zum Umgang mit Tod und Verwundung. Doch die derzeitige Krise unseres Verbands hat einen deutlich anderen Charakter und eine für uns alle neue Dimension erreicht. Ich meine nicht zu übertreiben mit der Feststellung, dass unser Verband derzeit die schwierigste Phase seiner Geschichte erlebt.*

*Inmitten unserer Gemeinschaft befanden und befinden sich offensichtlich noch immer Individuen, die dem sogenannten rechten Spektrum zuzuordnen sind. Ob durch ihre fehlende Verfassungstreue, ihre Nähe zur Bewegung der Reichsbürger oder ihre rechtsextremistische Gesinnung und Unterstützung rechtsextremistischer Ideologien, sie alle haben dem Ansehen des Kommandos Spezialkräfte und der Bundeswehr als Ganzes, aber auch jeder und jedem Einzelnen von uns ganz persönlich, massiven Schaden zugefügt.*

*Einen schockierenden Höhepunkt setzt nun der aktuelle Fall vom 13. Mai 2020. Der Betroffene wurde nach Befragungen durch Ermittler des Bundesamts für den Militärischen Abschirmdienst (BAMAD) und des Landeskriminalamts Sachsen sowie Durchsuchungen an seinem Wohnsitz und am Standort Calw vorläufig festgenommen. Seit 14. Mai befindet er sich in Untersuchungshaft. Zudem habe ich gegen ihn ein Verbot zur Ausübung des Dienstes, verbunden mit einem Uniformtrageverbot, verhängt.*

*Die Ermittlungen zu diesem Fall laufen in enger Zusammenarbeit von zivilen Strafverfolgungsbehörden, dem BAMAD und unserem Verband auf Hochtouren. Insbesondere die Zuordnung der gefundenen Waffe, Munition und Sprengmittel, sein Motiv und seine mögliche Vernetzung mit Gleichgesinnten stehen hierbei im Mittelpunkt. Doch eines ist schon jetzt klar, dieser Fall stellt eine neue alarmierende Qualität dar.*

*Wir müssen uns der Realität stellen, denn unser aller Ruf, die Reputation unseres Verbands und das Ansehen der Bundeswehr stehen auf dem Spiel. Gerade an uns, als dem Kern der Spezialkräfte der Bundeswehr, müssen die höchsten Ansprüche in Haltung, Pflichterfüllung und treuem Dienen gestellt werden. Ein tadelloser Charakter, eine gereifte und stabile Persönlichkeit sowie ein unerschütterliches Wertefundament, basierend auf den Werten unserer freiheitlichen demokratischen Grundordnung, müssen der Anspruch an uns selbst, also an jede und jeden in unserem Team sein. Denn die Werte unseres Grundgesetzes verleihen unserem Dienen erst Sinn, Wirkung und damit Wert.*

*Das Vertrauen unserer Gesellschaft, unseres Parlaments sowie unserer politischen Leitung und militärischen Führung in unser vorbildliches Wertefundament ist somit Voraussetzung und Basis für unseren Dienst und unsere militärische Aufgabenerfüllung.*

*Wir alle haben geschworen, der Bundesrepublik Deutschland treu zu dienen und das Recht und die Freiheit des deutschen Volkes tapfer zu verteidigen. Das heißt, Verfassungstreue ist unsere Pflicht und Mäßigungsgebot sowie Wohlverhaltenspflicht gehören untrennbar dazu.*

*So haben wir unsere Verfassung nicht nur anzuerkennen, sondern müssen aus innerer Überzeugung und Pflichtbewusstsein innerhalb und außerhalb des Dienstes, ob in oder ohne Uniform, aktiv für sie eintreten und sie verteidigen. Der Präsident des BAMAD bringt es in seinem Vorwort zum MAD-Report 2019 auf den Punkt:*

*»Verfassungspatriotismus ist unser Beruf.«*

*Damit rufe ich all denjenigen, die sich möglicherweise noch in unseren Reihen befinden und genau wissen, dass sie diesen verbindlichen Ansprüchen und Anforderungen nicht gerecht werden oder gar mit dem rechten Spektrum sympathisieren, klar, unmissverständlich und entschlossen zu:*

*Sie verdienen unsere Kameradschaft nicht!*

*Sie gehören nicht zu uns!*

*Sie sollten aus eigenem Antrieb unseren Verband und die Bundeswehr verlassen!*

*Tun Sie es nicht, werden Sie feststellen, dass wir Sie finden und entfernen werden!*

*Unsere Bundesministerin der Verteidigung hat bereits mehrfach klargestellt: »Niemand, der in radikaler Art und Weise in unseren Streitkräften auffällt, hat in der Bundeswehr Platz.«*

*Und somit rufe ich all den Verfassungspatrioten des Kommandos Spezialkräfte zu:*

*Wir werden gemeinsam diese eingeschlagene und konsequente »Null-Toleranz-Linie« entschlossen weiter umsetzen.*

*…*

*Wir werden die vollständige und umfassende Aufklärung aller Fälle mit all unserer Kraft und unseren Möglichkeiten vorantreiben und unterstützen. Das liegt in unserem ureigenen Interesse.*

*Ich darf Ihnen aber auch versichern, dass bei der Aufklärung der Vorhaltungen in jedem einzelnen Verdachtsfall die rechtsstaatlichen Grundsätze und Regelungen der Wehrdisziplinarordnung gewahrt bleiben werden. So müssen auch Vorverurteilungen oder Verallgemeinerungen auf alle Angehörigen unseres Verbands unterbleiben.*

*Und seien Sie sich gewiss, bei diesem umfassend angelegten Aufklärungs- und Veränderungsprozess wird nicht übersehen werden, dass die weit überwiegende Mehrheit von Ihnen tadellos, vorbildlich verfassungstreu und hochmotiviert unserer Bundesrepublik treu dient und unser aller Recht und Freiheit unter Einsatz ihres Lebens tapfer verteidigt.*

*So verstehe und teile ich auch Ihren Wunsch und den Ihrer Familien nach einer sachlichen, auf Fakten beruhenden und fairen Berichterstattung sowie insbesondere nicht unter Generalverdacht gestellt zu werden. Doch um dieser berechtigten Forderung Nachdruck zu verleihen, müssen wir als Gemeinschaft auch unseren Beitrag zur Veränderung entschlossen und wahrhaftig leisten!*

*Somit rufe ich Ihnen, den Verfassungspatrioten des Kommandos Spezialkräfte, erneut zu:*

***SIE sind der Schlüssel zur Veränderung unseres Verbands!***

***SIE machen mit Ihrer Wahrhaftigkeit und mit Ihrer richtig verstandenen Kameradschaft den entscheidenden Unterschied!***

***SIE sind das Kommando Spezialkräfte!***

*Gemeinsam werden wir das Kommando Spezialkräfte der Zukunft gestalten:*

*Professionell, modern und einsatzbereit mit strategischer Relevanz für die Sicherheit der Bundesrepublik Deutschland und seiner Bürgerinnen und Bürger und auf Basis eines verdienten Vertrauens von Parlament und Gesellschaft.*

*Um dieses Ziel zu erreichen, wird wie so oft in unserer Geschichte gelten:*

*Der Wille entscheidet!*

*Ich danke Ihnen für Ihren treuen Dienst, Ihr entschlossenes und richtungsweisendes Handeln und Wirken für unser Kommando Spezialkräfte der Zukunft.*

*Mit kameradschaftlichen Grüßen,*

*Ihr*

*(Unterschrift)*

*…*

*Brigadegeneral*

## TEIL I

# GAME OVER

# KONSEQUENZEN

Mittwoch, der 13. Mai 2020. An diesem Tag sollte mein Leben an die Wand fahren. Ein Vollcrash, und zwar der übelsten Art, den ich mir allerdings selbst eingebrockt hatte. Nichts würde danach sein wie vorher, aber das wusste ich noch nicht, ahnte es nicht einmal, als ich an dem Morgen zwischen Aufstehen und Hausverlassen die gewohnte Routine ablaufen ließ, mit den Gedanken voraus, konzentriert und zügig, um keine Zeit zu verplempern – wie es nach all den Jahren des Soldatseins in mir drinsteckte.

Ich wohnte in Schwarzenberg, Landkreis Calw, Baden-Württemberg, in einer Wohnung zur Miete, war also Heimschläfer, wie es bei der Bundeswehr heißt. Der Ort gehört zur Gemeinde Schömberg, die sich auf einem Höhenzug südlich von Pforzheim erstreckt, etwa 650 Meter über dem Meeresspiegel. Nur um es grob zu verorten – es gibt ungefähr ein Dutzend Schwarzenbergs in Deutschland.

Die Wohnung teilte ich mit Anna. Sie war damals meine Freundin, mittlerweile sind wir verheiratet. Anna diente wie ich beim Kommando Spezialkräfte, dem KSK. Dort hatten wir uns auch kennengelernt. Sie gehörte dem Spezialhundezug an, ich der 2. Kommandokompanie. Jener Kompanie, die seit geraumer Zeit öffentlich am Pranger stand, unter Beschuss von Journalisten, Bundeswehrgegnern aller Lager und nicht zuletzt von Politikern – bis hin zur obersten Chefin aller Soldaten, der Verteidigungsministerin. Das war zu der Zeit Annegret Kramp-Karrenbauer, bei uns hieß sie nur AKK. Wie es im Politikgeschäft gern gemacht wird, hatte sie mit dem markigen Spruch vom »eisernen Besen« medienwirksam verkündet, bei unserer Truppe durchkehren zu wollen.

Zurück ging das Ganze auf eine Geschichte, die in den Medien als »Schweinekopfparty« eine gewisse Berühmtheit erlangte, auf die niemand stolz sein konnte – nicht so, wie es in fast allen Medien dargestellt wurde. Wobei wir, die dabei waren, den Abend durchaus als gelungen empfanden. Gemeint war die Abschiedsfeier für unseren damaligen Kompaniechef im Frühjahr 2017, die im Nachgang zum größten Skandal in der Geschichte des KSK deklariert wurde – von Presse und Politik gleichermaßen, da waren sie sich ausnahmsweise mal einig.

Auch der zuständige Wehrdisziplinaranwalt (WDA), zu dem komme ich gleich, und die Kollegen vom Militärischen Abschirmdienst (MAD) nahmen sich der Sache an und quetschten alle aus, die an dem Abend dabei waren, jeden einzeln. Insgesamt an die 70 Mann. Und eine Frau, um korrekt zu sein, unseren Versorgungsdienstfeldwebel, damals die einzige Soldatin der Kompanie.

Mich hatten sie zwei oder drei Mal vernommen. Der letzte Termin lag eine ganze Weile zurück. Nun war wieder einer dieser roten Zettel in mein Postfach im Geschäftszimmer geflattert, das früher die Schreibstube war, wo der gesamte Schriftverkehr abgewickelt wurde. Schön altmodisch: Knallroter Zettel, schwarze Schrift – da wusste man sofort, die »Zweier« wollen wieder was von einem. Viel stand auf den Zetteln meistens nicht drauf, hauptsächlich wann und wo man erwartet wurde.

Die Zweier, so nannten wir die vom Führungsgrundgebiet 2. Militärisches Nachrichtenwesen. Eine der Stabsabteilungen. Beim KSK gibt es – wie generell bei der Bundeswehr – sechs solcher Führungsgrundgebiete (FGG), von der Personalverwaltung über Ausbildung, Planung, Materialversorgung und Logistik bis zum Fernmeldewesen, also sämtliche Bereiche, die notwendig sind, um das Funktionieren der Truppe zu organisieren.

Einer der Aufgabenbereiche, um die sich die Zweier zu kümmern hatten, umfasste alles, was mit innerer Sicherheit zu tun hatte: Schutz vor Spionage, Zersetzung der Truppe, Sabotage, Extremismus und Terrorismus. Dabei arbeiteten sie eng mit dem MAD zusammen. Ein solcher roter Zettel konnte also auch bedeuten, dass man am Ende jemandem von denen gegenübersaß. Oder dem Wehrdisziplinaranwalt. Den kann man mit einem Staatsanwalt vergleichen, nur dass er nicht gegen Zivilisten ermittelt, sondern gegen Soldaten, die verdächtigt werden, ein schwerwiegendes Dienstvergehen begangen zu haben. Er nimmt Verstöße gegen das Soldatengesetz oder die Wehrdisziplinarordnung ins Visier. Ist an den Vorwürfen etwas dran, landet derjenige vor einem Truppendienstgericht, wo der Wehrdisziplinaranwalt praktisch als Ankläger auftritt. Außer es handelt sich um Straftaten, dafür sind dann ordentliche Gerichte zuständig, die zivilen – Amtsgerichte, Landgerichte ... bis zum Bundesgerichtshof.

Normalerweise hätte Anna die ganze Woche freigehabt. Sie war am Wochenende zu ihren Eltern gefahren und wäre noch ein paar Tage geblieben, hätte man sie nicht kurzfristig in die Kaserne befohlen. Es hieß, sie müsse irgendwelche Formulare zur Materialrückgabe unterschreiben. Die Sache sei dringend.

Uns kam diese Anweisung etwas seltsam vor. Weder stand für ihren Zug ein Auslandseinsatz bevor noch hätte sie zu einer Übung weggemusst oder zu einem Lehrgang. Warum, fragten wir uns, war es dann so wichtig, dass sie den Kram unbedingt an diesem Tag unterschrieb und nicht in der nächsten Woche, nach ihrer freien Zeit? Andererseits waren wir beide lange genug bei der Truppe, um zu wissen, dass man nicht immer alles verstehen musste, was angeordnet wurde. Damit will ich sagen, dass wir uns nicht ewig die Köpfe zermarterten. Schon gar nicht kam mir in den Sinn, dass es etwas mit meinem Termin auf dem roten Zettel zu tun haben könnte.

Da Anna erst später auf ihrer Dienststelle zu erscheinen hatte, machte ich mich allein auf den Weg. Wie üblich verließ ich um Viertel nach sechs die Wohnung, stieg in meinen schwarzen Golf, der vor dem Haus parkte, und düste los. Blauer Himmel, die Sonne schien, aber es war kühl – das Thermometer zeigte fünf Grad an. Obwohl die Eisheiligen vorüber waren, ließ der Frühling weiter auf sich warten. Bis Mittag, verkündete der Wetterbericht im Radio, würden Wolken aufziehen, die Regenschauer brächten. Eine geradezu sinnbildliche Prophezeiung, wenn ich heute daran denke.

Die Strecke hätte ich mit geschlossenen Augen fahren können: zuerst ein Stück nach Süden, bis der Ort hinter mir verschwand, dann nach links, Richtung Osten, auf die Landstraße, die den Wald durchschnitt – anfangs gerade, dann wurde es kurviger – und nach Bad Liebenzell führte. Dort ein kurzer Stopp an einer Bäckerei, die direkt an der Straße lag. Auch das ein morgendliches Ritual. Eine Semmel mit Käse, eine mit Wurst – to go, für später. Manchmal nahm ich einen Becher Kaffee dazu, an dem Morgen nicht.

Wahrscheinlich würde ich mich gar nicht so genau daran erinnern, wäre es beim Rausgehen nicht zu einer merkwürdigen Begegnung gekommen. Ich sah, wie eine Frau, die neben mir bedient worden war, ebenfalls der Tür zustrebte. Also ging ich einen Schritt voraus, um ihr die Tür aufzuhalten. Keine große Sache, für mich eher eine Selbstverständlichkeit, wie ein natürlicher Reflex. Doch die Gute, die Mund und Nase hinter einer FFP2-Maske verbarg und deren Hände in Handschuhen steckten, schien das anders zu sehen. Ich trug ebenfalls eine Maske. Wer sich erinnert: Zu der Zeit war die erste Coronawelle gerade überstanden. In den meisten Geschäften galten jedoch weiterhin die üblichen Abstandsregeln und Schutzmaßnahmen. Jedenfalls, als der Frau klarwurde, dass meine nett gemeinte Geste ihr galt, blieb sie augenblicklich wie vom Donner gerührt stehen und fauchte mich an: »Aus dem Weg, los, verschwinden Sie!!! Stecken Sie mich bloß nicht an!«

Auch das hätte man als ungutes Vorzeichen auslegen können – wenn ein Tag schon so begann … Doch in dem Moment war ich höchstens verdutzt. Ich hätte mit einem »Danke!« gerechnet oder wenigstens mit einem wortlosen, aber freundlichen Nicken.

Ansonsten ging mir nur durch den Kopf, wie viel Angst und Schrecken dieses verfluchte Virus unter den Menschen verbreitete.

Apropos Virus: Vor Covid-19 knickte selbst eine Truppe wie das KSK ein. Das Virus machte alle gleich. Wie in vielen Betrieben, wo dies möglich war, hatten sie auch bei uns den Großteil der Kameraden, die nicht zwingend gebraucht wurden, vorsorglich nach Hause geschickt. Damit sich niemand unnötig infizierte.

Neben dem Kompaniechef, dem Kompanietruppführer, unserem Versorgungsdienstfeldwebel und – temporär – dem Spieß, der »Mutter der Kompanie«, gehörte ich zu den wenigen, die ihren Dienst in der Kaserne regulär fortsetzten. Soweit man es unter den Umständen als regulär bezeichnen konnte. Spätestens im Speisesaal wurde man jedes Mal daran erinnert, was für eine verrückte Zeit wir durchmachten. Vor der Pandemie waren die Tische zu langen Tafeln aneinandergereiht, man saß dicht an dicht, es ging ziemlich wuselig her, entsprechend hoch war der Geräuschpegel. Kam man jetzt in den Saal, herrschte Totenstille. Die Tische standen einzeln, weit auseinandergerückt, und an jedem gab es nur einen Stuhl.

Ich hatte ein eigenes Büro, im Erdgeschoss unseres Kompaniegebäudes, wo sich auch die der anderen befanden, war Teil des PLEX-Teams, das mit mir aus vier Mann bestand. PLEX stand für Planning and Exercise. Ganz korrekt nannte sich der Posten: Führer der Planungs- und Führungszelle der Kommandokompanie. Das heißt, ich plante und organisierte Ausbildungs- und Übungsmaßnahmen, führte einige auch selbst durch. Taktik, Raumkampf, klassische Infanterie, quasi alles, was den eigentlichen Kampf eines Soldaten betraf. Der Kompaniechef gab die Rahmenparameter vor, welche Inhalte, wie sie abgehandelt werden sollten und so weiter. Dementsprechend entwarf ich am Rechner Pläne, telefonierte herum, suchte nach geeigneten Übungsplätzen und schrieb Anforderungen, um all die Dinge zu regeln, die für die Umsetzung der Vorhaben erforderlich waren.

Wobei man sich das nicht so vorstellen darf, dass ich in der einen Woche etwas plante, was dann in der darauffolgenden stattfand. Oder im darauffolgenden Monat. So läuft das bei der Bundeswehr generell nicht, beim KSK ebenso wenig. Das meiste wurde ein Jahr im Voraus geplant. Jede Kompanie – zu meiner Zeit gab es vier Kommandokompanien – machte das für sich, reichte die Vorhaben anschließend beim Stab ein, wo die »Dreier«, also die vom Führungsgrundgebiet 3, die unter anderem für das Thema Planung zuständig waren, einen Gesamtplan erstellten. Der nannte sich Jahresvorhabenübersicht – JVÜ – und war quartalsweise aufgegliedert.

Durch die Pandemie geriet vieles durcheinander, und noch mehr fiel aus. Trotzdem sollte weiter geplant werden, praktisch ins Blaue hinein. Irgendwann würde Corona vorüber sein. Dann mussten die Ausbildungs- und Übungsvorhaben stehen, um sie ohne weitere Verzögerung angehen zu können. Deswegen fuhr ich jeden Tag in die Kaserne und erledigte meinen Job.

Es dauerte etwa 25 Minuten, inklusive des Zwischenstopps, bis ich in Calw ankam. Die Graf-Zeppelin-Kaserne, seit ihrer Gründung 1996 Standort des KSK, liegt etwas außerhalb auf einem Hügel, während sich der Ort im Tal an der Nagold entlangschlängelt – die Altstadt mit ihren Fachwerkbauten und dem Geburtshaus von Hermann Hesse auf der westlichen Seite des Flusses. Das Kasernengelände ist eingezäunt und der Zaun alle paar Meter mit Warnschildern versehen: »Militärischer Sicherheitsbereich … Betreten verboten! Vorsicht Schusswaffengebrauch!« So auch der sich ostwärts anschließende Standortübungsplatz. Er liegt noch ein Stück höher auf dem Muckberg, wo sich Wiesenflächen, Hochwald mit dichtem Unterholz und versprenkelte Kusselgruppen (so werden bei der militärischen Geländetaufe Kombinationen aus niedrigen Bäumen, Büschen und Sträuchern bezeichnet) abwechseln. Außerdem befinden sich auf dem hügeligen Areal ein kleiner Sportflugplatz, den wir unter anderem für Teile der Freifallsprungausbildung nutzten, ein Handgranaten-Wurfstand, ein Sprengplatz und ein kleines Übungsdorf.

Am Kaserneneingang zog ich meine Zutrittsberechtigungskarte durch den Leser, woraufhin sich die Schranke öffnete. Der Wachmann grüßte freundlich, ich grüßte zurück. Alles war wie immer.

Die Chipkarte, sie hatte die Größe einer Kreditkarte, war mit einem Passfoto und einem blauen Dreieck versehen. Dass ich zum Kommando Spezialkräfte gehörte, konnte man anhand der Karte nicht erkennen. Dasselbe beim Truppenausweis. Darauf stand, neben der Personenkennzahl, lediglich »BMVg« – für Bundesministerium der Verteidigung, aber keine Angabe zur Truppenzugehörigkeit.

Die Kaserne wurde von einer privaten Sicherheitsfirma bewacht. Mittlerweile ist das überall gängige Praxis bei der Bundeswehr. In Calw war es schon so, als ich das erste Mal dorthin kam, 2001, zum Eignungsfeststellungsverfahren, wie das damals hieß. Angeblich eine Kostenfrage, also das mit dem zivilen Wachdienst. Bestimmt auch eine Frage des Personals. Das KSK hat seit jeher Schwierigkeiten, genügend Bewerber zu finden, die den charakterlichen Anforderungen gerecht werden und die entsprechende körperliche Leistungsfähigkeit mitbringen. Laut einem internen Dienstschreiben des Bundesverteidigungsministeriums waren im Mai 2022 lediglich 83 Prozent der militärischen Dienstposten in Calw besetzt. Bei den dienstpostengerecht ausgebildeten Kommandofeldwebeln lag die Quote mit 67 Prozent sogar noch deutlich darunter. Die Anforderungen, physisch wie psychisch, sind allerdings auch nirgends so hoch wie beim KSK, mit Ausnahme der Kampfschwimmer vielleicht.

Zusätzlich zum zivilen Wachschutz wurde eine militärische Wache eingesetzt, die ebenfalls den Eingangsbereich im Blick hatte. Der äußere Kasernenzaun war mit Bewegungssensoren ausgestattet, wie man sich denken kann bei einem solch sensiblen Objekt. Sobald auch nur ein Tier gegen den Zaun sprang, wurde Alarm ausgelöst und sofort griffen die verschiedenen Sicherungsmaßnahmen. Details verrate ich nicht. Nur so viel: Obwohl ich lange dort diente, fast 20 Jahre, und die Gegebenheiten bestens gekannt haben dürfte, wäre ich niemals der Idee verfallen, unbefugt auf das Gelände zu gelangen. Unbeobachtet war man dort nie und nirgends. Dafür sorgten neben dem Wachpersonal etliche Überwachungskameras, die 24/7, also rund um die Uhr, in jedem Winkel sämtliche Bewegungen registrierten. Die Monitore dazu flimmerten im Wachgebäude am Eingang.

Ich fuhr direkt bis zum Kompaniegebäude, wie sonst auch. Ein beigefarbener Block, Erdgeschoss und zwei Stockwerke, rotes Dach mit versetzter Schräge. Davor Parkplätze für die, die zur Kompanieführung gehörten. Und wieder liefen Automatismen ab: Raus aus dem Golf und rein ins Gebäude, die Treppe hinauf in den zweiten Stock, wo sich meine Stube befand. Dort zog ich meine Uniform an und verließ das Zimmer gleich darauf, stieg die Stufen wieder hinunter, um pünktlich zur Morgenrunde im Besprechungsraum zu erscheinen, der lag im Erdgeschoss – militärisch pünktlich, also fünf Minuten früher. Bis sieben Uhr fanden sich auch die anderen ein, Kompaniechef, Kompanietruppführer und so weiter, die Tagesbesprechung begann.

Falls sich einer der Anwesenden ungewöhnlich verhielt, so muss mir das entgangen sein. Ich glaube aber, keiner benahm sich anders als sonst. Ich erinnere mich auch nicht, dass ein Thema auf den Tisch kam, das irgendwie aus der Reihe fiel, womöglich einen versteckten Hinweis darauf enthielt, was mir bevorstand. Niemand im Raum schien eine Ahnung zu haben, was sich zur selben Zeit nur wenige Schritte entfernt zusammenbraute. Obwohl, zusammengebraut hatte es sich schon vor diesem Tag.

Um 8:30 Uhr stand mein nächster Termin an. Zumindest hatte ich es so gespeichert – der rote Zettel, die Zweier. »Zeugenvernehmung« hatten sie draufgeschrieben. Im Stabsgebäude, genauer gesagt im Kleinen Stab. Dort saß nicht der KSK-Kommandeur, sondern der Kommandeur der Einsatzkräfte, in der Hierarchie eine Stufe darunter.

Punkt 8 Uhr klingelte mein Telefon. Ein Feldwebel aus dem Stab. Er meinte, ich sollte eigentlich dort sein, der Termin wäre genau jetzt.

So schnell war ich vermutlich noch nie zum Stab runtergeflitzt, das Gebäude lag etwas tiefer. Dass mir das passierte! Pünktlichkeit ist für mich kein Würfelspiel, im Dienst sowieso nicht, aber auch sonst. Vielleicht hatten sich die Zweier auf dem Zettel mit der Uhrzeit vertan, aber jetzt blieb keine Zeit, um das zu ergründen.

Fürs Stabsgebäude besaß ich eine Zutrittsberechtigung, die Chipkarte, die ich am Kaserneneingang benutzt hatte, öffnete mir auch dort die Tür. Aber nicht die ein Stockwerk darüber, dem Zugang zum Kleinen Stab, dort musste ich klingeln, damit mich jemand reinließ. Es ging ruckzuck – und schon fand ich mich in einem Raum wieder, den ich bereits kannte.

Dort hatte ich schon einmal gesessen – vor demselben Mann, der mich jetzt mit einem »Guten Morgen« empfing, weder freundlich noch unfreundlich, neutral könnte man sagen. Ich erwiderte den Gruß ebenso dienstlich-förmlich.

Es war der für uns zuständige Wehrdisziplinaranwalt. In Zivil. Er trug einen Anzug – grau, wenn ich mich recht entsinne. Unsere dritte Begegnung. Die erste fand in Stadtallendorf statt, 2017, in jenem Sommer, als es mit den Ermittlungen wegen der Schweinekopfparty anfing. Damals musste ich in der Herrenwald-Kaserne erscheinen, seinem Dienstsitz. Dort befindet sich auch der Führungsstab der Division Schnelle Kräfte, eines Großverbands aus leichten und schnellen Kräften des Heeres mit insgesamt rund 20 000 Soldaten, die unter dem Motto »einsatzbereit – jederzeit – weltweit« als hochbewegliche Infanterie im Verbund mit Hubschraubern und Flugzeugen der Luftwaffe agieren können. Im Grunde ist diese Division so etwas wie eine schnelle Eingreiftruppe. Das KSK ist ein selbstständiger Truppenteil davon. Außerdem gehören eine Gebirgsjägerbrigade, eine Luftlandebrigade, einschließlich zweier Fallschirmjägerregimente, das Kommando Hubschrauber und eine luftbewegliche Brigade der niederländischen Streitkräfte dazu.

Die zweite Begegnung mit dem WDA – beim Militär wird so ziemlich alles abgekürzt – fand in Calw statt, in genau dem Raum, in dem wir jetzt saßen. Auch da war es um besagte Abschiedsparty gegangen. Diesmal ging es nicht darum.

Stattdessen stellte er mir Fragen zu einem Kameraden, vom Dienstgrad Oberstabsfeldwebel wie ich, der lange in unserer Kompanie gedient und zu den Besten gehört hatte, nun aber nicht mehr dabei war – unfreiwillig. Der Kommandeur des KSK hatte ihm Dienstausübungs- und Uniformtrageverbot erteilt, nachdem der MAD ihn als sogenannte Verdachtsperson ausgemacht und gemeldet hatte. Der Fall war erstaunlich schnell in die Medien gelangt – und das, obwohl Geheimhaltung bei uns nicht groß genug geschrieben werden konnte. Die Anschuldigungen gegen ihn: Er sei Rechtsextremist, sympathisiere mit der AfD und stünde den Reichsbürgern nahe, sei vermutlich selbst einer. Im Kern resultierten die Vorwürfe daraus, dass er verschiedene Symbole aus der nordisch-germanischen Mythologie auf Facebook und Telegram gepostet und als Profilbild bei WhatsApp verwendet hatte. Einige solcher Symbole trug er auch als Tattoo auf der Haut. Für den MAD der Beweis für eine rechtsextremistische Haltung, die in seinem Inneren tief verwurzelt sei. Obwohl der Kamerad genau das bestritt, uns gegenüber auch niemals so aufgetreten war, hatte der Kommandeur in dieselbe Kerbe geschlagen. Für ihn war es ein Zeichen fehlender Verfassungstreue und ein Verrat an den Werten der freiheitlich-demokratischen Grundordnung.

Ich konnte zu der Befragung nicht viel beisteuern. Zum einen, weil ich nicht auf Facebook oder Telegram unterwegs war. Zum anderen hatte ich mir seine Tattoos nie so genau angesehen, er trug sie nicht offen zur Schau. Das Tattoo, um das es sich hauptsächlich drehte, sollte vom linken Oberarm bis über die Schulter reichen und unter anderem eine sogenannte Odal-Rune zeigen. Die ist zugegebenermaßen geschichtlich nicht unbelastet, wurde aber auch auf unseren Dienstgradabzeichen verwendet, vom Hauptfeldwebel bis rauf zum Oberstabsfeldwebel. Nur dass sie in der Verwendung nicht als Rune bezeichnet wurde, sondern als »Kopfwinkel mit der Spitze nach oben«. Die frappierende Ähnlichkeit dürfte aber niemand bestreiten wollen.

Es gab noch einen dritten Grund, warum ich eher wortkarg reagierte. Der Kamerad war früher mein Truppführer gewesen. Wir haben uns gut verstanden. Ich erlebte ihn immer als vorbildlichen Soldaten, akribisch und dienstbeflissen. Zig Mal war er bei Auslandsoperationen im Einsatz, er hätte sein Leben für unser Land gegeben. Taten zählen mehr als Worte. Oder Tattoos. Außerdem wusste ich, dass er großer Norwegen-Fan war und ihn die nordische Mythologie seit Jahren faszinierte.

Aber so weit in die Tiefe ging die Befragung gar nicht. Sie blieb ungewöhnlich oberflächlich, was nicht nur an mir lag. Üblicherweise dauerte ein solcher Termin mehrere Stunden. Und danach musste man das Protokoll lesen und abzeichnen, dass alles korrekt wiedergegeben wurde, was zusätzlich Zeit in Anspruch nahm. An dem Tag war ich bereits nach 30 Minuten – wenn es hoch kam – mit allem fertig, sodass ich mich fragte, was das überhaupt sollte.

Der Fall landete später vor dem Truppendienstgericht. Allerdings nicht, weil der Kamerad zu einer Strafe verdonnert werden sollte. Genau das Gegenteil: Er hatte über einen Anwalt Beschwerde gegen das Dienstausübungs- und Uniformtrageverbot eingelegt. Und bekam recht, auf der ganzen Linie. Für das Gericht war die Maßnahme des Kommandeurs rechtswidrig – und zwar von Anfang an. Die verwendeten Symbole würden keine Rückschlüsse auf eine rechtsextremistische Gesinnung zulassen. Zu der Erkenntnis waren vorher schon Experten des Zentrums für Militärgeschichte und Sozialwissenschaften der Bundeswehr gekommen, aber das wurde anscheinend ignoriert. Im Laufe der Ermittlungen, so hieß es, hätten sich auch keine anderen Beweise ergeben, die den Anfangsverdacht untermauerten. Insbesondere nicht bei der Durchsuchung seiner persönlichen Sachen, seines Dienstzimmers samt Computer, seines Autos und seines Mobiltelefons. Genauso wenig durch die Befragung von Kameraden, ziviler Mitarbeiter und des Tätowierers, der ihm die Symbole gestochen hatte. Niemand von denen habe jemals gehört, dass er die Nazizeit verherrlichte oder faschistoide Äußerungen hinausposaunte – was meine Erfahrungen mit ihm bestätigte. Abgesehen davon war er, wie alle beim KSK, vom MAD regelmäßig einer Sicherheitsprüfung unterzogen worden. Dabei wurde in einem mehrstufigen Verfahren überprüft, wie vertrauenswürdig der Kandidat war und ob bei Behörden wie dem Verfassungsschutz, dem Bundeskriminalamt (BKA), der Polizei oder der Staatsanwaltschaft etwas gegen ihn vorlag. Je nach Stufe der Sicherheitsüberprüfung wurden zusätzlich Personen aus dem Umfeld befragt und diese gegebenenfalls auch überprüft. Bei ihm hatten sie wohl sogar die Ü3 durchgeführt, die höchste und somit umfassendste und gründlichste Stufe zu der Zeit. Sie wurde bei Personen angewandt, die Zugang zu geheimen und streng geheimen Verschlusssachen hatten. Bei der Ü3 musste man drei Leute angeben, die einen wirklich gut kannten. Und die wurden dann ausgiebig befragt: zum sozialen Umfeld desjenigen, um den es ging, zu seiner politischen Einstellung, ob er irgendwelchen Vereinen angehörte, wofür er sich in seiner Freizeit engagierte und so weiter. Sie hakten jeden denkbaren Bereich ab, der Rückschlüsse darauf zuließ, wie jemand tickte und wofür sein Herz schlug. Als ich mich beim KSK bewarb, wurde das noch nicht so intensiv zelebriert. Bei mir ging es damit erst los, nachdem ich dorthin versetzt worden war. Heute machen sie das, soviel ich weiß, schon vorher, zumindest parallel zu den Eignungstests.

Bei dem Kommandeur, der besagten Kameraden vom Dienst suspendierte, noch ehe die Beschuldigungen seriös überprüft worden waren, handelte es sich übrigens um denselben, der in seinem Brandbrief an die Truppe versprach, bei jedem Verdachtsfall würden die rechtsstaatlichen Grundsätze gewahrt und Vorverurteilungen nicht zugelassen (siehe Seite 9). Dass man so einem Vorgesetzten nicht unbedingt das größte Vertrauen entgegenbrachte, kann man vielleicht verstehen.

Die Medien berichteten über den Ausgang der Geschichte so gut wie gar nicht. Ich erinnere mich an einen einzigen Artikel. Ein Muster, das nicht neu war – und ist, auch im Allgemeinen, wenn es nicht um Angehörige des KSK oder der Bundeswehr geht: Verdacht oder Anklage werden groß aufgebauscht. Fallen die Vorwürfe in sich zusammen, vor Gericht oder bereits vorher, sodass es gar nicht erst zu einem Prozess kommt, ist das meist nicht mal mehr eine Meldung wert. Ein Einzelfall wäre kaum von Bedeutung, in der Masse jedoch entsteht auf diese Weise ein verzerrtes Bild. Damit will ich nicht bestreiten, dass es Verfehlungen, auch strafrechtlich relevante, in der Truppe gibt. In dieser Hinsicht sind KSK im Kleinen und Bundeswehr im Großen nach meiner Erfahrung nichts anderes als Abbilder der Gesellschaft. Mit dem Unterschied, dass die Fälle, die dort bekannt werden, stärker in den öffentlichen Fokus rücken – was nur verständlich ist, da sich gerade Soldaten mit ihrem Eid der freiheitlich-demokratischen Grundordnung verpflichten, gegen die sie dann verstoßen würden.

Aber weiter mit dem 13. Mai: Ich höre noch, wie ich mich vom Wehrdisziplinaranwalt verabschiedete, ihm einen schönen Tag wünschte. Dann verließ ich den Raum, wollte zurück in die Kompanie. Doch kaum dass ich durch die Tür auf den Flur kam, traten mir zwei Herren entgegen, die dort gewartet haben mussten. Unbekannte Gesichter, ernste Gesichter. Auch diese beiden trugen Zivil. Ohne ein Wort zu viel zu sagen, stellten sie sich als MAD-Mitarbeiter vor und meinten, sie hätten ein paar Fragen an mich.

»Haben Sie Ihr Handy dabei?«, war dann ihre erste Frage, an Ort und Stelle, noch bevor mein Gehirn anfangen konnte, sich einen Reim darauf zu machen, was das Ganze zu bedeuten haben könnte. Ein zweiter roter Zettel hatte definitiv nicht in meinem Postfach gelegen.

»Das liegt auf meiner Stube«, antwortete ich wahrheitsgemäß. Vermutlich wirkte ich etwas verstört. Warum war ihnen mein Telefon so wichtig?

»Dann müssen wir es holen – jetzt!«

So wie der Satz ausgesprochen wurde, blieb kein Zweifel daran, dass mit dem Wort »jetzt« sofort gemeint war.

Ich wunderte mich, dass die beiden unangemeldet aufgetaucht waren, und noch mehr, dass ihr größtes Interesse meinem Handy zu gelten schien, jedenfalls im Moment. Trotzdem war ich relativ entspannt. Sie und ich, wir standen auf derselben Seite, auch wenn die vom MAD ehrlicherweise bei uns nie gern gesehen waren. Als Soldat hatte ich geschworen, meinem Vaterland treu zu dienen. Das war auch ihr Auftrag, so grundsätzlich. Ob ich in dem Augenblick exakt das dachte, kann ich nicht sagen. Aber ich weiß, dass ich mich nicht unwohl fühlte, nicht im Sinne von: ertappt, jetzt wird's böse, alles fliegt auf oder so. Anscheinend gab es Informationsbedarf, wozu auch immer, das würden sie mir sicher gleich verraten.

Dieses Gefühl änderte sich, als wir den Kleinen Stab verließen und den Weg zum Kompaniegebäude einschlugen. Bis dorthin waren es etwa 80 Meter, vielleicht hundert Schritte. Man kann nicht sagen, dass sich unterwegs zwischen uns eine Plauderei entwickelte. Wir liefen und schwiegen.

Dann fragte einer der beiden, ob ich an dem Tag noch etwas vorhätte. Es klang fast beiläufig. Anstatt zu antworten, rutschte mir die Frage heraus: »Wieso, wird's länger dauern?«

Daraufhin wieder Schweigen.

Auch fünf oder zehn Schritte weiter antworteten sie nicht. Ich hatte die Frage nur so dahingeworfen. Das Schweigen der beiden verlieh ihr eine andere Bedeutung, sie schien plötzlich viel schwerer zu wiegen. Was passierte hier gerade?

Meine Stube betraten die beiden Männer nicht. Sie warteten vor der Tür. Ich holte das Handy, es lag auf dem Tisch, und gab es ihnen. Wieder blitzte der Gedanke auf, dass das mit dem Telefon irgendwie seltsam war. Wobei es wohl schon vorgekommen sein musste, dass sich der MAD WhatsApp-Nachrichten oder SMS zeigen ließ. Nicht bei mir, aber von anderen Kameraden hatte ich das gehört.

Wieder zurück im Stab, lotsten mich meine Begleiter in den großen Besprechungsraum, der mir einigermaßen vertraut war. Ich hatte mehrmals an Chefbesprechungen teilgenommen, die dort stattfanden, in Vertretung unseres Kompaniechefs. In der Mitte des Raums bildeten mehrere Tische eine größere Fläche. Rundherum standen Stühle. Zu dritt wirkten wir in diesem Ensemble etwas verloren. Wir setzten uns gegenüber, ich mit dem Rücken zum Fenster, sie hatten die Tür hinter sich, durch die wir hereingekommen waren.

Zunächst richteten sich ihre Fragen auf die Abschiedsfeier 2017. Also rührten sie tatsächlich noch darin herum. Da ich mich dazu bereits geäußert hatte, erfuhren sie nichts Neues. Es schien auch nur als Einleitung gedacht. Ziemlich schnell schwenkten sie über zu meiner Frau, die hatten sie offenbar auch vernommen. Nicht Anna war gemeint, sondern meine Ex-Frau, wir waren seit 2019 geschieden. Soldat ist nicht gerade der familienfreundlichste Beruf, schon gar nicht, wenn man bei den Spezialkräften ist, häufig zu Auslandseinsätzen und Lehrgängen muss. Wir waren schon einige Jahre zusammen gewesen und hatten uns für eine Wochenendbeziehung entschieden, nachdem ich beim KSK aufgenommen wurde. Kurz darauf, 2002, war unser Sohn zur Welt gekommen. Es schien uns die beste Lösung, dass sie mit dem Kleinen in der Nähe ihrer und meiner Eltern blieb, die sie mehr unterstützten, als ich es als frischgebackener Kommandosoldat hätte tun können. Zwischen uns lagen dann 550 Kilometer Autostrecke. Wahrscheinlich war es naiv zu glauben, das könnte funktionieren. Viele meiner Kameraden pendelten, aber bei den meisten ging die Beziehung in die Brüche. Eine Weile denkt man, dass man es besser hinkriegt. Und belügt sich damit nur selbst. An den Wochenenden kurz zu Hause aufkreuzen, schnell den Rasen mähen und sich gegenseitig ein paar Stunden heile Welt vorgaukeln, oft monatelang nicht einmal das – so lässt sich unmöglich ein vernünftiges Familienleben führen. Wahrscheinlich verdrängten wir es beide, doch irgendwann waren wir nur noch eine Scheinfamilie.

Zwei Dinge werde ich wohl bis zu meinem letzten Tag bereuen: dass ich all die Jahre so selten für den Jungen da war. Und dass ich ihn in eine Geschichte verwickelt habe, um die es später noch gehen wird. Wenn ich könnte, würde ich das Erste besser machen und das Zweite am liebsten ungeschehen. Nur leider funktioniert das Leben nicht so.

Der MAD hatte also meine Ex-Frau ausgehorcht. Aber das Familiäre diente wiederum nur als Überleitung zum eigentlichen Thema, auf das die beiden nun ohne weitere Umschweife zusteuerten: »Wir haben Hinweise«, sagte einer von ihnen, »dass Sie auf ihrem Wohngrundstück zu Hause in Sachsen Munition gelagert haben! … Und wir wissen auch, an welchen Stellen.«

Es war, als hätte jemand urplötzlich einen Schalter umgelegt. Eben hatte ich im Stillen noch gedacht: Was auch immer die Herren wollten, sicher würden sie bald wieder abziehen. Und ich würde den Rest der heutigen Dienstzeit meine Arbeit erledigen, anschließend nach Hause fahren, ein bisschen trainieren, vielleicht eine Runde durch den Wald joggen und mich ansonsten auf einen ruhigen Abend mit Anna freuen. Dieser Gedanke war mit einem Mal wie weggeblasen, als wäre er nie in meinem Kopf gewesen. Aber er wurde seltsamerweise nicht durch einen neuen ersetzt, dazu war ich nicht fähig. In meinen Ohren dröhnte es, als würde ich das Blut in den Gefäßen rauschen hören, nur viel lauter.

In der Zwischenzeit war auch Anna in der Kaserne eingetroffen. Sie ist ein genauso pünktlicher Mensch wie ich. Ihr Termin war für 8 Uhr angesetzt, und das nicht zufällig. Die angeblich so dringend erforderliche Unterschrift hatten sie nur als Vorwand benutzt. Anna wurde, was ich erst viel später erfuhr, in einem Raum festgehalten. Nicht mithilfe körperlicher Gewalt, auch nicht, indem sie die Tür verriegelten. Sie befahlen ihr, den Raum nicht zu verlassen. Vermutlich stand jemand davor, der eingeschritten wäre, hätte sie sich der Anweisung widersetzt. Wie mir hatten sie ihr das Handy abgenommen, sie durfte mit niemandem sprechen. Und sie erfuhr auch nicht, warum sie das Ganze über sich ergehen lassen musste, nicht einmal, dass sie durch mich in diese Situation geraten war. Hätte sie nur das Geringste von dem gewusst, was mir die zwei MADler einen Kasernenblock entfernt vorhielten, sie hätte eins und eins zusammenzählen können. Aber ich hatte ihr gegenüber nie etwas erwähnt, mit keinem Wort. Sie wusste rein gar nichts. Außer dass ich das Haus besaß in dem kleinen Dorf in Sachsen, meiner Heimat. Nach der Scheidung hatte ich überlegt, es vielleicht zu verkaufen. Aber ich hing zu sehr daran. Und ich mochte die Gegend. Ganz in der Nähe war ich aufgewachsen, meine Eltern lebten noch dort, auch Freunde von früher. Eines Tages, wenn meine Zeit in Calw vorüber sein würde, das war der Plan, wollte ich wieder dort leben, am liebsten mit Anna.

Doch nun saßen die beiden vom MAD vor mir und warteten auf eine Reaktion. Ich hätte die Wahrheit sagen sollen, hielt es aber für gescheiter, den Ahnungslosen zu geben, alles abzustreiten. Nicht dass ich vorher darüber nachgedacht hätte. Ich war völlig unvorbereitet, die Situation überrumpelte mich. Eine Lüge im Affekt, könnte man sagen. Der Vorwurf als Angriff, die Lüge als spontane Verteidigungsstrategie, eine bessere hatte ich so schnell nicht im Köcher.

Mir fiel auch keine andere ein, als sie mir ein Luftbild vom Grundstück vorlegten, auf dem der Gastank hinter dem Carport zu sehen war. Direkt neben dem Gastank hatte ich eine Munitionskiste aus Kunststoff vergraben – was ihnen offenbar jemand geflüstert hatte. Die Kiste enthielt zwei Kilo PETN-Sprengstoff, mehrere Sprengfolien, Sprengschnüre, Zünder und rund 2800 Gewehr- und Pistolenpatronen unterschiedlicher Kaliber und Projektilarten wie Leuchtspur, Weich- und Doppelkern. Außerdem eine Kalaschnikow AK-47 samt Kurvenmagazin für dreißig Patronen. Das russische Sturmgewehr war ein Uraltmodell, nicht mehr wirklich funktionstüchtig. Auf Juristendeutsch: Es hatte seine Kriegswaffeneigenschaft verloren. Damit fiel es nicht mehr unter das Kriegswaffenkontrollgesetz, was später, vor Gericht, eine wichtige Rolle spielen sollte, auch für das Urteil. Trotzdem hätte ich es nicht besitzen dürfen.

Die Kiste war aber nicht das Einzige, was ich auf dem Grundstück vergraben hatte – auch darüber wussten sie Bescheid. Sie konnten ziemlich exakt die Stellen benennen, wo der Rest lag: an der westlichen Giebelseite des Hauses. Dort waren es zwei Zehn-Liter-Kunststoffeimer und eine Plastiktüte, die ich etwa einen Meter tief im Erdreich versenkt hatte, im Wesentlichen gefüllt mit Hunderten von Patronen unterschiedlichster Sorten und einigen Irritationswurfkörpern, also Blendgranaten, auch Flashbangs genannt. Solche Granaten benutzten wir zum Beispiel, wenn wir die Befreiung von Geiseln in Gebäuden trainierten. Die Tiefe für die Gruben hatte ich nicht zufällig gewählt. In der Ausbildung, bei Überlebenslehrgängen, war uns beigebracht worden, wie solche Erdverstecke angelegt wurden und dass sie mindestens 75 Zentimeter tief sein sollten, damit sie nicht entdeckt würden. Woher das ganze Zeug stammte und warum ich es zu Hause vergraben hatte, werde ich gleich noch im Detail erklären.

Die Eimer verschwinden zu lassen, dabei hatte mir mein Sohn geholfen. Er wusste nicht, was drin war. Auch von der Munitionskiste hatte er keine Kenntnis. Trotzdem hätte ich ihn da nicht mit reinziehen dürfen. Er war damals 14, was es nicht besser machte. Das meinte ich mit dem, was ich gern ungeschehen machen würde. Es war unklug und verantwortungslos – ich dachte mir einfach nichts dabei. Das klingt wie eine Ausrede, nicht einmal besonders originell, aber es ist die Wahrheit.

Für Außenstehende vermutlich schwer verständlich. Dafür muss man sich vor Augen führen, dass ich im Dienst ständig mit Waffen und Munition hantierte, nicht selten auch mit Sprengmaterialien – ich war zum Breacher (übersetzt: Öffnungstechniker) ausgebildet worden, darauf gehe ich später noch genauer ein. Für den Moment soll genügen, dass ein »Breacher« lernt, mit verschiedensten Sprengmitteln umzugehen und sie beispielsweise bei der Erstürmung eines Gebäudes einzusetzen. All die Sachen in der Kiste und in den Eimern waren für mich keine besonderen Gegenstände, sondern ganz normale, alltägliche Arbeitsmittel, so vertraut wie einem Handwerker Hammer und Säge, vermutlich sogar vertrauter. Bei Auslandseinsätzen, etwa in Afghanistan, die fünf, sechs Monate dauern konnten, hatte man seine Waffen, die Munition und zum Teil auch Sprengmittel 24 Stunden am Tag bei sich. Sie gehörten dazu wie die Uniform, ohne verließen wir nicht das Zelt oder den Wohncontainer. Und wenn keine Operation anstand, führten wir Schießübungen durch, reinigten und pflegten die Waffen, hatten sie also selbst dann dauernd in den Händen. Während der Ruhephasen lagen sie neben dem Bett, damit sie sofort griffbereit waren, falls Alarm ausgelöst wurde. Hielt man sich zu einem Einsatz außerhalb des Feldlagers auf, blieb die geladene und schussbereite Waffe oft sogar im Schlaf am Mann. Selbst bei Übungen in Deutschland, die auf Truppenübungsplätzen stattfanden, war es in der Regel so, dass man seine Waffen rund um die Uhr bei sich behielt. Normalerweise sollten sie für die Zeit der Ruhephasen abgegeben und weggeschlossen werden. Darauf wurde aus Zeitgründen jedoch häufig verzichtet, insbesondere wenn Nachtschießen auf dem Programm stand, das einschließlich der Nachbereitung bis ein, zwei Uhr morgens dauern konnte. Was dann zwar nicht hundert Prozent vorschriftsgemäß war, dafür aber realistischer in Bezug auf die Bedingungen, wie man sie bei einem echten Einsatz vorfand.

Der Ton der MADler hatte sich verändert. Überhaupt war die Stimmung gekippt. Sie sahen in mir jetzt doch einen Feind, das spürte ich. Und nichts hätte ich vorbringen können, was daran etwas geändert hätte. Also beschloss ich, gar nichts mehr zu sagen.

»Müssen Sie auch nicht«, antwortete einer der beiden, »nebenan wartet das LKA Sachsen, die übernehmen jetzt.«

Wie aufs Stichwort öffnete sich eine Tür, die in einen kleinen Nebenraum führte. Drei Beamte in Zivil erschienen. Offenbar hatten sie die ganze Zeit mitgehört. Es folgte eine Art Staffelübergabe. Während sich die LKA-Beamten vorstellten, verließen die Herren vom MAD den Raum.

Schwer zu beschreiben, diese Situation – irgendwie surreal. Normalerweise arbeitete ich eng mit Polizeikräften zusammen. Wie oft hatten wir gemeinsam trainiert, mit MEKs oder SEKs oder auch mit Beamten vom Bundeskriminalamt. Auf Übungsplätzen oder Schießanlagen. Jetzt hockte ich als Beschuldigter vor ihnen. Ich war kaum imstande, einen klaren Gedanken zu fassen. In mir unendliche Leere. Es fühlte sich so falsch an, nicht irgendwelche Ausbildungs- oder Trainingsmaßnahmen mit ihnen zu besprechen, sozusagen auf Augenhöhe, von Kollege zu Kollege, wie es mir vertraut war. Stattdessen saßen sie da mit einem Vernehmungsprotokoll und erklärten mir meine Rechte.

Die Befragung verlief recht einseitig. Ich sagte so gut wie nichts. Nur als sie wissen wollten, ob die Verstecke durch irgendetwas vor Zugriff gesichert seien. Keine Ahnung, was sie sich vorstellten, vielleicht dass ich Sprengfallen installiert hatte, in meinem eigenen Garten, die ihren Leuten um die Ohren fliegen könnten. Oder was sie mir sonst zutrauten. Aber nichts dergleichen war der Fall. Deswegen hatte ich die Sachen ja dort vergraben und nicht irgendwo anders. Nur so konnte ich sicher sein, dass sie für niemanden eine Gefahr darstellten.

Zumindest war das *ein* Grund gewesen. Zuallererst ging es zu der Zeit, als ich die Entscheidung traf, darum, den ganzen Kram möglichst schnell und unauffällig verschwinden zu lassen. Ich hätte ihn auch im Wald verbuddeln oder im Wasser eines gefluteten Steinbruchs versenken können – nicht weit vom Haus entfernt gab es einen. Doch dann wäre immer ein gewisses Risiko geblieben, dass andere zu Schaden kämen. Außerdem wollte ich die Sachen nicht der Truppe entziehen, sondern nur für einen gewissen Zeitraum verstecken.

Wie ich erfuhr, war das LKA zur gleichen Zeit in dem Dorf dabei, meinen Garten mit einem Bagger umzugraben, um die Munitionsdepots freizulegen. Wie lange wir in dem Besprechungsraum saßen, kann ich nicht sagen. Irgendwann klingelte ein Handy. Ich glaube, es war das des leitenden Ermittlers. Er meldete sich mit seinem Namen, hörte kurz zu, schien dabei zu nicken. Dann beendete er das Telefonat, steckte das Handy ein, sah mich an … und sagte einen Satz, der meine Gedanken vollends durcheinanderwirbelte: »Sie sind vorläufig festgenommen!«

Sekunden später klickten Handschellen. Das erledigte einer der anderen Beamten. Ich spürte das kühle Metall auf der Haut. Den Rest nahm ich wie durch einen Dunstschleier wahr.

Dann war Stille. Eine Form der Stille, die einem ewig erscheint, obwohl sie in Wirklichkeit nur einen kurzen Moment andauert. Als wäre allen Beteiligten die Situation unangenehm. Aber das kann ich mir auch eingebildet haben.

Nach einer Weile sagte ich: »Ich möchte einen Anwalt.« Als hätte ich eine Filmszene nachgesprochen. So was sieht man in jedem Krimi.

»Haben Sie einen?«

Ich hatte mir noch nie etwas zuschulden kommen lassen, nie gegen das Gesetz verstoßen, abgesehen von einigen Geschwindigkeitsüberschreitungen. Also nein, ich hatte keinen Anwalt. Bisher hatte ich immer auf der richtigen Seite gestanden, auf der Seite der Guten, der Gesetzestreuen.

In Afghanistan nahmen wir Verbrecher fest – jetzt war ich selbst einer. Nur dass ich das noch lange nicht realisierte. Weder passte es in mein Weltbild, in dem Recht und Ordnung ein hohes Gut darstellen, noch fühlte ich mich so. Nicht dort im Besprechungsraum. Nicht, als wir hinübergingen ins Kompaniegebäude zu meiner Stube, eskortiert von anderen LKA-Beamten, die uns draußen empfingen, im Gegensatz zu den Vernehmern sichtbar bewaffnet. In der Stube musste ich mich umziehen und meine Wohnungs- und Autoschlüssel sowie den Schlüssel für den Waffenschrank herausrücken. Und auch unten auf dem Parkplatz nicht, wo sie mich warten ließen, während sie mein Auto inspizierten und im Navi die zuletzt gefahrenen Routen nachvollzogen. Dabei konnte jeder, der vorbeikam, sehen, dass ich Handschellen trug. Am liebsten wäre ich im Boden versunken.

Schließlich kehrten wir in den Stab zurück. Stunden verstrichen, ohne dass etwas passierte. Vorher hatte ich noch telefonieren dürfen, um mir einen Anwalt zu organisieren. Nach einer Weile kam die Nachricht, es sei jemand gefunden worden, der meine Verteidigung übernimmt – eine Strafrechtsanwältin aus Leipzig.

Anscheinend war unklar, wo sie mich über Nacht unterbringen. Zunächst meinten sie, es ginge nach Stuttgart, in die JVA. Stuttgart-Stammheim. Da klingelte sofort etwas: Deutscher Herbst, die RAF. Staatsfeinde. Mit meiner Festnahme fiel ich in die gleiche Kategorie, doch ich weigerte mich auch jetzt, diesen Gedanken zuzulassen. Was sich allerdings nicht verdrängen ließ: wen das alles betraf, was sich hier gerade ereignete. Denn die LKA-Beamten wollten wissen, wer von meinen Angehörigen benachrichtigt werden müsse. Meine Mutter hatte nach einem Herzinfarkt einen Bypass gelegt bekommen. Sie konnte solche Nachrichten nicht gebrauchen. Und mein Vater und mein Sohn, was würden die denken? Und Anna.

Dann, es wurde schon dunkel, brachten sie mich in einem Mercedes-Transporter zu unserem Übungsplatz. Dort stand ein Hubschrauber bereit, inklusive »Begleitschutz« – eine Truppe vom SEK Baden-Württemberg, in voller Montur, bewaffnet mit G36-Sturmgewehren. Auch mit Angehörigen dieser Einheit hatten wir trainiert, nicht nur einmal. Jetzt waren wir Fremde.

Das Ziel hatte sich geändert. Der Hubschrauber hob ab, flog durch die Dunkelheit, Richtung Nordosten. Ich sah aus dem Fenster, suchte irgendwelche Punkte, Lichter oder Geländeübergänge, die an Hell-Dunkel-Nuancen auszumachen waren – um mich zu orientieren. Nicht, dass es jemandem genutzt hätte, der Pilot brauchte garantiert keine Unterstützung. Es geschah automatisch. Als Kommandosoldat hatte ich es immer so gemacht, darauf war ich konditioniert.

Irgendwann erreichten wir Dresden, die sächsische Landeshauptstadt. Die Altstadt war hell erleuchtet. Man konnte die Elbe sehen. Kurz darauf setzte der Hubschrauber zur Landung an. Am Boden wartete das nächste Empfangskomitee: Einsatzkräfte des SEK Sachsen – wie ihre Kollegen, die mich auf dem Flug bewacht hatten, in taktischer Ausrüstung, schwer bewaffnet. Drei Fahrzeuge standen in einer Reihe bereit. Mich eskortierten sie zu dem in der Mitte. Bevor ich einsteigen konnte, legten sie mir zusätzlich zu den Handschellen Fußfesseln an und verbanden beide mit einem Gurt, sodass ich die Arme nicht mehr heben konnte.

Wo sie mich für die erste Nacht hinverfrachteten, weiß ich bis heute nicht. Das Gebäude, in dem sich die Zelle befand, sah aus, als würde es zu einer Kaserne gehören. Sie ließen die ganze Nacht das Licht an. Vor der Gittertür hielt ein Beamter Wache. Irgendwann muss ich trotzdem eingeschlafen sein. Am nächsten Morgen rückte das SEK wieder an und wieder wurden mir Hand- und Fußfesseln angelegt. So ging es zum Justizgebäude in die Innenstadt, nahe der Elbe. Dort wartete der Haftrichter. Die Stunde der Wahrheit.

# ALTRÖMISCHE RITUALE

Rückblende ins Frühjahr 2017, als die ganze Geschichte losging: Die Dienstzeit des damaligen Kompaniechefs näherte sich dem Ende, seine »Stehzeit« in der 2. Kompanie lief ab, wie es in der Militärsprache heißt. Er war fünf oder sechs Jahre bei uns, am Anfang als Zugführer, die letzten drei Jahre als Kompaniechef. Für die anderen Kameraden kann ich nicht sprechen, aber ich denke, dass er bei den meisten hohes Ansehen genoss. Was auch, aber längst nicht allein auf einen Einsatz in Afghanistan zurückzuführen war, bei dem er unter feindlichem Beschuss sein Leben für die Bergung eines gefallenen Kameraden riskierte (dazu mehr in Teil 3). Er war jemand, der sich auch bei der Ausbildung oder bei Übungen nicht am Rand postierte und fleißig Befehle erteilte, wie manch anderer Kompaniechef, sondern immer mitmachte, sobald es seine Zeit zuließ, darauf legte er Wert. Und nicht nur mitmachte, er ging voran. Was er von seinen Soldaten forderte, verlangte er sich auch selbst ab. So kann man es zusammenfassen. Allerdings wurde später in der Öffentlichkeit, in den Medien, ein völlig anderes Bild von ihm gezeichnet. In die Richtung tätowierte Kampfmaschine mit zweifelhafter Gesinnung. Die Frage ist nur: Wer kannte ihn besser, die Journalisten oder wir, die ihn jeden Tag erlebten – in Calw, auf Truppenübungsplätzen oder Schießanlagen, in Afghanistan oder bei anderen Einsätzen?

Jedenfalls war es Tradition, dass, wenn jemand die Kompanie verließ, eine Abschiedsfeier organisiert wurde. Auch dann, wenn es sich nicht um höhere Ränge wie Kompaniechef, Stellvertreter oder Spieß handelte. Vorausgesetzt, derjenige wollte das, gezwungen wurde niemand. Der Rahmen solcher Abschiedsfeiern fiel unterschiedlich aus. Wer keinen Wert auf eine Party legte, sich nur im Kleinen von seinen engsten Gefährten verabschieden wollte, für den trat die Kompanie einmal geschlossen an, dann sagte einer der Chefs ein paar Worte, überreichte eine Urkunde und das war's.

Planten wir für jemanden eine größere Zeremonie, wurde ein Festkomitee gegründet, das die Organisation übernahm. Drei, vier

Leute waren das, meistens aus jedem Trupp einer. Sie überlegten sich ein Motto und was man bei der Veranstaltung Besonderes anstellen könnte. Es sollte schließlich etwas sein, woran man sich später erinnerte, vor allem die, die verabschiedet wurden. Es lief in der Regel so, dass die vom Komitee Vorschläge sammelten und sich dann für das entschieden, was am besten zu demjenigen passte und den größten Spaß versprach. Stand die Entscheidung, wurden Aufgaben an die anderen verteilt. Genauso war es bei der Feier für den Kompaniechef. Zum Schluss wurden alle informiert, nur er nicht, für ihn sollte es eine Überraschung werden.

Der Plan war, eine Art altrömisches Fest zu inszenieren. Und zwar in der Kulisse der Standortschießanlage »Im Bernet«, die jeder von uns von Schießtrainings kannte, wir waren relativ häufig dort. Die Anlage, die noch von der Wehrmacht stammt, liegt bei Sindelfingen, umgeben von Wald, einen Steinwurf von der A8 entfernt, kurz vorm Autobahnkreuz Stuttgart. Von Calw war man in vierzig, fünfzig Minuten da. Sie wird von der Bundeswehr betrieben, aber auch vom Zoll, der Bundespolizei und verschiedenen Reservistenvereinen genutzt.

Um ein solches Militärgelände für die Abschiedsfeier buchen zu können, brauchte es einen entsprechenden Befehl. Auch aus Versicherungsgründen. Ohne Befehl geht nichts bei der Bundeswehr. »Dienstliche Veranstaltung geselliger Art« nannte sich das, so stand es dann auch in dem Befehl. Wer den letztlich erteilte, weiß ich nicht. Normalerweise wäre der Kompaniechef der zuständige Disziplinarvorgesetzte gewesen. Wahrscheinlich setzte jemand aus der KSK-Führung seinen Wilhelm drunter. Auf jeden Fall musste es sich um einen Offizier gehandelt haben.

Die Idee, die Abschiedszeremonie als altrömische Feier anzulegen, ging auf einen Einsatz im Jahr 2013 in Afghanistan zurück. Damals instruierten rund ein Dutzend Kameraden unserer Kompanie mehr als 1800 afghanische Sicherheitskräfte (Polizei und Armee) bei einer groß angelegten Operation gegen ortsansässige Taliban.

Angeführt wurden die Sicherheitskräfte von einem afghanischen Generalmajor, der wiederum von unserem Kompaniechef beraten wurde. Bei der Operation kam es zu intensiven Gefechtshandlungen, die sich über mehrere Tage hinzogen. Irgendwann geriet der Angriffsschwung der Sicherheitskräfte ins Stocken. Die Taliban saßen in ausgebauten Stellungen und Nahverstecken, schienen dort kaum bezwingbar. In dieser Situation beschloss die Führung unter dem Generalmajor, den Feindbereich durch Mörserfeuer und dem Feuer aller schweren Waffen (Artillerie, Maschinengewehre, Flugabwehrgeschütze) sturmreif zu schießen – also die Voraussetzung dafür zu schaffen, dass die Taliban-Stellungen erstürmt werden konnten. Um gemeinsam mit dem afghanischen Feuerleitoffizier das Feuer bestmöglich lenken zu können, positionierten sich der Generalmajor und unser Kompaniechef auf einem nahegelegenen Hügel. Einige unserer Sniper, die den Bereich absicherten, hatten die Führungsriege in ihrer exponierten Position im Blick, und so kam es im Funkverkehr zum Vergleich mit römischen Feldherren, die ihre Truppen einst ebenfalls von Hügeln aus koordinierten. Und genau daran hatten sich einige von uns im Vorfeld der Feier erinnert.

Die heiße Phase der Vorbereitung begann ungefähr eine Woche vor dem ausgemachten Termin. Bis dahin hatte einer aus der Kompanie Kartoffelsäcke für alle besorgt. Jeder musste sich mit einem ausrüsten und diesen als Tunika herrichten, etwa so, wie sie früher die Menschen im alten Rom trugen. Dafür schnitt man unten einfach ein Loch in den Sack, sodass man, wenn man ihn umdrehte, den Kopf durchstecken konnte – und an den Seiten zwei Löcher für die Arme. Als Gürtel verwendeten wir irgendwelche Stricke oder Kordeln, was sich eben auftreiben ließ. Der Spieß organisierte Getränke und Verpflegung, andere Kameraden transportierten Bierbänke und -tische zur Schießanlage. Und da wir aus Erfahrung wussten, wie solche Festivitäten für gewöhnlich endeten, richteten wir in einem alten Hangar, der auf dem Gelände stand, ein provisorisches Nachtquartier für alle ein, indem wir 70 Feldbetten aufstellten.

Die Schießanlage verfügte über Alpha- und Delta-Stände, also 300- und 25-Meter-Bahnen. Direkt daneben erstreckte sich zur Autobahn hin eine Wiese, in der Mitte mit einigen Bäumen. Auf der Fläche davor, wenn man vom Eingang kam, befand sich eine Feuerstelle mit einem Radius von etwa vier bis fünf Metern. Genug Platz, um ein ordentliches Feuerchen zu entfachen, was wir auch vorhatten. Ein paar Schritte abseits, am Rand der Wiese, dahinter fing Wald an, stand ein alter Schuppen, in dem bis oben hin Brennholz aufgeschichtet war. Die gesamte Fläche sollte der Festplatz sein.

Ich war nicht im Organisationskomitee, dafür hätte mir die Zeit gefehlt. Ich hatte mit Planung und Ausbildung, meinen dienstlichen Aufträgen, genug um die Ohren. Aber sie engagierten mich für den Abend als Grillmeister. Dazu gibt es eine Vorgeschichte, die auf meine Anfangsjahre beim KSK zurückgeht, 2005 oder 2006 müsste das gewesen sein. Damals machte ich mich mit einigen Kameraden daran, ein kleines Wasserloch vor unserem Kompaniegebäude zu einem Teich zu vergrößern und hübsch herzurichten, mit Schilf, Seerosen und anderen Pflanzen. Außerdem installierten wir eine Filteranlage und setzten Goldfische aus. Natürlich in der Freizeit, nach dem Dienst. Zu der Zeit war ich noch kein Heimschläfer, fuhr nur an den Wochenenden nach Hause zu Frau und Kind, vorausgesetzt, wir waren nicht im Einsatz oder auf Übung. Als das Werk vollbracht war, setzten wir uns daneben und tranken ein Bierchen auf die getane Arbeit. Das Wetter war gut, und so gesellten sich andere Kameraden aus der Kompanie hinzu. Kleinere Feste hatte es an dem Tümpel vorher schon gegeben, nun entwickelte sich daraus das offizielle Teichfest, das von da an jedes Jahr stattfand, irgendwann im Sommer, wie der Dienstplan es zuließ. Anfangs blieb unsere Kompanie unter sich. Dann fingen wir an, die anderen Kompanien einzuladen, die wir sonst nur selten sahen. Durch die Auslandseinsätze bekam man manche Kameraden nur ein- oder zweimal im Jahr zu Gesicht. Und irgendwann erweiterten wir die Gästeliste auf Polizeieinheiten, mit denen wir während der Ausbildung oder bei Einsätzen zu tun hatten – von der Landespolizei, der Bundespolizei, auch vom Zoll und von ausländischen Behörden, beispielsweise aus Österreich. Selbst das Bundeskriminalamt erschien regelmäßig mit einer Delegation, insbesondere Beamte der Sicherungsgruppe, Fachbereich Auslands- und Spezialeinsätze. Diese Einheit wurde für den Personenschutz im Ausland eingesetzt oder wenn ausländische Gäste in Deutschland geschützt werden mussten – Politiker, Regierungsmitarbeiter, andere Funktionäre oder Würdenträger.

Der Kontakt zum BKA ergab sich schon deshalb, weil wir, für den Fall der Fälle, mögliche Evakuierungsmaßnahmen oder andere Einsatzszenarien in bestimmten Krisenregionen mit den Personenschützern abstimmen mussten. Außerdem flossen taktische Vorgehensweisen, die wir beherrschten, mit ins Training der Kameraden vom BKA ein – und umgekehrt lernten wir von ihnen. Über die Jahre absolvierten wir mehrmals gemeinsame Ausbildungsvorhaben, zum Beispiel Schieß- und Personenschutzausbildungen, die auf verschiedenen Truppenübungsplätzen stattfanden. Oder sie kamen zur Überlebensausbildung nach Calw, wo wir auch zusammen Schieß-Workshops durchführten. Und ein- oder zweimal waren wir mit ihnen zur Gebirgsausbildung in den Allgäuer Alpen.

Mit der Zeit mauserte sich das Teichfest zur größten Party beim KSK. Lustig war, dass die Initiative ausgerechnet von unserer Kompanie ausgegangen war, die intern eine ganze Zeit lang als »Müllermilchkompanie« tituliert wurde – weil wir kaum Alkohol tranken, dafür umso mehr unsere Körper trainierten. In Spitzenzeiten liefen an so einem Abend 200 Mann und mehr auf. Es war sozusagen das Hauptfeierevent des Jahres und als solches sogar in der Jahresvorhabenübersicht vermerkt – gemäß der militärischen Bestimmungen als »dienstliche Veranstaltung geselliger Art«. In der Regel fand es als Mottoparty statt, darin hatten wir also Übung. Einmal war es als brasilianischer Abend angelegt, mit Salsa, Cocktails und Rum. In einem anderen Jahr engagierten wir einige gut gebaute Damen, die zu später Stunde zur Gaudi des Publikums ihre Hüllen fallen ließen. Ist vielleicht nicht jedermanns Sache, aber die Leute, die dabei waren, schienen ihren Spaß zu haben, Männlein und Weiblein. Dafür trat dann beim nächsten oder übernächsten Mal ein ansehnlicher Chippendale-Verschnitt auf, der sich auf der Bühne halb nackig machte. Kann man auch die Nase drüber rümpfen, aber wofür waren solche Feste da? Es dürfte kein Geheimnis sein, dass Kommandosoldaten, besonders die, die bei Auslandseinsätzen Extremsituationen erlebt – und überlebt – haben, einiges an schwerem Gepäck mit sich herumschleppen. Jeder versuchte, auf seine Art damit zurechtzukommen. Wenn so ein Abend half, sich abzulenken, mal nicht an das zu denken, was einem sonst im Kopf herumspukte, kann ich nichts Verwerfliches daran finden. Ungeachtet dessen trugen solche Feiern dazu bei, einander besser kennenzulernen, was idealerweise Vertrauen und Kameradschaft förderte. Und das wiederum konnte beim nächsten Einsatz hilfreich sein, selbst beim nächsten Ausbildungsabschnitt.

Aber zurück zum eigentlichen Punkt: Beim Teichfest gab es natürlich nicht nur Flüssignahrung. Traditionell wurde gegrillt, Würstchen und Fleisch. Und hier schließt sich der Kreis: Fürs Grillen war unser Gebirgstrupp zuständig, sodass sich mit der Zeit herumgesprochen haben dürfte, dass wir einigermaßen mit Grillzange und Grillspieß umzugehen verstanden. So war es also keine große Überraschung, dass ich diesen Job auch beim Abschiedsfest des Kompaniechefs übernahm.

Dann kam also der 27. April, ein Donnerstag, wir sind im Jahr 2017. Es war kühl und regnerisch. Wir hatten gut daran getan, als Regenschutz einen Lastenfallschirm einzuplanen. Den spannten wir auf der Festwiese auf. Bänke und Tische wurden um die Feuerstelle gruppiert. Mein Platz als Grillmeister war neben dem Holzschuppen am Waldrand. Vorher hatte ich mit zwei Kameraden bei einem Metzger in Calw ein Spanferkel abgeholt, dazu einen entsprechenden Grill. Und: Schweineköpfe. Ich bin nicht ganz sicher, glaube aber, dass es drei waren. Die Ladung transportierten wir auf einem Bundeswehr-Bulli mit überdachter Pritsche. Wir drei waren mit die ersten, die an dem Tag auf der Schießanlage eintrafen. Bereits am frühen Nachmittag schmissen wir den Grill an. Das Spanferkel musste ein paar Stunden brutzeln.

Gegen 18 Uhr kamen die Hauptkräfte, also der größte Schwung, mit einem Bus aus der Kaserne. Wir hatten in Calw noch eigene Busse, was nicht überall so war. Ein Großteil der Bestände des Bundeswehr-Fuhrparks wurde mittlerweile geleast.

Kurz darauf begann die Verabschiedung, der offizielle Teil, der war immer militärisch. Einer aus der Kompanieführung sprach ein paar warme Worte über die Dienstzeit desjenigen, der die Truppe verließ. In dem Fall übernahm das der Spieß. Es wurden an dem Abend noch zwei andere Kameraden verabschiedet, aber die Hauptperson war der Kompaniechef.

Nach der Ansprache mit Dank für den geleisteten Dienst und allem, was dazugehörte, wurde üblicherweise das traditionelle Abschiedsgeschenk überreicht: eine schwarze Figur aus Kunststoff, die einen Kommandosoldaten darstellen sollte, etwa 25 Zentimeter groß, mit Waffe vor der Brust. Damit sich derjenige immer an seine Zeit in der 2. Kompanie erinnern konnte. Jede Kompanie hatte ihr eigenes Abschiedsgeschenk. Bei uns war es die Figur, die in diesem Fall einige Tage später nachgereicht wurde.

Danach startete der inoffizielle Teil, die altrömische Feier, bei der die Kartoffelsäcke zum Einsatz kamen, die wir über unsere Felduniformen zogen. Einige von uns trugen Fackeln. Auch jetzt führte erst einmal unser Spieß das Wort. Er sagte, heute würden wir das letzte Mal gemeinsam mit dem Kompaniechef in die Schlacht ziehen. Das bezog er einerseits auf die zahlreichen Gefechtshandlungen in Afghanistan, andererseits aber auch sinnbildlich auf solche Schlachtfelder wie die Bürokratie bei der Truppe, die zahllosen Ausbildungsstunden und Übungen und die privaten Herausforderungen, die das Leben als Kommandosoldat mit sich brachte.

Die größte Verwandlung musste der Kompaniechef über sich ergehen lassen. Für ihn hatten wir einen Streitwagen vorbereitet. Wobei: Wenn man die Quadriga auf dem Brandenburger Tor in Berlin zum Vorbild nahm, brauchte man einiges an Fantasie, um sich den Bollerwagen, den wir dafür nutzten, vorn und an den Seiten behelfsmäßig mit Sperrholz verkleidet, als römischen Streitwagen vorzustellen. Doch Hauptsache, er erfüllte seinen Zweck. Wir streiften dem Kompaniechef einen der Kartoffelsäcke über und statteten ihn mit Schwert, Axt, Keule und einem selbst gebastelten Schutzschild aus. Dann stieg er in den Bollerwagen und ab ging die Reise.

Als Zugpferde rechts und links der Deichsel durften sich vier Kameraden (es können auch sechs gewesen sein), die neu in die Kompanie gekommen waren, die ersten Sporen verdienen. Für sie war es praktisch das Aufnahmeritual. Auch das hatte Tradition: Wer als Neuer ins Unteroffizierkorps aufgenommen werden wollte, musste eine bestimmte Aufgabe erfüllen, die sich die Längergedienten ausdachten. In der Presse wurde später behauptet, die armen Jungs wären zu dieser Tortur gezwungen worden. Das stimmte nicht! Wer nicht wollte, der musste nicht. Und wenn es eine Tortur gewesen sein soll, ein paar Meter zu viert den Bollerwagen zu ziehen – für Kommandosoldaten –, dann weiß ich auch nicht.

Auf der Wiese war ein Parcours aufgebaut, den der Kompaniechef zu bewältigen hatte. Er fuhr im Streitwagen voran, der Rest der Kompanie marschierte als Fußvolk hinterher. Inzwischen dämmerte es. Ich überließ das Spanferkel den beiden Kameraden, die mir beim Grillen halfen, um dem Chef und den anderen an den einzelnen Stationen zu erklären, was die jeweilige Aufgabe war. Auf Mikrofon und Technik verzichteten wir, hatten die alten Römer auch nicht. Die feierfreudige Truppe sorgte mit Beifall und lautstarken Anfeuerungsrufen für die passende Geräuschkulisse.

Die erste Station war harmlos. Es mussten lediglich ein paar Hindernisse umkurvt werden. An der zweiten lag einer der Schweineköpfe, den sollte er mit der Keule zertrümmern. Okay, das musste einem nicht gefallen. Genauso wenig die Aufgabe an der dritten Station. Dort waren zwei weitere Schweineköpfe deponiert, die es in eine fünf Meter entfernt stehende Tonne zu werfen galt. Diese beiden Stationen waren später der Grund, dass die Abschiedsfeier in den Medien als »Schweinekopfparty« verurteilt wurde. Die Presse braucht griffige Formulierungen, das leuchtet mir ein. Dazu die Vorstellung, dass Köpfe von Tieren durch die Gegend flogen, was sicher bei genügend Leuten für Empörung sorgte. Es mag tatsächlich nicht der geschmackvollste Einfall gewesen sein. Ich will das auch gar nicht verteidigen. Trotzdem ist meine Sicht auf die Ereignisse eine andere.

Punkt eins: Ich bin auf einem Bauernhof aufgewachsen. Tiere zu schlachten, war die normalste Sache der Welt, wenn man etwas zu essen auf den Tisch bekommen wollte.

Punkt zwei: Jeder Kommandosoldat musste Survival-Lehrgänge absolvieren. Mein erster fand gleich am Anfang statt, als ich ganz frisch bei der Truppe war. Dabei bestand eine Aufgabe darin, Tiere zu schlachten und mit einfachsten Mitteln – nämlich dem, was sich im Wald finden ließ – so zuzubereiten, dass sie als Überlebensmahlzeit taugten.

Und Punkt drei: Viele von uns waren in Afghanistan gewesen, hatten in Gefechte ziehen und dabei auf den Feind schießen müssen, um nicht selbst getötet zu werden. Das war, wenn man es so sagen will, ein Teil unseres Handwerks. Dafür trainierten wir, mehr als die meisten anderen Soldaten. Und dafür wurden wir in Krisen- und Kriegsgebiete geschickt. In Regionen der Erde, wo ein Menschenleben nicht viel zählte.

Wir alle kannten also Krieg und Leid und Tod, die Abgründe des Lebens, seine rauen Seiten – und mussten manchmal selbst auch rau sein, um unseren Job zu erfüllen. Als zartbesaitete Seele steht man so etwas nicht durch. Dadurch haben Menschen wie wir auf manches einen anderen Blick – ich nenne ihn einfach mal: robuster. So gesehen sollten die Schweineköpfe, die man im alten Rom tatsächlich futterte, einfach nur ein Spaß sein – unter uns, in einem abgeschlossenen Bereich, der für niemanden sonst zugänglich war. Beziehungsweise zugänglich gewesen wäre, denn ausgerechnet an dem Abend machten wir eine Ausnahme.

War eine Station absolviert, bekam der Kompaniechef einen stattlichen Schluck Met gereicht, nach uraltem Brauch aus einem Horn. Die anderen hatten sich für den Parcours mit Bier versorgt. Während die Stimmung von Station zu Station stieg, nahm das Koordinationsvermögen des Kompaniechefs von Station zu Station ab – was unter den Anwesenden zu einiger Erheiterung beitrug. Um es ihm nicht zu einfach zu machen, hatten wir den Chef mit Waffen ausgerüstet, mit denen zu Cäsars Zeiten niemand in eine Schlacht geschickt worden wäre. Bei dem Schwert zum Beispiel, mit dem er an der nächsten Station mehrere Ananas zerteilen sollte, die auf Pfählen aufgespießt waren, handelte es sich um ein Dekoschwert, nicht für einen echten Kampf gedacht, selbst wenn die Gegner nur Früchte waren. Irgendwie kriegte er es trotzdem hin, mehr oder weniger. Jeder Schlag, der ins Leere traf, sorgte umso mehr für Belustigung. Als er die fünfte Station erreichte, hatte er vom Met ordentlich Schlagseite. Dort war eine Zielscheibe aufgestellt, er bekam Pfeil und Bogen. Immerhin gelang es ihm, beides festzuhalten, mit dem Schießen klappte es dagegen nicht so gut. Der erste Pfeil flog genau … null Meter weit. Er fiel ihm quasi vor die Füße.

An Station sechs wartete eine echte Herausforderung. Die Parcoursverantwortlichen hatten einen alten Baumstamm eingegraben, den er fällen sollte. Trockenes Holz, vier Meter lang, etwa 25 Zentimeter im Durchmesser. Das richtige Werkzeug und die Sache wäre fix erledigt gewesen. Mit der Streitaxt jedoch brauchte er gefühlt eine Ewigkeit. Irgendwann war die Axt hinüber. Und der Stamm sah gerade mal so aus, als hätte ein Biber vorsichtig daran genagt. Aber ein Kommandosoldat gibt nicht auf. Er wechselte zum Schwert, bis auch das nicht mehr zu gebrauchen war. Dann zeigte sich die Kameradschaft der Truppe – einige von uns kamen ihm zur Hilfe. Als der Stamm endlich nachgab, war es dunkel, nur die Fackeln spendeten Licht.

Das Schwert, das nun aussah wie ein Flitzebogen, und das Schild wurden nach der Party aufbewahrt. Das machten wir auch bei anderen Feiern oder wenn wir zu Übungen oder Lehrgängen unterwegs waren und uns etwas aufhebenswert erschien. Ebenso wenn wir von anderen Einheiten, die daran teilnahmen, zum Beispiel der Polizei, am Ende Erinnerungsgeschenke erhielten, Plaketten oder Urkunden und so was. Die Sachen kamen dann im Kompaniegebäude, im Flur des ersten Obergeschosses, an die Wand oder an die Decke, wo sie besser hinpassten. Dort sammelten sich mit der Zeit eine Menge Fotos an und alle möglichen Andenken, alte Ski, Paddel, sogar ein aufblasbarer Plastik-Orca, der vor der Stube des amphibischen Trupps hing. Andere Erinnerungsstücke fanden im Uffz.-Raum – also im Unteroffiziersraum – ihren Platz, den wir zudem gemütlicher gestalteten. Es gab eine Uffz.-Kasse, in die jeder jährlich einen bestimmten Betrag einzahlte. Ein Teil des Geldes floss in Abschiedspartys wie die des Kompaniechefs. Einen anderen Teil verwendeten wir, um den Raum wohnlich einzurichten. Zumindest eine Ecke sah aus wie eine Hausbar, mit Sofa, Fernseher und allem Drum und Dran. So hatten die Nicht-Heimschläfer nach dem Dienst auch einen Bereich, der etwas weniger militärisch war, zum Abschalten, wer es wollte.

Für die letzte Station, die siebte, benötigte der Chef keine Waffen. Vor ihm türmte sich eine Eskaladierwand auf, genauer gesagt eine Mauer aus Beton. Normalerweise hätte er die zweieinhalb oder drei Meter, die sie hoch war, ohne Probleme allein überwunden – nicht aber in seinem Met-seligen Zustand. Zwei Kameraden halfen. Die Mauer lief nach oben hin leicht konisch zu. Der Sims war breiter, als man das von Eskaladierwänden aus Holz kennt. Einer der Kameraden schwang sich kurzerhand nach oben, um den Kompaniechef hochzuhieven. Der andere schob von unten. Dann kletterte auch er hinterher. Als die drei eng beieinander auf der Mauer saßen und sich für eine Weile nicht rührten, verstummten die Anfeuerungsrufe, die sie begleitet hatten, auch der Beifall hörte auf, es wurde still. Sie schienen leise miteinander zu sprechen. Vielleicht schwiegen sie auch – weil sie für das, woran sie sich in dem Augenblick gemeinsam erinnerten, keine Worte brauchten.

Dazu muss man wissen, dass die drei in Afghanistan zusammen ein Gefecht erlebt hatten, bei dem einer unserer Kameraden gefallen war. In dem Moment dort oben auf der Mauer war dieser Kamerad irgendwie mit dabei. Und auch wir, die unten standen und ihn gekannt hatten, dachten an ihn. Es gab überhaupt nie eine Feier, bei der wir seiner nicht gedachten. Und auch sonst trugen wir die Erinnerung an ihn in unseren Herzen – ich denke, da kann ich für alle sprechen.

Damit war der Parcours geschafft. Es ging zurück zum Lagerfeuer, das längst lichterloh brannte. Die Flammen schlugen drei, vier Meter in die Höhe und spendeten angenehme Wärme. Der Regen hatte nicht aufgehört. Nieselregen. Irgendwo am Rand stand ein Ghettoblaster. Die Musik lief mehr oder weniger nebenher, in einer Lautstärke, dass man sich unterhalten konnte. Techno, Rock und so was, da bin ich kein Experte. Soweit ich weiß, war auch niemand eingeteilt, sich um die musikalische Rahmenbegleitung zu kümmern, jeder konnte das Teil bedienen. Wir standen in Grüppchen zusammen, redeten, tranken und aßen. Das Spanferkel war inzwischen innen durch und außen knusprig, wie es sein sollte.

Für den Kompaniechef hatten wir einen Ehrenplatz geschaffen: Er thronte nun auf einem roten Sofa. Das stand so dicht am Feuer, dass wir es bald ein Stück wegrücken mussten, weil es zu heiß wurde. Mit ihm selbst war bald nicht mehr viel anzufangen. Jeder der Anwesenden hatte natürlich mit ihm anstoßen wollen, und er hatte das sicher niemandem verweigert, schon aus Respekt. Sprechen ging noch. Der Spieß, ich und andere Kameraden unterhielten sich immer mal wieder mit ihm. Aber sich allein fortzubewegen, das wäre vermutlich schwierig geworden. Deshalb konnte er auch nichts mit seinem Preis für den bewältigten Parcours anfangen, den einer der Kameraden organisiert hatte.

Mir war zu Ohren gekommen, dass für den Abend eine Frau aus Hamburg anreisen sollte. Bei Hamburg dachte man natürlich sofort an Reeperbahn und Herbertstraße. Ich ging davon aus, dass sie eine Tanzeinlage darbieten würde. Wahrscheinlich etwas Frivoles, viel Haut und wenig Stoff. In Wahrheit ging es ihr um etwas anderes: Sie wollte Sex und dabei hart rangenommen werden. Das behaupte nicht ich, das posaunte sie später selbst in die Welt hinaus, erst übers Internet, dann übers Fernsehen. Dort gab sie weder ihren Namen preis noch trat sie mit ihrem Gesicht vor die Kamera. Und was sie gesagt haben soll, wurde von einer anderen Person nachgesprochen, damit man sie nicht an der Stimme erkannte. So fiel es ihr anscheinend leichter, ihre sexuellen Vorlieben auszuplaudern, nämlich dass sie auf echte Männer stehe, groß und stark und tätowiert.

Aber der Reihe nach: Der Kamerad, der sie eingeladen hatte, kannte die Frau, die ursprünglich aus Temeschburg in Rumänien stammte, über die Datingplattform Tinder. Dort trat die damals Dreißigjährige als »Diane« auf, wobei das nicht ihr richtiger Name war. Und sie suchte wohl auch nicht die große Liebe fürs Leben. Am Abend der Feier kam sie mit dem Flugzeug nach Stuttgart. Offenbar ging es ihr nicht um Geld, sie ließ sich lediglich die Reisekosten erstatten. Besagter Kamerad und ein zweiter holten sie am Flughafen ab. Gegen 21 Uhr, es kann auch etwas später gewesen sein, trafen sie mit ihr auf der Schießanlage ein und trugen den Gast wie eine Trophäe auf den Armen in die Arena, besser gesagt zum Lagerfeuer. Das umrundeten sie zur Hälfte, dann setzten sie die Dame, die gewöhnliche Straßenkleidung trug, dunkle Hose, dunkle Jacke, vor dem Kompaniechef ab. Damit war ihr großer Auftritt auch schon vorbei. Viel mehr geschah nicht. Falls sie tatsächlich auf ein amouröses Abenteuer der speziellen Art spekuliert hatte, wurde sie auf ganzer Linie enttäuscht. Vielleicht unternahm sie einen Versuch, dem Kompaniechef näherzukommen, das ist mir dann aber entgangen. Wie gesagt war er für so etwas nicht mehr zu gebrauchen. Es schien sich auch sonst niemand zu finden, der ein besonderes Interesse an ihr hatte. Sie blieb eine Weile, unterhielt sich mit dem einen oder anderen, wobei ich – abgesehen von einer kurzen Begrüßung, die aus wenigen Worten bestand – nicht mit ihr sprach. Dann brachten sie die beiden Kameraden nach Stuttgart zurück. Ob sie dort übernachtete oder noch einen Flieger nach Hamburg erwischte, entzieht sich meiner Kenntnis. Die Feier ging weiter. Das Feuer loderte. Musik lief. Wir quatschten und tranken, lachten, waren mal lauter, mal leiser. Vor allem tauschten wir Erinnerungen an gemeinsame Erlebnisse aus, die uns miteinander verbanden, uns zusammenschweißten. Man muss sich das vorstellen wie eine eigene, in sich geschlossene kleine Welt. Wer nicht selbst bei dem dabei war, woran wir uns erinnerten, konnte es nicht verstehen. Worte und Sätze wie geheime Codes. Gewöhnliche Formulierungen, die in unseren Köpfen mit anderen Bedeutungen aufgeladen waren. Das machte es selbst dem besten Truppenpsychologen schwer, in das Innere eines Kommandosoldaten vorzudringen. Wie mag sich da erst diese Frau in unserem Kreis gefühlt und was mag sie gedacht haben?

Nicht, dass ich mir diese Frage an dem Abend gestellt hätte. Um ehrlich zu sein, war ich nach einiger Zeit – wie die meisten in der Runde – nicht mehr zu hundert Prozent geschäftsfähig. Immerhin hielt ich bis gegen 2 Uhr durch. Dann suchte ich mir auf dem Pritschenwagen ein halbwegs gemütliches Plätzchen für den Rest der Nacht. In weiser Voraussicht hatte ich in der Kaserne eine Matratze mit auf die Ladefläche geworfen. Die anderen ließen sich irgendwann auf den Feldbetten in dem Hangar nieder.

## SCHWERE VORWÜRFE

Die Frage drängte sich erst in meinen Kopf, als Wochen darauf Vorwürfe in die Öffentlichkeit lanciert wurden, die nicht nur einen der größten Skandale seit Bestehen des KSK auslösten, wie die Medien berichteten, sondern auch die bereits erwähnten Ermittlungen von

MAD und Wehrdisziplinaranwaltschaft, die sich dann über Jahre hinzogen. Es wurde behauptet, bei der Abschiedsfeier sei zu vorgerückter Stunde rechtsradikale Musik gespielt und von einigen Anwesenden mit Hitlergruß salutiert worden. Konkret beschuldigte man vier Personen, von denen eine ich war. Außerdem traf es den Kompaniechef, den Spieß und noch einen anderen Kameraden. Bei der Musik solle es sich um einen Song der Band Sturmwehr gehandelt haben, in dem die Textzeile »Armes Deutschland, was ist aus dir geworden?« vorkam. Die Sache mit den Schweineköpfen wurde in dem Zug auch publik und als Zeichen unserer moralischen Verdorbenheit gedeutet.

Vorgebracht hatte die Anschuldigungen »Diane«, die Tinder-Bekanntschaft unseres Kameraden, die sich nun (ausgerechnet) als Anna ausgab, was auch nicht ihr wirklicher Name war. Sie wollte mit eigenen Augen gesehen haben, wie wir vier bei der Feier unseren rechten Arm zum Gruß erhoben. Und sie hatte sich angeblich extra die betreffende Liedzeile eingeprägt, um im Nachhinein recherchieren zu können, wessen Musik wir da gehört hatten.

Um es vorwegzunehmen: Ich hatte den Abend anders in Erinnerung. Weder habe ich den Hitlergruß gezeigt noch mitbekommen, dass andere es taten. Ich habe auch keine rechtsradikale Musik wahrgenommen, geschweige denn selbst über den Ghettoblaster abgespielt. Aber die Sache war damit in der Welt. Und die Mühlen fingen an zu mahlen. Eine Zeitung schien von der anderen abzuschreiben, oder sie verwendeten alle dieselbe Quelle. Und die Politik stieg bereitwillig darauf ein.

Die Bundeswehr hatte mal wieder ein Rechtsextremismusproblem. Das war generell keine neue Botschaft, aber diesmal betraf es das Kommando Spezialkräfte, die Eliteeinheit, deren Einsätze unter strengster Geheimhaltung stattfanden und auch danach als geheime Verschlusssache behandelt wurden. Diese Truppe war also unkontrollierbar, so lautete der Tenor. Und wir, die 2. Kompanie, die dort gefeiert hatte, waren ein Schandfleck, gehörten ausgemerzt, wie lauthals aus verschiedenen Richtungen gefordert wurde. Wenn schon nicht das KSK komplett eingestampft würde, dann zumindest diese Kompanie.

Das war die Begleitmusik, die in der Zeit immer und immer wieder gespielt wurde. Und bald kamen die Enthüllungen zum Hannibal-Netzwerk hinzu, das ein ehemaliger KSK-Soldat aufgezogen hatte. Ein Geflecht aus Chatgruppen, über die sich bundesweit sogenannte Prepper organisierten, um den »Tag X«, wie sie ihn bezeichneten, vorzubereiten – den Umsturz der Gesellschaft. Damit hatte ich nun wirklich nichts zu tun. Ich erfuhr auch nur aus der Presse davon. Hannibal und Nordkreuz und was in dem Zusammenhang alles aufgedeckt wurde, davon hatte ich nie zuvor gehört.

Aber, ja, ich kannte den Ex-KSKler, der sich den Online-Benutzernamen Hannibal verpasst hatte. Er war in der 4. Kompanie. Ich wusste, dass er mit dem Verein Uniter e. V. in Verbindung stand, in dem sich ehemalige und aktive Soldaten und Polizisten engagierten, aber nicht, dass er auch zu diesem Netzwerk gehörte. Dass er für Uniter arbeitete, hatte er mir selbst einmal erzählt, auf der Schießbahn in Stetten am kalten Markt, wo wir häufiger Schießtrainings abhielten. Zwei oder drei Jahre bevor das alles aufflog. Damals kam er an und begann, vom Weltuntergang zu faseln, der unmittelbar bevorstünde. Womit er meinte, dass in Deutschland das staatliche Gefüge auseinanderbrechen würde. Um sich darauf vorzubereiten, müssten Verpflegungsverstecke angelegt und Safe Houses eingerichtet werden. Als er das erzählte, standen auch andere Kameraden dabei. Keine Ahnung, was die davon hielten. Einige aus Calw sollen Mitglied in dem Verein gewesen sein, was man so hörte. Mir kam das alles ganz schön wirr vor, um es mal so auszudrücken. Ich weiß noch, dass ich auf dem Schießplatz dachte: Wie hat es so einer in unsere Truppe geschafft?

Ob die bloße Tatsache, dass ich diesen Kameraden kannte, Einfluss auf meinen eigenen Fall und die politische Einschätzung meiner Person hatte, kann ich nicht sagen. Fakt ist, dass Ermittlungen gegen mich eingeleitet wurden, nachdem die Tinder-Dame vom Abschiedsfest einen Glatzkopf beschrieben hatte, der zur fraglichen Zeit, als die Arme hochgestreckt worden sein sollen, beim Kompaniechef gestanden habe. Sie verwendete den Begriff »Nazi-Opa« – wohl wegen der Glatze. Ich war damals 43 und für die polierfreudige Länge beziehungsweise Kürze meiner Haare hatte ich mich wahrlich nicht freiwillig entschieden. Da wuchs einfach nicht mehr viel. Aber als Glatzkopf wird man schnell in die rechte Ecke gerückt. Damit hatte ich meinen Stempel weg und irgendwann – zusätzlich zu den Ermittlungen des MAD und des Wehrdisziplinaranwalts – ein Verfahren der Staatsanwaltschaft an der Backe.

Wie zuverlässig die Angaben der Tinder-Dame in Bezug auf die Anschuldigungen gegen mich waren, zeigte sich spätestens, als die Ermittler ihr eine sogenannte Wahllichtbildvorlage präsentierten. Eine solche wird verwendet, wenn ein Täter, der namentlich bekannt ist, identifiziert werden soll. Ermittler sprechen dem Verfahren einen hohen Beweiswert zu. Das heißt, wer dabei als Täter erkannt wird, hat schlechte Karten. In dem Fall war es so, dass sie der Frau Porträtfotos von acht glatzköpfigen Männern vorlegten. Sie tippte auf eins davon, in dem festen Glauben, mich darauf zu erkennen. Doch das Foto zeigte nicht mich und auch niemand anderen aus unserer Kompanie. Damit wurde der Fall jedoch nicht etwa zu den Akten gelegt. Auch nicht, nachdem sich die Frau noch einmal von sich aus bei den Ermittlern meldete, um ihren Irrtum einzugestehen. Sie habe mich an dem Abend auf der Schießanlage zwar gesehen, sagte sie bei dem Telefonat, ich sei jedoch definitiv nicht derjenige gewesen, der einen Hitlergruß gezeigt habe. So steht es in den Ermittlungsunterlagen, die ich allerdings erst zu sehen bekam, nachdem dieses Verfahren gegen mich doch noch eingestellt wurde. Und zwar im Sommer 2022, mehr als fünf Jahre nach der Abschiedsfeier.

Bei unserem ehemaligen Kompaniechef, der in der Zwischenzeit zur Division Schnelle Kräfte in Stadtallendorf strafversetzt worden war, mahlten die Mühlen der Justiz nicht so langsam. Ihm wurde wie mir das »Verwenden von Kennzeichen verbotener Organisationen« vorgeworfen, womit der Hitlergruß gemeint war. Und auch sein Verfahren war bei der Staatsanwaltschaft Stuttgart anhängig. Die Details kenne ich nicht, aber ich weiß, dass er den Vorwurf ebenfalls bestritt. Meiner Meinung nach wäre er in seinem Zustand, so wie er vom Met beseelt auf dem Sofa lag, gar nicht imstande gewesen, auch nur ein einziges Körperteil stramm von sich zu strecken. Einer unserer Medics hatte ihn im Laufe des Abends untersucht, er hielt eine Alkoholvergiftung für möglich. Und das hieß schon etwas bei einem kräftigen Mann von fast zwei Metern.

Wie auch immer, sein Fall entschied sich bereits im Herbst 2018. Die Presse berichtete groß darüber. Unter anderem war zu lesen, die Staatsanwaltschaft würde es als erwiesen ansehen, dass er am Lagerfeuer den Hitlergruß gezeigt hatte, angeblich mehrmals. Das zuständige Amtsgericht habe einen Strafbefehl erlassen, verbunden mit einer Geldbuße in Höhe von 4000 Euro.

Nicht geschrieben wurde, wie es zu dem Strafbefehl gekommen war beziehungsweise warum er ihn angenommen hatte. Da er sich genau wie ich zu Unrecht beschuldigt sah, hatte er ursprünglich über seinen Anwalt Einspruch gegen den Strafbefehl eingelegt. Daraufhin entschied der zuständige Richter, eine Gerichtsverhandlung anzusetzen – diese sollte öffentlich sein. Der Termin stand bereits fest, und die meisten von uns erhielten eine Vorladung als Zeugen. Das wiederum hätte bedeutet, dass unsere Namen bekannt geworden und wir höchstwahrscheinlich von Presseleuten fotografiert worden wären, zumindest einige von uns. Ein absolutes No-Go für Kommandosoldaten. Um unsere Identität zu schützen, beantragte die Verteidigung in Absprache mit der Bundeswehr, den Fall im Rahmen einer nicht öffentlichen Verhandlung zu entscheiden. Doch das lehnte das Amtsgericht ab. Erst da akzeptierte der Kompaniechef Strafbefehl und Geldbuße – aus einem einzigen Grund: um uns zu schützen. Er stellte sich noch einmal vor seine Jungs, wie er das auch in Afghanistan getan hatte.

# »MACHT UNMÖGLICHES MÖGLICH«

*StFw* Schaaf ist nun auch nach der neuen Struktur KSK der Fhr der Planungs- und Führungszelle der KdoKp und auf einem neu geschaffenen A9MZ DstP eingesetzt. Diese Position besetzt er schon seit einigen Jahren und ich stelle bei jedem Briefing, LVU/LVE oder Lesson learned fest, dass ich mir keinen Besseren vorstellen kann. Es ist bemerkenswert, mit welcher Freude und Akribie er an die einzelnen Aufträge und Projekte herangeht und mehr oder weniger als »One-Man-Show« KpAusb aus dem Nichts zaubert. Sein Erfahrungsschatz, sein erlerntes Wissen und sein praktisches Können sind dabei beispielgebend. Immer meldet er positiven Vollzug und macht Unmögliches möglich. Der hohe Ausbildungsstand und die Einsatzbereitschaft der Kp ist nicht zuletzt sein Verdienst.*

*Stets in der Lage, die Absicht seines KpChefs zu erkennen und seine wesentliche Leistung davon abzuleiten, bewies er jüngst erneut zur Ausbildungsvorbereitung Höchstleistungen. Er erkundete und erarbeitete einen im Schwerpunktthema des KSK liegenden Vier-Wochen-Ausbildungsblock für die gesamte Kp. Seine Methodik- und Didaktikansätze sind brillant. Er legt bei jedem Ausbildungsabschnitt noch mal ein methodisches Highlight drauf und seine Auswertungen lassen, aufgrund seines enorm guten taktischen Verständnisses und seiner sehr hohen Flexibilität für Lageänderungen, keinen Makel zu. Hierbei ist für jeden, auch für alte KpHasen, noch ein Goldkörnchen dabei.*

*Es bedarf bei S. nur noch marginaler Kontrolle, im vollen Vertrauen lasse ich ihn ganz im Sinne der Auftragstaktik seine Aufgaben abarbeiten und bin immer von seinen Ergebnissen beeindruckt und überzeugt.*

---

* Erklärung der Abkürzungen siehe Seite 59

*Neben der Erarbeitung, Planung und Durchführung von KpAusbVorhaben bringt er sich noch auf dem Gebiet der Gebirgsverbringung voll mit ein. S. hält weiterhin das enorm hohe Niveau eines Heeresbergführers und bringt diese Expertise bei Verbringungsausbildungen zusätzlich ein. Gleiches gilt für die Ausbildung »Fahren mit KleinKFZ«. Auch hier ist er eine unverzichtbare Stütze der Kp.*

*Aber nicht nur in der Ausbildung kann er seine breite Fachexpertise einbringen. Er besitzt weitreichende Erfahrung bei Auslandseinsätzen der SpezKr Bw, um auch im OpCen oder als LNO in übergeordneten FüEbenen … arbeiten und beraten zu können. Sein Wort findet stets Gehör. S. war im Auslandseinsatz 2017/2018 eine deutliche Stütze im EFKBw und konnte mit seinem Verständnis der übFü und seiner Erfahrung der Männer am Boden unmittelbar und direkt aufkommende Problemstellungen und Fragen adäquat lösen oder beantworten und hielt somit der Truppe stets den Rücken frei. In Neuerungen der Planungsphasen auf operativer Eben arbeitet er sich dabei selbständig ein …*

*StFw Schaaf ist ein äußerst loyaler, enorm fleißiger und leistungsbereiter UmP. Seine Fähigkeit, komplexe Sacherhalte und Abläufe sehr schnell aufzunehmen und praktische Lösungsansätze zu finden, ist bemerkenswert. Dies gilt sowohl für die Vorbereitung und Planung von KpAusb als auch für reale Planungsphasen auf Übung oder im Einsatz.*

*Er besitzt den Weitblick und den geistigen Horizont, der auf der FüEbene einer Kp zwingend notwendig ist. Gleichzeitig besitzt er die Erfahrung auch auf der übFüEbene, die Prozessabläufe zweckmäßig auszuwerten und sein Handeln im Sinne der Kp daran zu orientieren. Sein Ideenreichtum findet dabei kein Ende, ohne aber das große Ganze aus den Augen zu verlieren. Er ist fachlich somit eine enorm starke Bank innerhalb der Kp.*

*Sein militärisches Selbstverständnis und seine berufliche Arbeitsmoral sind beispielgebend. Hilfsbereit, kameradschaftlich und menschlich nimmt er sich Problemen der Kp, aber noch viel wichtiger der Soldaten an. Darüber hinaus machen seine menschliche und angenehme Art das Arbeiten mit ihm sehr angenehm. Er hat sich so seine Stellung im UffzKorps über lange Zeit erarbeitet und gefestigt. S. ist insgesamt ein enorm geschätztes Mitglied, daran gibt es überhaupt keine Zweifel …*

(Auszug aus der turnusmäßig alle zwei Jahre fälligen Beurteilung durch den Kompaniechef vom 5. April 2018)

Abkürzungen:
StFw – Stabsfeldwebel
Fhr – Führer
KdoKp – Kommandokompanie
DstP – Dienststellenposten
LVU/LVE – Lagevorträge zur Unterrichtung/Lagevorträge zur Entscheidung
KpAusb – Kompanieausbildung
KpChef – Kompaniechef
KpHasen – Kompaniehasen
KpAusbVorhaben – Kompanieausbildungsvorhaben
SpezKr BW – Spezialkräfte Bundeswehr
OpCen – Operationszentrum
LNO – Liaison Officer (Verbindungsoffizier)
FüEbene – Führungsebene
EFKBw – Einsatzführungskommando Bundeswehr
übFü – übergeordnete Führung
UmP – Unteroffizier mit Portepee (Dienstgrade Feldwebel bis Oberstabsfeldwebel)
Kp – Kompanie
UffzKorp – Unteroffizierskorps

## MISSSTÄNDE BEI DER ELITETRUPPE

Die Ermittlungen und das Verfahren infolge der Abschiedsfeier auf der Schießanlage hatten rein juristisch nichts mit meiner Festnahme nach dem Munitionsfund auf dem heimischen Grundstück zu tun. Dennoch hing das eine mit dem anderen zusammen. Auf den ersten Blick scheint das widersprüchlich, ist aber recht einfach zu erklären. Dazu muss ich nur etwas ausholen – und dabei auch ein klein wenig am Mythos des KSK kratzen.

Die Geheimniskrämerei, die der Truppe seit ihrem Bestehen von bestimmten Kräften immer wieder vorgeworfen wurde, aus meiner Sicht hauptsächlich politisch motiviert, hatte – und hat – gute Gründe. Nicht alle, aber viele Einsätze hätten ohne diese Verschwiegenheit nach außen nicht durchgeführt werden können, oder sie wären gescheitert. Die einzigartige und auch fordernde Ausbildung, die man als Kommandosoldat durchläuft und die uns zu besonderen Leistungen befähigte, war dabei nur ein Punkt, wenn auch ein wesentlicher. Ein anderer, der solche Einsätze möglich machte, aber auch für die Ausbildung von elementarer Bedeutung war, betraf die Ausrüstung, im weitesten Sinne, angefangen bei den Fahrzeugen über die verschiedensten Waffen, die Funktechnik bis hin zu all dem, was wir in Vollausrüstung sonst noch mit uns herumtrugen, wie Plattenträger (taktische Schutzwesten), Helme, Nachtsichtgeräte und so weiter.

Bei einer Truppe, die gern als Eliteeinheit gerühmt wird, ging man natürlich davon aus, dass sie stets und bei allem mit dem neuesten Stand der Technik versorgt wurde – State of the Art, wie man so schön sagt – und es auch sonst an nichts mangelte. Nach dem Motto: Ihr habt doch alles, ihr kriegt doch alles. Wenn im Zusammenhang mit der Bundeswehr öffentlich schwerfällige Führungsstrukturen, veraltete und nicht funktionstüchtige Technik und überhaupt ein Mangel an allem Möglichen beklagt wurde, bezogen das jedenfalls die wenigsten auf die Kommandokräfte in Calw. Dort schien in dieser Hinsicht immer die Sonne zu scheinen.

Tatsächlich waren wir beim KSK ausrüstungs- und materialmäßig besser aufgestellt als gewöhnliche Bundeswehreinheiten. Nichtsdestotrotz war auch bei uns manches nicht perfekt. Mehr als manches, um die Wahrheit zu sagen. Ein Beispiel: Jede Kompanie hatte einen eigenen Fuhrpark, sozusagen einen Grundbestand für den militärischen Alltag. Über diese Fahrzeuge konnte sie ständig verfügen. Kam ein spezieller Auftrag oder stand eine Übung an, für die mehr oder andere Fahrzeuge benötigt wurden, mietete man diese über den Fuhrparkservice. Das lief wie bei einer normalen Autovermietung: Man füllte ein Formular aus, gab Zeitraum und Fahrzeugkategorie an, dann bekam man das Gewünschte – falls es verfügbar war. Wovon man nicht immer ausgehen konnte, da auch andere Einheiten Ansprüche stellten. Genauso lief es bei Gefechtsfahrzeugen, ob Dingo, Enok oder Eagle, alles gepanzerte Fahrzeuge, die mit Waffen ausgerüstet werden konnten. Idealerweise gab man eine solche Bestellung mit dem größtmöglichen zeitlichen Vorlauf ab. Wenn ich zum Beispiel eine umfangreichere Übung plante, war es am zielführendsten, den Fahrzeugbedarf bereits ein Jahr im Voraus anzumelden. Das garantierte allerdings nicht, dass die Fahrzeuge dann auch alle funktionierten. Nach meiner Erfahrung waren im Schnitt nur etwa zwanzig Prozent einsatzfähig. Einmal organisierte ich für eine Übung auf dem Truppenübungsplatz Oberlausitz unter anderem vier Dingos. Alle vier mussten wir vorher erst reparieren lassen. Da ich das Problem kannte, fingen die Fachkräfte zwei Monate vor der Übung an, um rechtzeitig fertig zu sein. Bei den Eagles sah es nicht besser aus. Da standen dann manchmal zwanzig von denen, aber nur sechs waren voll funktionstüchtig. Ein konkretes Beispiel: Bei einem, der fahrbereit gewesen wäre, war die Waffenanlage kaputt. Ein anderer war nicht fahrtauglich, dafür hatte er eine intakte Waffenanlage. Also organisierten wir einen Kran und hievten die funktionierende Waffenanlage in den fahrfähigen Eagle – inklusive aller Montiererei, die das in beiden Fahrzeugen mit sich brachte. Eine ähnliche Situation herrschte bei den Transportpanzern Fuchs, auch von denen waren längst nicht alle zu gebrauchen. Als ich in meinem Gerichtsprozess dieses Thema anschnitt, wollte es keiner hören, man hat mir nicht geglaubt oder nicht glauben wollen. Es hieß dann immer, das KSK habe doch alles und bei der Bundeswehr sähe es auch nicht so düster aus. Aber kurze Zeit später wurde groß in den Medien berichtet, dass die Bundeswehr personell, materiell und finanziell am Boden lag, über Jahrzehnte sozusagen totgespart wurde.

Einen Großteil der Instandsetzungsarbeiten erledigten Zivilangestellte, von denen manche sogar mit zu den Übungen kamen, auch wenn es ins Ausland ging. Deren Chef war immer ein Offizier, aber der schraubte nicht. Und zu schrauben gab es eigentlich immer etwas. Selbst bei den Waffen, mit denen die Gefechtsfahrzeuge bestückt wurden, war häufig handwerkliches Geschick und Kreativität gefragt. Manche flogen uns auf dem Übungsplatz regelrecht um die Ohren. Wenn sie nicht vollständig hinüber waren, flickten wir sie mit Schrauben und Draht und sonst was wieder zusammen.

Einsätze waren eine andere Geschichte, aber im Übungsbetrieb musste reichlich improvisiert werden. Ich konnte am Schreibtisch die tollsten Sachen planen. In der Realität sah es dann oft anders aus. Doch es musste trotzdem irgendwie gehen. Die übergeordnete Führung erwartete, dass das Ausbildungsziel erreicht wurde. Und genauso, dass die taktische Einsatzbereitschaft erhalten blieb, technische Unpässlichkeiten und Versorgungsengpässe hin oder her. Flexibilität war das Zauberwort. Und das hatte auch eine gute Seite: Man blieb im Kopf beweglich, lernte, sich schnell einer Situation anzupassen und neue Wege zu suchen, Probleme zu lösen. Alles Fähigkeiten, die im Ernstfall, bei einer Operation, hilfreich sein konnten.

Seit ich vom normalen Truppsoldaten in die Kompanieführung und dort ins PLEX-Team aufgerückt war, war es immer mein Ziel, Übungs- und Ausbildungsvorhaben so realitätsnah wie möglich zu gestalten, um die Soldaten, die mir anvertraut wurden, optimal auf ihre Einsätze vorzubereiten. Zugegeben, das könnte glatt aus einem militärischen Lehrbuch stammen. Mit dem Unterschied, dass ich selbst oft genug im Einsatz war, um zu wissen, dass eine solche Formulierung, auch wenn sie danach klingt, eben keine leere Floskel ist. Für einen Soldaten, der nicht bestmöglich vorbereitet in einen Einsatz geschickt wird, ist das Risiko doppelt und dreifach hoch. Und das gilt dann ebenso für sein Team, seinen Trupp, ein schwaches Glied schwächt alle. Bei den Einsätzen, zu denen Kommandokräfte losgeschickt werden, kann dieses Risiko den Tod bedeuten, von einer Sekunde auf die nächste.

Aber darauf will ich nicht hinaus. Worum es geht: Damit man Ausbildung und Übungen einsatzrealistisch gestalten konnte, benötigte man entsprechendes Material. Oder entsprechende Mittel, im weitesten Sinne. Von Landfahrzeugen war schon die Rede. Aber auch Hubschrauber und Flugzeuge gehörten dazu. Es ging weiter mit Waffen, mit der Munition dafür. Mit Sprengstoffen. Bis hin zu dem, was wir als Darstellungs- und Blendmittel bezeichneten. Darstellungsmittel wurden verwendet, um bestimmte Gefechtsereignisse möglichst naturgetreu zu inszenieren – zum Beispiel verschiedene Arten von Explosionen (Knall, Feuerball, Rauch). Oder auch Maschinengewehrfeuer, als stünden uns feindliche Kräfte gegenüber. So ähnlich wie das, was Pyrotechniker beim Film fabrizieren, wenn Spezialeffekte für Kriegsszenen, Katastrophen oder Unfälle verlangt werden. Blendmittel benutzten wir vor allem beim Raum- und Häuserkampf. Die berühmte Szene: Eine Tür fliegt auf, man sieht, wie ein kleiner Gegenstand in den Raum geworfen wird, in der Sekunde darauf knallt es höllisch oder es blitzt so grell, dass man automatisch die Augen zukneift. Die Leute im Raum sind für einen kurzen Moment geblendet, und diesen Moment nutzen die Angreifer, die in den Raum eindringen, um sie zu überwältigen oder zu bekämpfen. Ein Teil des Einmaleins der Geiselbefreiung.

In der Theorie waren solche Übungsvorhaben klar definiert. Man könnte von Routine sprechen, so oft wie wir das machten, die verschiedensten Abläufe mussten immer wieder trainiert beziehungsweise aufgefrischt werden. Ging es jedoch an die konkrete Umsetzung dieser Übungen, haperte es nicht selten an so manchem. Zum Beispiel kam es immer wieder zu Engpässen bei der Munitionsversorgung. Allerdings forderten wir auch riesige Mengen an. Ich glaube, nirgendwo sonst bei der Bundeswehr wurde so viel verbraucht. Allein was in unserem Schießausbildungszentrum an Munition durch die Waffen ging: im Jahr ungefähr eine Million Schuss, meist Kaliber 9 mm Luger und .223 Remington. Oder nehmen wir eine typische Übung auf einem Truppenübungsplatz. Dabei wurden pro Tag im Schnitt 10 000 Schuss abgefeuert und innerhalb einer Woche bis zu 20 Kilo Sprengmittel gezündet. Manchmal noch mehr. Ganz zu schweigen von Unmengen an besagten Darstellungs- und Blendmitteln, von denen man nie genug haben konnte.

Blieb bei den Übungsmaßnahmen, die ich leitend begleitete, etwas übrig, was trotz mancher Knappheit immer wieder vorkam, landete es im Keller unseres Kompaniegebäudes, der – militärisch untypisch – so unaufgeräumt war, dass ein Messie daran seine helle Freude gehabt hätte. In diesem Chaos standen einige Kisten, darunter eine große abschließbare aus Blech, in der ich über Jahre hinweg solche Restbestände sammelte, unsortiert und ohne zu unterscheiden, ob es sich um Hartkern-, Weichkern- oder Leuchtspurmunition handelte, oder um welches Kaliber. Das Gleiche galt für Sprengmittel und alles andere – was übrig blieb, kam rein. Zusätzlich noch einige der Gegenstände, die ich immer mal wieder im Kellergang fand, ohne nachvollziehen zu können, wer sie dort abgelegt hatte. Es war nicht unüblich, von Einsätzen – speziell, wenn es Auslandseinsätze waren – Fundstücke mitzubringen. Souvenirs sozusagen. Als Erinnerung oder weil man dachte, die Sachen noch irgendwie gebrauchen zu können. So sammelten sich da unten auch alte Panzerminen und Sprengfallen an. Natürlich keine riesigen Mengen, Einzelstücke, und die waren alle delaboriert, also ungefährlich. Eine Softairwaffe fand ich dort auch mal. Und jene AK-47, die Kalaschnikow, die später in der vergrabenen Munitionskiste auf meinem Grundstück entdeckt wurde.

In Afghanistan nahmen wir alles mit, was uns für eine einsatznahe Ausbildung brauchbar erschien – besonders für Soldaten, die dort noch nie im Einsatz waren. Es ist ein großer Unterschied, ob man jemandem solche Sachen auf einem Foto zeigt oder sie ihm gegenständlich präsentieren kann, als reelle Darstellungsmittel. Zum Beispiel Schnellkochtöpfe, die von außen harmlos aussahen, innen aber mit Sprengstoff gefüllt waren. Oder selbst gebaute Pressure Blades, eine Art Auslösevorrichtungen für Sprengfallen. Von denen waren manche für Personen ausgelegt, andere für Fahrzeuge und wiederum andere nur für Panzer. Auch typische Kleidungsstücke brachten wir von dort mit, etwa Polizeiuniformen. Oder Uniformen der verschiedenen Milizen-Gruppen, die Warlords unterstanden. Die konnten wir dann im Schießausbildungszentrum einsetzen, bei der Freund-Feind-Kennung. Wenn einer zum Beispiel eine solche afghanische Polizeiuniform trug und eine Waffe in der Hand hielt, also eigentlich eine Gefahr darstellte, durfte man nicht auf ihn schießen – da die afghanischen Sicherheitskräfte als Verbündete galten.

So logisch und sinnvoll mir dieses Sammeln und Aufbewahren von Munition und Sprengmitteln erschien, verstieß ich damit natürlich gegen Vorschriften – was mir auch bewusst war. Normalerweise hätten jede einzelne Patrone und alle nicht verwendeten Einsatzmittel fein säuberlich registriert und zurückgegeben werden müssen. So wie ich es in der Grundausbildung erlebt hatte, die ich bei den Gebirgsjägern in Schneeberg absolvierte. Andererseits war dieses Bunkern, ob Material allgemein oder Munition im Speziellen, beileibe keine Erfindung von mir. Das wurde auch anderswo bei der Bundeswehr praktiziert. Vielleicht nicht in jeder Kaserne, aber in vielen, den meisten. Wer das bestreitet, hat keine Ahnung oder ist nicht ehrlich.

Aus meiner Sicht hatte ich gute Gründe, es so und nicht anders zu praktizieren. Nehmen wir nur die Situation, die sich während einer vierwöchigen Schießausbildung bei uns in der Kaserne ergab. Im Schießausbildungszentrum wurden, wie gesagt, große Mengen an

Munition verschossen. War ich als Leitender eingesetzt, überlegte ich vorher, wie viel Munition für die Teilnehmer gebraucht wurde, an jeder Station und insgesamt. Dann forderte ich die entsprechende Menge an. Es gab ein Vorratslager für Munition in der Kaserne. In dem wurde aber nur ein geringer Teil des Bedarfs vorgehalten, für laufende Schießvorhaben. Der weitaus größere Teil kam aus dem Munitionslager Wermutshausen, rund zwei Stunden von Calw entfernt.

Ganz gleich wie genau ich plante, am Ende eines Tages konnte trotzdem Munition übrig sein. So war es oft auch. Die Schützen wurden belehrt, dass sie alle Patronen, die Restmunition, abzugeben hatten. Hätte ich mich streng nach Vorschrift verhalten, hätte ich jeden Abend die übrig gebliebenen und zurückgegebenen Patronen einzeln sortiert in die jeweiligen Packungen zurückstecken und einschließen müssen, um sie am nächsten Morgen dann wieder herauszuholen. Erstens fand ich das umständlich. Und zweitens kostete es Zeit, unnötig viel für meinen Geschmack. So ein Tag zog sich ohnehin schon in die Länge. Also sparte ich mir das und packte stattdessen die Restpatronen, samt Magazin oder einzeln, in die Kiste im Keller – um sie am nächsten Tag wieder auszugeben. Auch die Jungs, mit denen ich die Ausbildung machte, waren geschafft und wollten nur noch auf ihre Stube. Also hat jeder sein Magazin beschriftet, abgegeben und am Morgen dann wiederbekommen. Wenn am Ende einer solchen Woche Munition übrig war, wurde sie in der Kiste aufbewahrt, und so sammelte sich mit der Zeit einiges an. Es kam auch vor, dass nach einem größeren Schießen eine Pappkiste mit Restmunition von irgendjemandem vor meinem Büro abgestellt wurde. Oder vor dem Büro des Versorgungsdienstfeldwebels, der damit dann zu mir kam. Damit will ich nicht sagen, dass es korrekt war – nur dass es eben so war. Später hatte ich auch eine Kiste in meinem Büro stehen. Das war kein Geheimversteck, wer in den Keller oder ins Büro kam, konnte die Kisten ohne Weiteres sehen.

Auf großen Übungsplätzen war der Aufwand noch mal ein anderer. Dort musste am Ende jede Sorte einzeln in der Schießkladde aufgelistet werden, wie viele Patronen davon verschossen worden waren, durch welchen Trupp oder welche Kompanie und so weiter. Am Wochenende nach solch einer Übung kam ich zu kaum etwas anderem, als zusammen mit dem Schreiberling diese Schießkladde auszufüllen, um alles ordnungsgemäß abrechnen zu können. Mit einer vernünftigen Computersoftware wäre das unkomplizierter und schneller zu erledigen gewesen, aber wir benutzten noch im Jahr 2020 Papier und Stift dafür. Selbst in dem Munitionslager in Wermutshausen, in dem ständig bis zu zwei Millionen Munitionsartikel deponiert waren, wurden damals die Bestandsveränderungen, also die Ein- und Ausgänge, mit Stift und Papier verwaltet. Inzwischen soll das Lager ans digitale Buchungssystem der Bundeswehr angebunden worden sein – aber auch erst, nachdem krasse Missstände im Munitionswirtschaftswesen aufgedeckt worden waren. Dazu komme ich gleich.

Also hat man sich auch bei solchen Übungen einen praktikableren Weg gesucht und nach beschriebenem Muster gebunkert. So schuf ich mir gleichzeitig einen kleinen Vorrat, auf den ich zurückgreifen konnte, falls bei einer der nächsten Übungen nicht ausreichend Munition zur Verfügung stand. Mit Darstellungs- und Blendmittel und auch mit Sprengmitteln verfuhr ich auf dieselbe Weise. Nach der Devise: Haben ist besser als brauchen.

Dabei war für mich immer selbstverständlich, dass ich der Bundeswehr, dem KSK, nichts wegnehme. Niemals hätte ich davon Patronen für mich persönlich abgezweigt. Dabei wäre das ein Leichtes gewesen.

Nachdem ich in die Kompanieführung gekommen und Ausbilder geworden war, unter anderem fürs Schießen, schloss ich mich der Schießleistungsgruppe Calw an – als Sportschütze. Somit hätte ich mir so viel Munition kaufen können, wie ich wollte. In dieser Gruppe waren ausschließlich Soldaten, der Verein hatte sein Quartier in der Kaserne, und wir durften auch die Schießanlage nutzen, also das Schießausbildungszentrum – nach Dienstschluss. Jeder musste seine eigenen Sportschützenwaffen mitbringen. Die Munition wurde zwar gestellt, es war sozusagen dienstliche Munition, hinterher aber genau abgerechnet. Das Training diente hauptsächlich dazu, Lücken zu schließen und seine Leistungen zu verbessern. Als Ausbilder hatte ich außerdem den Anspruch, nicht nur gut schießen zu können, sondern besser zu sein als diejenigen, die ich ausbildete. Dafür genügte es nicht, alle zwei Monate mal auf die Schießbahn zu gehen, wie es im Dienstplan meist vorgesehen war. Wenn man richtig gut sein wollte, musste man regelmäßig trainieren, mindestens einmal die Woche, besser noch öfter.

Die Sachen, die ich in der Kiste bunkerte, sollten also nicht bis zum Sanktnimmerleinstag vor sich hin modern, sondern bei nächster Gelegenheit eingesetzt werden. Wurden sie auch, sobald es sich anbot. Richtig große Übungen auf Truppenübungsplätzen fanden höchstens einmal im Jahr statt. In dem Zeitraum dazwischen gab es viele kleinere Übungen, Schießtrainings oder auch Vorführungen, Letztere hauptsächlich für die Generalität und für Politiker, die sich so was gern anschauten oder denen wir zeigen sollten, dass wir eine super Truppe sind. Einige dieser Maßnahmen wurden relativ kurzfristig angesetzt. Oder es wurden länger geplante inhaltlich angepasst, aktualisiert. Zum Beispiel wenn wir mit einer neuen Waffe, einem neuen Modell, ausgerüstet wurden. Damit sollte dann intensiver trainiert werden, um sie schneller zu beherrschen. Also wurde mehr Munition benötigt. Um die zu bekommen, mussten die üblichen bürokratischen Abläufe eingehalten werden. Vier Wochen Bestellfrist waren das Mindeste. Manche Sorten musste man im Jahr vorher ordern – und bekam sie manchmal trotzdem nicht. Dann war es hilfreich, auf geeignete Restmunition zurückgreifen zu können. Das klappte nicht immer, aber das war die grundsätzliche Idee. Es beschwerte sich übrigens auch niemand, wenn man bei Vorführungen den einen oder anderen mit Darstellungsmitteln erzeugten Effekt zusätzlich einsetzte, umso eindrucksvoller wirkte die Präsentation. So manches Mal stand außer den sogenannten Schwarzbeständen gar nichts anderes zur Verfügung, gerade was diese Darstellungsmittel betraf. Also für mich machte das alles Sinn.

Wie sich bald zeigen sollte, war ich längst nicht der Einzige, der beim Umgang mit Munition und Sprengmitteln Vorschriften ignorierte. In einem Bericht des Generalinspekteurs der Bundeswehr von 2020 heißt es, dass vorschriftswidrige Abläufe diesbezüglich beim KSK jahrelang als Routinebetrieb erlebt wurden. Anders ausgedrückt: Verstöße gab es auf allen Ebenen und das dauernd, ohne dass sich jemand daran stieß. Der laxe Umgang mit Munition und Material war nicht die Ausnahme, sondern die Regel. Soldaten behielten verbotenerweise Munition ein. Die Buchführung wurde mit Kreativität gestaltet, sodass es auf dem Papier wenigstens halbwegs stimmte. Und auch bei Inventuren der Munitionsbestände, die jährlich durchzuführen waren, nahm man es mit der Sorgfalt offenbar nicht so genau. Als ein Grund wurde die dauernde Überlastung des logistischen Fach- und Führungspersonals ausgemacht. Ein anderer sei die unzureichende Dienstaufsicht gewesen. Es ging so weit, dass bei einem Kommandeurswechsel dem neuen einfach gemeldet wurde, alles sei vollzählig, und der es dann im guten Glauben auch nicht überprüfen ließ. Mindestens einmal sollen dabei die fürs KSK vorgehaltenen Bestände im Munitionslager Wermutshausen komplett verschwiegen worden sein, als hätte das Depot gar nicht existiert. Man sollte annehmen, dass so etwas sofort aufgefallen sein müsste – anscheinend war das aber nicht der Fall.

Als im Dezember 2019, vermutlich erstmals seit vielen Jahren, die Inventur vorschriftsmäßig durchgeführt wurde, stießen die Prüfer auf erhebliche Bestandsdifferenzen. Zigtausend Munitionsartikel fehlten, während von anderen einige Tausend zu viel vorhanden waren. Der gravierendste Minusbestand wurde bei den Sprengmitteln registriert – sage und schreibe 62 Kilo fehlten. Oder möglicherweise doch nicht? So richtig schien das niemand aufklären zu können. Am Ende wurde ein Zählfehler als Ursache angenommen. Demnach sollen bei der Inventur im Jahr zuvor mehr Sprengmittel eingetragen worden sein, als tatsächlich vorhanden waren. Bei 62 Kilo musste sich aber jemand gewaltig verzählt haben.

Die Differenzen bei der Munition schrieb man hauptsächlich Buchungsfehlern zu. So sollen zum Beispiel rund 30 000 Patronen unterschiedlicher Kaliber nicht ausgetragen worden sein, die zum Auslandseinsatz nach Afghanistan gingen. Der Grund für andere Fehlbestände, immerhin auch im fünfstelligen Bereich, ließ sich dagegen angeblich nicht mehr klären. Ebenso blieb ein Rätsel, wie es bei einigen Sorten zu Überbeständen kommen konnte.

Das Rätsel wurde noch größer, als der damalige Kommandeur in Auswertung der Inventurergebnisse einen Befehl erließ, der später als »Munitionsamnestie« durch die Medien ging und ihm eine Anklage wegen unterlassener Mitwirkung bei Strafverfahren (Paragraf 40 des Wehrstrafgesetzes) einbrachte, im Zivilen vergleichbar mit Strafvereitelung im Amt. Wie das ausgegangen ist, kann ich nicht sagen, zuletzt schien das Verfahren noch zu laufen.

Unser Kompaniechef verkündete diesen Befehl des Kommandeurs bei einem der Morgengespräche, 2020 war das, in der letzten Märzwoche. Erst traf sich die Kompanieführung wie üblich im Büro des Kompanietruppführers, um die wichtigsten Punkte, die für den Tag anstanden, in kleiner Runde zu besprechen. Das dauerte in der Regel etwa eine Viertelstunde. In der Zwischenzeit versammelte sich der Rest der Kompanie im Uffz.-Raum, einige tranken Kaffee, alle warteten.

Diese Morgengespräche wurden recht locker gehalten. Jeder suchte sich einen Platz, manche standen, und wenn die Kompanieführung von ihrer kurzen Vorbesprechung anrückte, gab es kein Strammstehen oder so, sondern einfach nur ein »Guten Morgen«. Das war an dem Tag nicht anders. Ein ganz gewöhnliches Morgengespräch. Punkt für Punkt wurde abgehandelt, die Sache mit der Munition war einer davon. Der Kompaniechef machte nicht viel Aufhebens darum. Es seien Bestandsdefizite festgestellt worden.

Deswegen solle überschüssige Munition gesammelt und abgegeben werden. Vor dem Gebäude, in dem der Munitionstrupp seinen Bereich hatte, würde eine Palette aufgestellt, dort solle man das Zeug reinwerfen. Wir hätten einen Monat Zeit. Die Aktion sei anonym, niemand, der etwas zurückgebe, bräuchte zu fürchten, bestraft zu werden.

Für wie glaubwürdig der letzte Punkt zu halten war, dazu hatte wahrscheinlich jeder seine eigene Meinung. Zumal alle wussten, dass der Bereich, wo die Rückgabepalette stehen sollte, von Kameras überwacht wurde wie das gesamte Gelände. Mein Vertrauen in den Kommandeur hielt sich ohnehin in Grenzen, besser gesagt: Es war keins vorhanden. Ich hatte erlebt, wie er Kameraden dazu aufrief, andere anzuschwärzen. So was ging gar nicht in meiner Wertewelt.

Außerdem kursierte irgendwann das Gerücht, er hätte Feldärztinnen die Anweisung erteilt, politisch anstößige, insbesondere rechtsextreme Tätowierungen von KSK-Soldaten zu melden, wenn sie solche bei ihren Untersuchungen feststellten. Damit hätte er sich der Anstiftung zum Verrat von Privatgeheimnissen und der Verleitung zu einer rechtswidrigen Tat strafbar gemacht. Er wurde deswegen auch angezeigt. Die Aussage einer Ärztin schien das Gerücht zu bestätigen, woraufhin die Staatsanwaltschaft ein Ermittlungsverfahren eröffnete. Dabei soll dann aber doch nichts Rechtsrelevantes herausgekommen sein. Trotzdem blieb so eine Geschichte natürlich im Hinterkopf. Um kein Missverständnis aufkommen zu lassen: Mir ging es rein ums Juristische – ein Chef, der angeordnet haben soll, gegen das Gesetz zu verstoßen, so jemandem konnte ich nicht vertrauen. Was die Tattoos betrifft, halte ich es schlichtweg für falsch, sich als Soldat Motive stechen zu lassen, die nicht mit den Werten des Grundgesetzes in Einklang stehen. Ich kann nicht einerseits einen Eid schwören, dem Land treu zu dienen und Recht und Freiheit des Volkes zu verteidigen, mich also zur Einhaltung der Verfassung verpflichten, und dann mit solchem Zeug auf der Brust oder sonst wo herumlaufen.

Jedenfalls schien es mir keine kluge Idee, mich an der »Aktion Fundmunition«, wie sie intern genannt wurde, zu beteiligen. Hinzu kam, dass sich meine »stillen Reserven« aus der Kiste seit Längerem nicht mehr in der Kaserne befanden. Die Abschiedsfeier auf der Schießanlage – hier ist der Zusammenhang: Als MAD und Wehrdisziplinaranwalt damals mit ihren Ermittlungen begannen, war es nur eine Frage der Zeit, wann es die ersten Durchsuchungen in der Kaserne geben würde. Ich hatte mir nie etwas zuschulden kommen lassen, war auch noch nie mit MAD und WDA konfrontiert gewesen, wusste aber natürlich, dass ich in der Kiste etwas hatte, was dort offiziell nicht hingehörte. Und da ich so gar nicht abschätzen konnte, was auf mich zukommen würde, falls man die Sachen entdeckte, verstaute ich sie kurzerhand in meinem Auto und brachte sie nach Sachsen, zu mir nach Hause.

Man kann es Naivität nennen. Oder Dummheit. Auf jeden Fall war ich unbekümmert genug, mir keine großen Gedanken zu machen, was ich da eigentlich anstellte. Ich meine, ich hatte keine schlaflosen Nächte deswegen. Ich dachte einfach, ich bringe die Sachen dort in Sicherheit und warte, bis sich alles beruhigt hat, bis die Vorwürfe aus der Welt geschafft sind. Ich ging fest davon aus, dass es so kommen würde.

Und für die Zeit danach hatte ich auch schon einen Plan: Munition und Sprengmittel sollten bei einer Großübung auf dem Truppenübungsplatz Oberlausitz, der etwa eine Fläche von 23 000 Fußballfeldern hat, verübt und damit vernichtet werden. Konkret auf den Schießbahnen 2 und 3, die sich zusammen über ein Areal von etwa drei mal vier Kilometern erstreckten und auf denen mit fast allen Munitionssorten, über die die Bundeswehr verfügte, geschossen werden durfte. Die Restmunition wollte ich für Warmschießübungen einsetzen. Den Sprengstoff hätte ich als Ablenkladung ausgelöst oder als Schlagladung, wie man sie in echten Einsätzen verwendete, um Minen und Sprengfallen zu zerstören. Geplant war die Übung für das erste Quartal 2020 … doch dann kam Corona.

# VERSCHÄRFTE EINZELHAFT

Und genau in dieser Zeit verriet der einzige Mensch, den ich damals ins Vertrauen gezogen hatte (nicht mein Sohn!), dem MAD die Munitionsverstecke in meinem Garten. Es folgten die Festnahme, am nächsten Tag der Haftbefehl wegen Flucht- und Verdunklungsgefahr, anschließend Einzelhaft in der Justizvollzugsanstalt Dresden, im Hochsicherheitstrakt. Und nicht nur Einzelhaft – verschärfte Einzelhaft, viereinhalb Monate.

Das Modell der Zelle, in die sie mich steckten, wurde nach dem Selbstmord eines terrorverdächtigen Syrers entwickelt, der sich 2016 in einer Leipziger Haftanstalt erhängt hatte. Diese Zellen sollen suizidsicher sein. Eine Stahltür mit Sehschlitz und Durchreiche fürs Essen, das Bett aus Stein gemauert, Klo- und Waschbecken aus Edelstahl, in einem Teil, wie auf manchen Autobahnraststätten, der Schreibtisch fest in der Wand verankert, der Schemel davor im Boden eingelassen, unverrückbar. Kein Gitter am Fenster, zumindest nicht von innen erreichbar, und auch sonst war nichts vorhanden, woran man sich hätte aufknüpfen können. Sogar der Heizkörper war durch Fußbodenheizung ersetzt worden. In der Wand dem Bett gegenüber befand sich eine großflächige bruchsichere Scheibe, hinter der 24/7 ein Vollzugsbeamter wachte, jederzeit mit freier Sicht auf mich, selbst wenn ich auf dem Lokus saß. Die halbhohe Mauer, die danebenstand, verdeckte nur den unteren Teil. Das Licht in der Zelle brannte Tag und Nacht.

Eine Stunde Hofgang täglich, allein, in einer Art Freiluftkäfig, geschätzt sechs mal sechs Meter, Hände und Füße gefesselt. Ich drehte immer barfuß meine Runden, egal wie kalt es war und auch, wenn es regnete. Um das Leben zu spüren.

Auf jedem Weg außerhalb der Zelle eskortierten mich drei Beamte. Üblich wären zwei gewesen, aber ich schien ihnen zu gefährlich zu sein. Eine Kampfmaschine, ein Killer. Angeblich hatte jemand vom Personalamt der Bundeswehr in Köln in die Welt gesetzt, ich sei beim KSK zum lautlosen Töten ausgebildet worden, ohne Waffe, mit bloßen Händen und verbundenen Augen. Was natürlich völliger Unsinn war. So einen Lehrgang gab es nicht. In Calw waren Soldaten, die besser schießen konnten, die körperlich belastbarer waren, auf jeden Fall im Vergleich zur breiten Masse der Gesellschaft – und, vermutlich, vieler Bundeswehrsoldaten. Sie mochten auch psychisch belastbarer sein, aber deswegen waren sie längst keine Übermenschen mit außernatürlichen Kräften oder Fähigkeiten. KSK-Soldaten kochten am Ende auch bloß mit Wasser. Ich erinnere mich an Übungen, Infanteriekampf, die hätte ich mit einfachen Soldaten von den Gebirgsjägern in Schneeberg genauso gut hingekriegt. Wahrscheinlich sogar besser, weil sie Infanteriekampf einfach draufhatten. Viele, die zum KSK kamen, waren vorher keine Infanteristen. Taktisches Verhalten musste man immer wiederholen. Frei nach Lenin: Üben, üben, nochmals üben. Nur wenn man es oft genug trainierte, ging es in Fleisch und Blut über. Doch selbst dann hieß es dranbleiben und es wieder und wieder wiederholen, nicht so wie beim Radfahren, das man einmal erlernt und dann für immer beherrscht.

Anfangs schaute fast jeden Tag der Anstaltspsychologe vorbei. Ein feiner Kerl, es waren gute Gespräche, für die ich ihm heute noch dankbar bin. Wir redeten darüber, was ich getan hatte und was in meinem Leben bisher geschehen war, was ich falsch gemacht hatte, in der Ehe, die gescheitert war, bei meinem Sohn und überhaupt, wir gingen bis in die Kindheit zurück.

Immer freitags war Besuchszeit, eine Stunde. Anna kam, meine Eltern kamen, mein Sohn. Zwischen uns eine Panzerglasscheibe, wie man das aus amerikanischen Krimis kennt. Keine Berührungen. Hören konnten wir uns nur über die Gegensprechanlage. Dazu akustische Überwachung. Wer mich auch besuchen kam, jedes Mal postierte sich ein Beamter vom LKA hinter demjenigen und hielt die Ohren gespitzt. Außer es war meine Anwältin, aber auch mit ihr durfte ich nur durch die Trennscheibe sprechen.

Als absehbar war, dass ich so bald nicht freikommen würde, versuchte ich, den Tagen eine Struktur zu geben. Als Erstes putzte ich morgens die Zelle, man hätte vom Boden essen können. Dann kam das Frühstück. Danach schrieb ich Briefe oder ich las, hauptsächlich Bücher zu Militärthemen, historische, aktuelle, was die Gefängnisbibliothek hergab, zum Beispiel *Soldaten: Protokolle vom Kämpfen, Töten und Sterben*. Aber auch die Bibel, von der ersten bis zur letzten Seite. Und Bücher über den Islam und andere Religionen. Ich fing an zu malen, meist Berglandschaften, an die ich mich erinnerte, wo wir im Einsatz gewesen waren oder bei Lehrgängen. Nachmittags war dann Sport angesagt, mindestens zwei Stunden, mit eiserner Disziplin, alles, was ohne Geräte möglich war – Liegestütze, Wechselsprünge am Bett, Bauch- und Rückentraining.

Das Eingesperrtsein zu ertragen, Verhöre zu überstehen, ohne Geheimnisse preiszugeben, selbst unter widrigsten Bedingungen, bei Drohungen und allerhand Psychospielchen – das ist tatsächlich etwas, was man beim Kommando beigebracht bekommt oder zumindest trainiert. Doch dort war es immer nur eine Übung oder eine Bewährungsprobe, die Drohkulisse bestenfalls realen Verhältnissen angepasst, nicht wirklich real.

Obwohl es die schlimmste Zeit meines Lebens war und jede noch so negative Erfahrung, die ich zuvor gemacht hatte, in den Schatten stellte, kam mir zu keinem Zeitpunkt der Gedanke, mir das Leben zu nehmen. Trotzdem wurde ich immer wieder als suizidgefährdet bezeichnet, ohne dass ich mir erklären konnte, wie sie darauf kamen. Genauso wenig, wie ich verstand, warum sie mich so lange in Einzelhaft hielten, während Mörder und andere Kapitalverbrecher als normale U-Häftlinge eingestuft wurden. Darüber machte ich mir ständig Gedanken. Ich hatte einen Fehler gemacht, eine Straftat begangen, aber warum hielten sie mich für einen Schwerstverbrecher, der unter solchen verschärften Bedingungen in Haft zu halten war? Als hätte ich ständig eine Matheaufgabe in meinem Kopf hin und her bewegt, ohne die Lösung zu finden. Das machte mich schon fertig, auch wenn ich mich bemühte, es mir nicht anmerken zu lassen. Die Wahrheit ist: In dieser Zeit habe ich den Glauben an den Rechtsstaat, dem ich einst aus voller Überzeugung gedient hatte, verloren.

Nach viereinhalb Monaten die ersten Hafterleichterungen. Aber nicht aus heiterem Himmel. Im Hintergrund kämpften meine beiden Anwälte mühevoll und hartnäckig um jeden winzigen Schritt. Es war dann immer noch eine Einzelzelle, aber eine andere, in einem anderen Block. Anscheinend galt ich nicht mehr als Suizidgefährdeter mit übernatürlichen Kräften. Metallbett, Heizkörper, Toilettenbecken aus Keramik, ein Regal für Bücher an der Wand. Lesen war der beste Zeitfresser, zumindest wenn man nicht arbeiten durfte, und ich durfte nicht.

Irgendwann, es ging schon auf den Herbst zu, der erste normale Hofgang, zusammen mit anderen Häftlingen, ohne Hand- und Fußfesseln. Und die Möglichkeit, Klimmzüge zu machen, im Freien, zwanzig schaffte ich noch.

Dann, nach ziemlich genau sechs Monaten, die Verlegung in die JVA nach Leipzig. Leinestraße 111, so was bleibt hängen. Auf dem Transport nur noch Handschellen. Und nur noch zwei Beamte, die mich bewachten. In Leipzig wieder eine Einzelzelle, mit einem kleinen Fenster, durch das man auf eine Straße schauen konnte, der Blick in die Freiheit.

## SCHULDIG UND UNSCHULDIG

Und schließlich der Tag, an dem sie mich rausließen, der 30. November, wie ein zweiter Geburtstag. Es wurde schon dunkel draußen, als die Anstaltspsychologin die Sprechluke der Zellentür öffnete. Für sie eine ungewöhnliche Zeit. Sie begann ein belangloses Gespräch, sodass ich mich fragte, was sie eigentlich wollte. Ich hörte nur mit halbem Ohr zu. Auf einmal sagte sie, ohne das, was gleich kommen würde, irgendwie einzuleiten: »Sie werden heute noch entlassen.« Und während ich mich fragte, ob sie das gerade wirklich gesagt hatte, hörte ich, wie sie die Tür aufschloss.

Ich war deswegen nicht unschuldig. Und ich beklage mich nicht über die Haftzeit an sich, obwohl es wie gesagt die düstersten Monate meines Lebens waren. Sämtliche Vollzugsbeamten behandelten mich absolut korrekt, sogar freundlich und entgegenkommend. Keine Schikanen, keine blöden Sprüche, nichts. Eher hatte ich das Gefühl, dass sie sich wunderten, warum ein Häftling so lange in Einzelhaft gehalten wurde, mit all den »besonderen Sicherungsmaßnahmen«, wie es im Amtsdeutsch heißt. Anna wurde bei ihren Besuchen mehrmals von Vollzugsbeamten darauf hingewiesen, dass man etwas unternehmen müsse, da es rechtswidrig sei, was mit mir gemacht würde. Das versuchte sie die ganze Zeit auch unermüdlich, gemeinsam mit den Anwälten.

Ob die Anklage zum Zeitpunkt meiner Entlassung bereits fertig war, weiß ich nicht. Lange ließ sie nicht auf sich warten, im Januar begann der Prozess – wegen Verbrechens nach dem Kriegswaffenkontrollgesetz, Paragraf 22a, um genau zu sein.

Wäre ich einer der Ermittler gewesen, hätte ich wahrscheinlich ähnliche Schlüsse gezogen. Die Vorwürfe nach der Abschiedsfeier, das Hannibal-Netzwerk des Ex-KSK-Soldaten mit den Preppern, die für »Tag X« nicht nur Versorgungs-, sondern auch Waffendepots anzulegen planten, die Verbindung anderer KSK-Soldaten zur Reichsbürgerszene … und jetzt hatte dieser Typ, also ich, auch noch Munition verbuddelt, Tausende Patronen. Und Sprengstoff. Es hätte wahrlich weniger genügt, um in die gleiche Richtung zu denken.

Dabei war es bei mir eher noch mehr, was den Verdacht nähren konnte, wenn ich ehrlich bin. Damit meine ich nicht die alte Kalaschnikow. Wegen ihr – und dem Magazin, in dem sich noch scharfe Patronen befanden – fußte die Anklage zwar auf besagtem Kriegswaffenkontrollgesetz. Aber als Waffe war sie völlig unbrauchbar. Davon war ich auch ausgegangen, seit ich sie im Kompaniekeller aufgestöbert hatte. Wer hätte dort eine funktionstüchtige AK-47 liegenlassen? Außerdem kenne ich mich mit Waffen ziemlich gut aus. Niemals hätte ich einen Schuss mit diesem Schrottteil abgefeuert, falls das technisch überhaupt möglich gewesen wäre, wohl eher nicht. Vor Gericht bestätigte ein Gutachter dann auch, dass man damit keinen Krieg mehr hätte führen können. Etwas juristischer ausgedrückt: Die Waffe hatte ihre Kriegswaffeneigenschaft verloren – und das bereits, als sie gefunden wurde. Mein Interesse hatte sie nur deshalb geweckt, weil mir die Idee kam, sie längs aufzuschneiden und schön als Deko zu Hause an die Wand zu hängen. Immerhin war es eine echte Kalaschnikow. Die konnte man schon legendär nennen. Keine Waffe wurde und wird auf der Welt mehr verwendet. Ich schätze, es ist auch keine bekannter.

Nein, es kamen andere Dinge hinzu, durch die mich die Ermittler in der rechten Ecke verorteten. Die Baggeraktion auf dem Grundstück war durch eine Hausdurchsuchung ergänzt worden. Dabei waren einige Zeitschriften zum Vorschein gekommen, die sich ausgiebig mit der Nazizeit befassten und diese nicht gerade kritisch betrachteten. Der Besitz dieser Hefte war nicht verboten, man konnte sie legal erwerben. Ich hatte sie auch nicht versteckt, sie lagen ordentlich sortiert in einem Schubfach des Wohnzimmerschranks, zusammen mit einer kleinen Postkartensammlung mit NS-Motiven und einem Liederbuch der SS. Gewissermaßen passend dazu, aus ihrer Sicht, stießen sie in meinem Kleiderschrank unter all meinen Klamotten auf drei Poloshirts und einen Hoodie, die allesamt von einer Marke stammten, die bevorzugt in rechten Kreisen und von Hooligans getragen wurde.

Die Drucksachen hatte ich auf einem Flohmarkt erstanden, vor über 25 Jahren war das. An den Zeitschriften interessierten mich die Beschreibungen militärischer Operationen aus dem Zweiten Weltkrieg. Darum ging es darin hauptsächlich. Sie wurden in aller Ausführlichkeit abgehandelt, sodass Leute, die davon Ahnung haben, jeden taktischen Schritt nachvollziehen konnten. Ob man es gut findet oder nicht, Fakt ist, dass sich die infanteristischen Taktiken im Grundsatz seither kaum geändert haben. Das wird jeder Militärexperte bestätigen. Ihre Basis liegt in dieser Zeit und noch weiter zurück. Nehmen wir nur das Führungsprinzip »Führen von vorne«, das älteste und wohl bekannteste. Rommel war damit, rein militärisch betrachtet, sehr erfolgreich im Zweiten Weltkrieg. Heute wird das Prinzip in allen modernen Armeen angewendet. Wir befassten uns in der Ausbildung auch intensiv damit. Es will nur keiner, dass man das laut ausspricht.

Ein anderer Punkt war die geschichtliche Verbindung zum Leben meiner Großväter, die zusätzlich mein Interesse weckte. Beide hatten im Zweiten Weltkrieg gekämpft, einer bei der Wehrmacht, der andere in den Reihen der Waffen-SS. Ob der zweite freiwillig dieser Truppe beigetreten war, weiß ich nicht, mir hat er es nicht erzählt. Ich erfuhr auch erst nach seinem Tod davon. Er war ein großartiger Opa, ich mochte ihn gern. Er wohnte in Leipzig, kam aber fast jedes Wochenende zu uns aufs Land, zusammen mit Oma. Wir gingen dann oft eine Runde im Wald spazieren und redeten über Gott und die Welt. Er hatte eine Narbe am Arm, die stammte von einer Granatsplitterverletzung. Als ich ihn danach fragte, erzählte er vom Krieg. Ich fand die Geschichten spannend und hörte immer mit großen Ohren zu. Dagegen sprach der andere Opa selten vom Krieg, fast gar nicht. Von meinen Eltern weiß ich, dass er ganz normaler Landser war, kurz vor Kriegsende in Frankreich in Kriegsgefangenschaft geriet, aber bald entlassen wurde. Doch kaum hatte er die Heimat erreicht, der Krieg war vorbei, holte ihn die Rote Armee und steckte ihn für fünf Jahre in ein Arbeitslager. Was der Grund dafür war, hat er nie erzählt. Aber auf die Sowjets, die zu DDR-Zeiten ja unsere besten Freunde sein sollten, war er nie wieder gut zu sprechen.

Wie auch immer, dass ich solche Zeitschriften und Kleidungsstücke besaß, ist nicht zu leugnen, und auch nicht, dass man daraus Rückschlüsse auf eine politische Gesinnung ziehen könnte.

In diesem Zusammenhang möchte ich aber Folgendes sagen: Ich verurteile Radikalismus und Extremismus, ob rechts, links oder in sonst einer Form, aufs Schärfste. Aufgewachsen in der DDR, einem diktatorischen Regime, war für mich, wie für Millionen andere, die Wiedervereinigung ein geschichtliches Ereignis, das uns Demokratie und Freiheit brachte – und genau dieses hohe Gut schwor ich zu verteidigen. Als Soldat war das für mich selbstverständlich und daran hat sich bis zum heutigen Tag nichts geändert.

Doch weiter im Text: Bei der Hausdurchsuchung wurden außerdem sämtliche Kommunikationsgeräte und Speichermedien sichergestellt, die sich finden ließen. Da ich ein ziemlicher Ordnungsfanatiker bin und in den letzten 10, 15 Jahren nichts weggeworfen hatte, auch wenn die Geräte längst ausrangiert waren, kam einiges zusammen: sechs Mobiltelefone, vier Laptops, zwei Tablets, eine separate Festplatte, ein GPS-Gerät, diverse USB-Sticks und Speicherkarten. Der Nachteil dieser stattlichen Sammlung: Es dauerte ewig, bis alle Daten ausgewertet waren. Der Vorteil: Auf diese Weise mussten die Ermittler erkennen, dass ich in all den Jahren nicht mit irgendwelchen rechtsextremen oder sonstigen kriminellen Vereinigungen verbandelt war.

Eine heiße Spur vermuteten sie, als sie auf dem Handy, das ich zu dem Zeitpunkt benutzte, die Kontaktdaten eines Mannes fanden, der als Zivilist eine Schießausbildungsfirma samt Schießplatz betrieb und zugleich die Lizenz als Waffenhändler besaß. Ihm wurden, unter anderem, Kontakte zur Prepper-Chatgruppe Nordkreuz nachgesagt. Die Presse hatte darüber berichtet. Nicht zuletzt, weil ein hohes Tier aus der Landespolitik in Mecklenburg-Vorpommern, dort saß seine Firma, eine Pistole für die Jagd bei ihm gekauft hatte und sich als Schirmherr eines Special-Forces-Workshops einspannen ließ, den er einmal jährlich veranstaltete, wohl zusammen mit dem Landeskriminalamt. Dieser Workshop war Fortbildungsmaßnahme, Leistungsvergleich und Waffenmesse in einem. Vertreter von Waffenherstellern und Ausrüstungsfirmen liefen dort ebenso auf wie

Ausbilder und andere Abgesandte verschiedener Polizeibehörden, einschließlich Bundes- und Zollkriminalamt, sowie mehrerer ausländischer Spezialeinheiten.

Tatsächlich kannte ich diesen Mann, aber nicht im Zusammenhang mit dem politischen Hintergrund. Ich hielt ihn für einen hervorragenden Ausbilder, hatte Jahre zuvor selbst an einer Schießausbildung teilgenommen, für die er vom KSK angefordert worden war. Einem Lehrgang auf dem Truppenübungsplatz Heuberg in Stetten am kalten Markt. Anschlagarten am Fahrzeug. Wie man aus einem fahrenden Fahrzeug schießt und wie beim Absitzen von einem Fahrzeug und beim anschließenden Ausweichen, unter Feindkontakt, also während man selbst beschossen wird – solche Sachen. Und nicht nur wir nutzten seine Expertise. Die Bundespolizei einschließlich der GSG 9, verschiedene Landespolizeibehörden und auch ausländische Spezialeinheiten griffen auf seine Dienste als Schießausbilder zurück, das österreichische Einsatzkommando Cobra zum Beispiel, selbst US-amerikanische SWAT-Teams.

Seine Kontaktdaten hatte ich mir besorgt, weil wir für die Waffenspezialisten unserer Trupps Fremdwaffenausbildung durchführen wollten. Als Fremdwaffen gelten all jene, mit denen die hiesigen Streitkräfte und Sicherheitsorgane nicht ausgerüstet sind, die anderer Länder aber schon – oder irgendwelche bewaffneten Gruppen dort. Sich damit auszukennen, sie warten und schießen zu können, machte bei Soldaten, die zu Auslandseinsätzen geschickt wurden, natürlich mehr als Sinn. Bei einem Einsatz konnte es immer passieren, dass einem gegnerische Waffen in die Hände fielen. Genauso wie es sein konnte, dass man die eigene Waffe einbüßte oder diese nicht mehr brauchbar war, sodass einem einzig die erbeutete blieb, um weiterkämpfen zu können.

Wir in Calw hatten zwar Fremdwaffen, sogar eine ganze Waffenkammer voll, die man für Ausbildungszwecke nutzen konnte, aber nicht, um damit scharf zu schießen. Auch anderswo bei der Bundeswehr standen dafür keine zur Verfügung, jedenfalls zu der Zeit nicht. Fürs Schießtraining hätten es Waffen mit Beschussstempel sein müssen, also vom Beschussamt, dem Waffen-TÜV, auf Funktionssicherheit geprüfte und zum Schießen freigegebene. In meinen Augen ein klares Manko. Die Waffen des Feinds zu kennen und auch zu wissen, wie sie funktionierten, bedeutete, den Feind besser zu verstehen.

Aber gut, die Aufgabe bestand also darin, eine solche Ausbildung auf die Beine zu stellen. Ich fing an, mich umzuhören und landete recht schnell bei ihm. Meines Wissens war seine Firma die einzige in Deutschland, die das Gesuchte anbot. Wenn all die anderen mit ihm arbeiteten, wir selbst auch, seit Jahren, dazu die Kontakte ins Landesministerium, zum BKA und wohin noch – nichts sprach gegen ihn. Wir telefonierten, tauschten uns über WhatsApp aus, schrieben Mails, ich ordnungsgemäß vom Dienstcomputer, womit alles sauber belegbar war. In Polen fand ich auch einen Anbieter. Am Ende wägte ich ab, welche Variante die beste wäre, was die Ausbildungsinhalte betraf, aber auch in Hinblick auf die Kosten und den logistischen Aufwand. Wir waren angewiesen, wirtschaftlich zu denken.

Schließlich ließ ich mir von ihm ein Angebot schicken. Die genaue Summe erinnere ich nicht, einige Tausend Euro, akzeptabel. Dann stiegen wir in die konkrete Planung ein. Die Schießbahn wollte ich organisieren, er sollte mit den Waffen und der passenden Munition anrücken. Wir verständigten uns darauf, unter anderem mit dem M16 zu schießen, einem US-amerikanischen Sturmgewehr, das in über 80 Ländern verwendet wurde. Außerdem mit dem russischen Scharfschützengewehr AK Dragunow. Und mit dem Sturmgewehr AK-74, ebenfalls ein russisches Fabrikat. Alle drei Modelle waren – sind – in Afghanistan und in Afrika verbreitet im Einsatz. Dazu sollte er verschiedene Pistolenmodelle mitbringen.

Wir befanden uns schon fast auf der Zielgeraden, auf einmal platzte alles. Seine politischen Verstrickungen flogen auf. Ob die Vorwürfe zutrafen, kann ich nicht beurteilen. Umgehend kam der Befehl, nicht mehr mit ihm und seinen Leuten zu trainieren. Also stellte ich den Kontakt ein. Mehr war da nicht. Dargestellt wurde es in einigen Artikeln, als liefere unser dienstlicher Austausch den unumstößlichen Beweis, dass ich in diesen Kreisen mit drinsteckte.

Wenn ich mir ein Etikett anheften müsste, dann am ehesten das eines Patrioten. Konservativ, kritisch, loyal – so würde ich mich beschreiben. Und wer mich kennt, wirklich kennt, wird das bestätigen. Die Vaterlandsliebe mag manchen antiquiert erscheinen, für mich ist es eine wichtige Größe. Ohne sie wäre ich nicht zur Bundeswehr gegangen, hätte nicht geschworen, meinem Land treu zu dienen. Kein Mensch schwört auf etwas, was er eigentlich ablehnt. Dem Land dienen zu wollen, das war für mich die soldatische Grundmotivation. Wo die herkam? Kann ich nicht sagen, sie war einfach da. Als die DDR aufhörte zu existieren, war ich 14. Hätte sie länger überlebt, ich wäre dort nicht zur Armee gegangen, eher wäre ich abgehauen. Obwohl: Die Heimat verlassen? Die Eltern? Die Großeltern? Das hätte ich wahrscheinlich nicht übers Herz gebracht. Umso schöner, dass die Wende kam und plötzlich alle in einem Deutschland leben konnten. Mit all den Vorzügen, aber auch Nachteilen. Alles hat eine Kehrseite. Trotzdem war da das Bedürfnis, diesem Land zu dienen. Schwer zu erklären. Ich stülpte mir das nicht über oder so, diese innere Einstellung kam von allein. Ich bin stolz auf unser Land, auf seine Errungenschaften – vielleicht deshalb das mit der Motivation. Und mir sind Werte wichtig, womit ich wie erwähnt in die Kategorie »konservativ« falle. Pünktlichkeit, Zuverlässigkeit, Sauberkeit, Ordnung – solche Tugenden sollten jungen Menschen mitgegeben werden. Keinem Kind schadet es, gewisse Orientierungspfeiler zu haben, die auch Grenzen festlegen. Das habe ich von zu Hause mitbekommen, und ich kann nichts Falsches daran erkennen. So ist das Leben. Es funktioniert nicht, wenn jeder macht, was er will. Und das kann man ruhig in der Schule schon lernen. Es braucht eine gewisse Grundordnung, damit das System funktioniert, Ziele erreicht werden. Bei uns waren Lehrer Autoritätspersonen, und die Eltern unterstützten sie. Wenn man Bockmist baute und ein Lehrer sich zu Hause beschwerte, dann gaben die Eltern ihm recht. Heute ist es genau umgekehrt. Wohin das führt, sieht man ja. Aber ich schweife ab.

Meine politische Verortung spielte dann auch im Gerichtsverfahren eine Rolle. Am besten, ich lasse das Urteil sprechen. Darin sind zu dem Thema folgende Aussagen von Zeugen wiedergegeben, auf die sich der Richter in der Urteilsfindung berief. Die erste Aussage stammt von einem Ermittler, die zweite von meinem letzten Kompaniechef, die dritte wieder von einem Ermittler:

> *Der erste Ansatz der polizeilichen Ermittlungsarbeit seien Umfeldermittlungen gewesen, um das Vorhandensein eines rechtsradikalen oder »Prepper«-Netzwerks (bundesweites Anlegen von Depots) und die potenzielle Beteiligung des Angeklagten daran nachzuweisen oder auszuschließen. Die Ermittlungen hätten keine Hinweise auf ein entsprechendes Netzwerk unter Beteiligung des Angeklagten ergeben.*

> *Grundlagen gerade der Auslandseinsätze seien der parlamentarische Auftrag, der Traditionserlass und soldatische Tugenden wie Kameradschaft, die einen Einsatz trügen, sowie Traditionsbilder, innere Führung, historische Ausbildung, Staatsbürgerkunde. Auch spielten in der Ausbildung Operationen aus dem 2. Weltkrieg zu Ausbildungszwecken eine Rolle … Die Herausbildung eines »Kriegerethos«, welcher bei einigen Kommandosoldaten in die politisch rechtsextreme Richtung tendiert sei, habe er [bei mir] nicht verzeichnet und hätte er auch nicht geduldet.*

> *Insgesamt habe das Wohnhaus des Angeklagten aber nicht ansatzweise den Eindruck hinterlassen, den Beamte der Soko »Rex« [Sonderkommission Rechtsextremismus beim Landeskriminalamt Sachsen] etwa bei Durchsuchungen im rechtsradikalen oder extremistischen Milieu vorfinden.*

Das rückte einiges gerade, änderte unterm Strich aber nichts am Hauptvorwurf, der war nicht aus der Welt zu schaffen. So sehr ich inzwischen bereute, was ich getan hatte, war es ein Teil meines Lebens, und dafür musste ich die Konsequenzen tragen. Das gehörte auch zu meinem Werteverständnis. Der Angeklagte war schuldig, ich war schuldig.

Das Urteil lautete: zwei Jahre Freiheitsstrafe, ausgesetzt auf Bewährung. Das bedeutete, ich würde frei, aber nie wieder Soldat sein. Die Bewährungszeit endete im Frühjahr 2023. Ich erfüllte sämtliche Auflagen, ließ mir nichts zuschulden kommen. Kurz darauf heirateten Anna und ich. Das hatten wir schon länger vorgehabt, nun schien uns der Zeitpunkt richtig.

Ich sollte noch auflösen, wie die Sache mit der Munitionsamnestie ausging. Erstaunlicherweise wurde deutlich mehr zurückgegeben, als vorher vermisst worden war: über 46 000 Munitionsartikel, davon 90 Prozent Manöver- und Übungsmunition, der Rest Gefechtsmunition. Und längst nicht alle Losnummern, mit denen die Patronen gekennzeichnet waren, konnten noch eindeutig bestimmten Bundeswehrbeständen zugeordnet werden. Vielleicht war beides auch gar nicht so erstaunlich, bestätigte es doch nur, dass bei der Truppe nicht erst seit vorgestern diese Laissez-faire-Haltung in Bezug auf Waffen und Munition vorherrschte – und eben nicht nur bei einigen wenigen.

Ich habe viel darüber nachgedacht und manches dazu gelesen. Etwas Abstand hilft meistens, das eigene Tun objektiver zu betrachten. Irgendwo im Netz stieß ich auf den Artikel eines Bundeswehrobersts a.D., der sich mit dem ganzen Wirbel um das KSK befasste. Eine Passage fand ich besonders interessant. Darin stellte er die beiden Welten gegenüber, in denen man als Kommandosoldat lebte. Auf der einen Seite das Kasernendasein – er nannte es den »Friedensbetrieb« – in Calw, auf der anderen Seite der Kriegseinsatz in Afghanistan, nur als Beispiel. Dann dröselte er kurz auf, was das im Detail bedeutete. Hier zahllose Vorschriften, die nach engen, eben militärischen Maßstäben einzuhalten waren, während sich dort, im

Einsatzland, alles darauf konzentrierte, im Kampf zu bestehen und unbeschadet in die Heimat zurückzukehren. Und auf den Umgang mit Munition bezogen: Hier der sorgfältige Nachweis möglichst jedes einzelnen Schusses in der Schießkladde. Dort der recht freihändige Umgang mit Waffen und Munition.

In diesem Punkt konnte ich ihm nur zustimmen. In Afghanistan, um dabei zu bleiben, zur Zeit meiner ersten Einsätze dort, war ein Teil der Munition verschlossen in Depots gelagert, sozusagen der Verteidigungsbedarf. Der Restbestand befand sich mehr oder weniger frei zugänglich in einem Container. Wenn man schießen wollte, also trainieren, ging man dorthin und holte sich, was man brauchte. Da wurde nichts ein- oder ausgetragen. Oder wenn es darum ging, die Bewaffnung auf den Autos zu überprüfen. Man fuhr in dem Land ständig über staubige Pisten, und Waffenöl und Staub sind nicht die beste Kombination, eher eine äußerst unvorteilhafte. Vermischte sich das eine mit dem anderen, konnte das eine Funktionsstörung an der Waffe verursachen. Für die Munition, die dabei eingesetzt wurde, führte niemand eine Liste. Es zählte einzig, dass man alles tat, um jederzeit einsatzbereit zu sein, man selbst und genauso die Ausrüstung und Technik.

Und nun kam hinzu, dass KSK-Soldaten nicht nur einmal im Auslandseinsatz waren, sondern immer wieder und nicht nur für ein oder zwei Wochen, sondern für Monate, jedenfalls die meisten von uns. Was den Oberst a.D. zu der Mutmaßung veranlasste, der dort gewohnte Umgang mit Waffen und Munition könnte mit der Zeit auf das Verhalten am Heimatstandort abgefärbt haben. Wenn man selbst in der Mühle drinsteckt, sieht man das vielleicht nicht. Doch ich schätze, er lag gar nicht so falsch damit.

Der Vollständigkeit halber soll noch erwähnt werden, dass mein Fall und alles, was seit der Abschiedsfeier an tatsächlichen und vermeintlichen Verstößen, einschließlich rechtsextremistischer Denke, beim KSK ans Tageslicht befördert wurde, für rege Betriebsamkeit im Bundesverteidigungsministerium sorgten. Der MAD, selbst nicht skandalfrei in dieser Geschichte (unter anderem schickte ein MADler Fotos vom Baggereinsatz auf meinem Grundstück an einen KSK-Kameraden), wurde umstrukturiert und bekam zusätzliche Stellen. Die damalige Verteidigungsministerin setzte eine Task Force ein, geleitet vom Generalinspekteur des Heeres, die einen Plan mit 60 Einzelmaßnahmen zur Neugestaltung des KSK erarbeitete. Allgemein ging es vor allem darum, interne Strukturen zu verbessern, die Dienstaufsicht zu verstärken, mehr geeignetes Personal zu finden und bei diesem ein staatsbürgerliches Bewusstsein auszuprägen. Künftig sollte es eine neue, vierte Stufe der Sicherheitsüberprüfung geben, die einen intensiveren Blick auf ein breiteres Umfeld des Kandidaten, also mehr als drei Personen wie bei Stufe 3, und häufigere Wiederholungen beinhaltete. Sämtliche Übungstätigkeiten und internationale Kooperationen wurden kurzfristig auf Eis gelegt, bestehende Einsatzverpflichtungen von anderen Bundeswehreinheiten übernommen. Wenn Letzteres so einfach möglich war, dann sagte das einiges über den Charakter der Einsätze, aber gut.

Ein anderer Punkt: Das KSK sollte stärker in die reguläre Bundeswehr integriert werden, insbesondere der Bereich Ausbildung. Der wurde der Infanterieschule im bayerischen Hammelburg und damit dem Ausbildungskommando des Heeres unterstellt. Interessanterweise wird die Ausbildung nun nicht etwa dort durchgeführt, abgesehen von einzelnen Lehrgängen, die es zuvor schon gab, sondern am »neu aufgestellten Ausbildungsstützpunkt Spezialkräfte Heer«, wie damals verkündet wurde. Dieser Ausbildungsstützpunkt befindet sich – wer hätte es gedacht? – in Calw, in der Graf-Zeppelin-Kaserne. Genau dort, wo all die Jahre das Ausbildungs- und Versuchszentrum mit seiner hochspezialisierten Infrastruktur seinen Standort hatte. Man könnte auch sagen: Altes Gefäß, neuer Name. Und 30 zusätzliche Dienstposten, die man vorher schon gern gehabt hätte. Und ein neues Verbandsabzeichen, nämlich das der Infanterieschule: zwei gekreuzte Schwerter auf rotem Grund, darunter ein großes weißes S – für Schule.

Zum angekündigten »eisernen Besen« gehörte schließlich auch, dass beim KSK ein neuer Kommandeur installiert und die 2. Kompanie Kommandokräfte, meine einstige Truppe, aufgelöst wurde. Und ich meine: wirklich aufgelöst, im Sinne von ausradiert. Wie eine schlechte Erinnerung. Heute gibt es in Calw eine 1., 3., 4., 5. und 6. Kompanie, aber keine 2. mehr.

Die 66 Kameraden, die es am Ende betraf, wurden nicht etwa durch neue ersetzt. Es fand eine Art Beerdigungsappell statt. Ich war nicht dabei, zu der Zeit saß ich bereits in Haft, aber ich ließ es mir später erzählen. Der oberste Chef, also der KSK-Kommandeur, es war noch nicht der neue, sondern der, der die Truppe zum gegenseitigen Denunzieren aufgerufen hatte, sprach ein paar salbungsvolle Worte: Das Kommando Spezialkräfte würde sich seit seiner Gründung mit Hingabe, Professionalität, individuellem und Team-Einsatz, oft auch mit persönlicher Entbehrung und Risiko dem Aufbau, der Gestaltung und dem Wirken ebendieses Kommandos widmen, um der politischen und militärischen Führung unseres Landes eine Handlungsoption zur Verfügung zu stellen … und das mit nachhaltigem Erfolg. Und stets gemeinsam. Überhaupt war ständig von »gemeinsam« die Rede. Gemeinsames Ziel … gemeinsam Hürden meistern … gemeinsam Rückschläge bewältigen … gemeinsame Werte … gemeinsames soldatisches Selbstverständnis … gemeinsam das Richtige tun … gemeinsam die Kompanie auflösen. Keine Silbe über den wahren Grund dieser Zeremonie. Nicht einmal unseres gefallenen Kameraden gedachte er. Wie wenig dieser Mann über die 2. Kompanie wusste, zeigte sich, als er zum Ende seiner kleinen Begräbnisansprache ein Zitat aus Goethes *Faust II* in die Runde warf und meinte, das sei unser Motto gewesen: »Die Tat ist alles, nichts der Ruhm.« Mag sein, dass dieser Spruch auf der Rückseite des Kompanie-Coins stand. Als Wahlspruch benutzt haben wir ihn nie. Unser Schlachtruf, der einzige, war »Glück – Ab!«, wie bei den Fallschirmjägern. Ein dreifaches »Glück – Ab!«, um genau zu sein.

Dieser Appell war die offizielle Begräbnisstunde. Beseitigt wurde aber auch alles andere, was an die Kompanie hätte erinnern können. Ehemalige Kameraden berichteten mir hinterher, wie das gesamte Kompaniegebäude auf links gedreht wurde. Es flog alles raus – Möbel aus dem Uffz.-Raum, sämtliche Erinnerungsstücke von Übungen und Einsätzen, mit denen wir die Wände dekoriert hatten, auch alle Fotos und Urkunden kamen in den Müll. Als wäre jedes einzelne Teil mit einer hochgiftigen Chemikalie kontaminiert gewesen. Wahrscheinlich hätten sie am liebsten den ganzen Block dem Erdboden gleichgemacht.

Ein Gedanke noch dazu: Als die Kompanie aus dem Dasein des KSK gelöscht wurde, ausgemerzt wie Ungeziefer, bestand rund die Hälfte des Personals bereits aus Kommandosoldaten, die erst nach der Abschiedsfeier aufgenommen worden waren, also als unbelastet gelten durften. Was eine zusätzliche Sicherheitsüberprüfung übrigens bestätigte, der alle zu diesem Zeitpunkt aktuellen Kompaniekräfte unterzogen wurden. Daher drängte sich die Vermutung auf, dass diese Auflösungsaktion in Wirklichkeit als symbolischer Akt zelebriert wurde, um gegenüber der Politik und der Öffentlichkeit ein Zeichen zu setzen, den Spruch vom »eisernen Besen« anschaulich zu illustrieren.

Komplett verschwunden ist meine ehemalige Kompanie aus der KSK-Geschichte nun allerdings doch nicht. Im Zuge einer Transparenzoffensive, die zu meiner Zeit undenkbar gewesen wäre, wurde vor dem Eingang der Kaserne in Calw ein Besucherzentrum errichtet, für deutsche Verhältnisse in Rekordbauzeit. Bei der Eröffnung im September 2022 hieß es, damit sei nun auch der letzte Punkt des Reformprogramms umgesetzt. Um nicht den Eindruck zu erwecken, die neue Transparenz würde Kritisches verschweigen, wurde ein kleiner Bereich, eine Wandtafel, auffallend düster gestaltet, nur in Schwarz- und Grautönen. Als stamme das, was man dort zu sehen bekommt, aus einer Zeit, die eine Ewigkeit zurückliegt. Wie Schwarz-Weiß-Fernsehen. Überschrieben wurde das Ganze mit:

»Schatten der Vergangenheit, Reformen für die Zukunft«. Darunter sind die Kopien von etwa einem Dutzend Zeitungsartikel zu sehen. In einigen geht es um meine Geschichte, worauf ich wahrlich nicht stolz bin. Dazu sind kleine Texttafeln angebracht – die ganze Wahrheit kann man darauf aber auch nicht lesen.

# AUS DEM URTEIL

(Aktenzeichen: 6 KLs 373 Js 19/20)

*Für den Angeklagten ist insbesondere sein frühzeitiges, umfassendes und von Unrechtseinsicht und Reue getragenes Geständnis in Ansatz zu bringen, mit dem er die äußeren Umstände der Tat unumwunden eingeräumt und welches er in Gegenwart zahlreicher Pressevertreter in eigener Person abgegeben hat. Das Verfahren hat den Angeklagten, insbesondere hinsichtlich seiner Dauer und seines Verlaufs, erheblich belastet. Der Angeklagte scheint von dem Verfahren und insbesondere von der mehrmonatigen Untersuchungshaft mit besonderen, zeitweise sehr harten Haftbedingungen beeindruckt. Er hat seine Inhaftierung zum Anlass genommen, über sein Leben nachzudenken. Die Hauptverhandlung fand durchgängig unter großem Interesse der Medien (Presse) und der Öffentlichkeit statt und wurde durch umfangreiche Berichterstattungen begleitet.*

...

*Bei der konkreten Strafzumessung innerhalb des so eröffneten Strafrahmens hat die Kammer nochmals alle bereits genannten Aspekte, insbesondere das rückhaltlose, von Reue und Schuldeinsicht getragene Geständnis und die Folgen der Tat, gegeneinander abgewogen und eine Freiheitsstrafe von 2 (zwei) Jahren als tat- und schuldangemessen sowie ausreichend erachtet.*

*Diese Freiheitsstrafe konnte gemäß § 56 Abs. 1 und 2 StGB zur Bewährung ausgesetzt werden.*

*Die Kammer ist überzeugt, dass sich der Angeklagte die Verurteilung zur Warnung dienen lassen und künftig auch ohne die*

*Einwirkung des Strafvollzugs keine Straftaten mehr begehen wird (§ 56 Abs. 1 Satz 1 StGB). Der Angeklagte war geständig und ist nicht vorbestraft. Der Angeklagte ist sozial eingebunden und geht seit dem 21.01.2021 einer geringfügigen Beschäftigung im sozialen Bereich nach.*

*Im Hinblick auf die von den hiesigen Tatvorwürfen nicht betroffenen bisherigen Lebensleistungen und die aktuellen Lebensverhältnisse des Angeklagten, die Erfahrungen aus der Untersuchungshaft und die Wirkungen, die von der Aussetzung für ihn zu erwarten sind, liegen auch besondere Umstände im Sinne des § 56 Abs. 2 Satz 1 i. V. m. Abs. 1 StGB vor.*

(Die öffentliche Hauptverhandlung fand Anfang 2021 vor der 6. Strafkammer des Landgerichts Leipzig statt. Das Urteil ist seit dem 20. März desselben Jahres rechtskräftig.)

# TEIL 2

# DER WILLE ENTSCHEIDET

(LEITSPRUCH DES KSK)

# DIE HÖLLENWOCHE

Wir standen auf dem Platz, wie Gott uns schuf, nur die Unterhosen durften wir anbehalten. In der Kaserne in Calw, vor dem Ausbildungs- und Versuchszentrum (AVZ), so hieß das damals. 80 Soldaten, zusammengewürfelt aus verschiedenen Einheiten und Truppengattungen im gesamten Bundesgebiet, die meinten, sie hätten das Zeug, bei der härtesten Truppe der Bundeswehr aufgenommen zu werden. Ich war einer von ihnen.

Auf dem Boden vor uns hatten wir, wie es uns befohlen worden war, unsere Kleidung und Ausrüstung ausgebreitet – Felduniform, Stiefel, Rucksack, Feldkoppel mit Magazintasche, Wasserflaschentasche, ABC-Maskentasche, Klappspatentasche. Der Rucksack war gefechtsmäßig gepackt, mit Schlafsack, Isomatte, Poncho, Regenschutz, Wechselwäsche und so weiter. Außerdem hatte jeder eine Waffe erhalten, ein G3-Schnellfeuergewehr. Zwar gab es schon das G36, das Sturmgewehr, das das G3 als Standardwaffe bei der Bundeswehr ablöste, doch das wäre knapp ein Kilo leichter gewesen. Und es uns leichter zu machen, das war nicht die Aufgabe, im Gegenteil. Aus diesem Grund wurden auch die Rucksäcke gewogen. War alles drin, was reingehörte und reindurfte, brachte er zwanzig Kilo auf die Waage. Hätte einer geschummelt, sein Gewicht reduziert, und wäre dabei erwischt worden, wäre er raus gewesen, noch bevor es richtig anfing. Medikamente, irgendwelche Powerriegel oder Zigaretten, das war alles nicht erlaubt, nur die definierte Ausrüstung und man selbst. Die Reduktion auf das Wesentliche: den Körper und die Aufgabe. Gut, der Geist sollte dann auch gefordert werden, auf eine spezielle Art.

Wer dort auf dem Platz angetreten war, hatte den ersten Teil des Eignungsfeststellungverfahrens bereits hinter sich. Heute heißt es nicht mehr Eignungs-, sondern Potenzialfeststellungsverfahren. Die Abläufe wurden über die Jahre etwas geändert, die eigentlichen Herausforderungen, denen sich die Kandidaten letztlich stellen müssen, sind im Großen und Ganzen jedoch gleich geblieben. Der Hauptunterschied zu meiner Zeit besteht darin, dass nach dem ersten Teil ein Vorbereitungsprogramm eingeführt wurde, bei dem die Teilnehmer gezielt das trainieren, was sie im zweiten Teil zu bewältigen haben. Einschließlich der Abläufe und welche Aufgabe dem Einzelnen in bestimmten Situationen zufällt. Man hat dann praktisch einen Plan, muss sich nicht erst an Ort und Stelle Gedanken machen, wie man etwas bewerkstelligt. Das kann hilfreich sein. Die Frage ist, ob es wirklich besser ist, vorher zu wissen, was einen erwartet – vor allem für den Kopf.

Dieses Vorbereitungsprogramm läuft über zehn Wochen. Offiziell heißt es, dadurch würden es mehr Bewerber zum KSK schaffen. Angeblich kommen im Schnitt statt der zehn Prozent, die es früher waren, nun zwanzig Prozent durch. Vielleicht stimmt das inzwischen, ich habe es nicht so erlebt. Dass nach wie vor in Calw Nachwuchsmangel herrscht, spricht wohl auch eher dagegen.

Der erste Teil des Eignungsfeststellungsverfahrens war recht geschmeidig verlaufen, verglichen mit dem, was uns noch erwartete. Ein paar Sporttests, bei denen einem nichts Außergewöhnliches abverlangt wurde, zum Beispiel acht Klimmzüge. Man solls nicht glauben, aber manche schafften nicht einmal die. Eine Runde auf der Hindernisbahn wurde bestimmt auch gefordert, die musste man ohnehin im Schlaf draufhaben. Sonst war noch ein Schwimm-Check dabei, 200 Meter in maximal sechs Minuten. Oder so ungefähr. Und man musste seine Fallschirmsprungtauglichkeit unter Beweis stellen, indem man einen kleinen Free Fall von einem 12 Meter hohen Sprungturm hinlegte. Ein bisschen wie Bungee-Jumping. Man war an einem Seil befestigt, sprang aber erst einmal ins Leere.

Dann der berühmte CAT-Test, bei dem man an einen Computer gesetzt wurde und viele schlaue Fragen beantworten sollte. Ob der damals schon adaptiv angelegt war, also dass bei einer richtig beantworteten Frage die nächste etwas schwieriger ausfiel und umgekehrt bei einer falsch beantworteten etwas leichter, erinnere ich nicht mehr.

Abgefragt wurden verschiedene Themenbereiche: Rechenaufgaben, die man ohne Taschenrechner knacken musste, logisches Denken, Rechtschreibkenntnisse, Wortanalogien, Allgemeinwissen. Für die Antworten blieb nur eine bestimmte Zeit, sodass man nicht stundenlang herumrechnen oder nachdenken konnte. War nicht ohne, aber machbar, zumal je nach Themenbereich ein Drittel bis die Hälfte der Antworten falsch sein durften. Wer das nicht hinbekam, wurde aussortiert.

Mehr Zeit nahmen sich die Psychologen vom psychologischen Dienst des KSK, die bei Einzelgesprächen und Rollenspielen in der Gruppe in unser Inneres vorzudringen versuchten. Bei einem dieser Spielchen ging es um die Frage, wie man als stolzer Besitzer eines nagelneuen Autos reagierte, wenn ein Kumpel darum bitten würde, ihm das noch kratzer- und beulenfreie Prachtstück zu leihen. Für manche schien das eine schwierige Entscheidung zu sein. Ich brauchte vielleicht fünf Sekunden, dann drückte ich dem Psychologen, der den imaginären Kumpel mimte, den Autoschlüssel in die Hand. Er guckte ziemlich verdutzt, als hätte er noch nie jemanden erlebt, für den das kein großes Thema war.

In den ersten Testteil integriert war die sogenannte Kuschelwoche: Orientierungsmärsche und Leben im Felde. Dafür zogen wir auf den Standortübungsplatz oben auf dem Muckberg. Dort hatte sich jeder als Unterschlupf ein Schrägdach zu bauen, was nichts anderes war als eine mithilfe von Schnüren zwischen Bäumen aufgespannte Poncho-Plane, unter der man notdürftig vor Niederschlag geschützt war. Und die eine gewisse Tarnung ermöglichte. Ich glaube, ich hatte noch nicht erwähnt, dass das Ganze im Frühjahr stattfand. Es müsste März oder April gewesen sein. Das Wetter war jedenfalls verdammt aprilig.

Sie schickten uns täglich auf einen Marsch, in voller Gefechtsausrüstung, anders hätte es für Soldaten auch keinen Sinn gemacht. Marschieren und orientieren, das war die große Überschrift. Die weiteste Strecke und zugleich den Höhepunkt bildete ein Fünfzigkilometermarsch, angelegt als Orientierungsmarsch. Und als Einzelmarsch. Das heißt, jeder hatte die Distanz allein zu bewältigen, man durfte sich gegenseitig nicht unterstützen. Wir starteten mit Abstand und von verschiedenen Punkten, manchmal kreuzten sich die Wege. Man hatte eine bestimmte Anzahl an Stationen abzulaufen. An jeder bekam man einen Stempel, und am Ende hatte man es nur geschafft, wenn kein Stempel fehlte. Die Zeit, in der das Ziel spätestens erreicht sein musste, war vorgegeben. Dass uns zwischendurch niemand zu einer üppigen Beköstigung einlud, versteht sich von selbst. Die Trinkflasche mit Wasser musste genügen. Aber 50 Kilometer waren nun auch keine Strecke, die einen umgebracht hätte. Wenn ich mich richtig erinnere, ist kaum einer ausgeschieden, höchstens durch eine Verletzung. Kuschelwoche eben.

Danach wurde uns eine Woche Pause zugestanden, die man mit dem verbringen durfte, was einem am Sinnhaftesten erschien. Die meisten nahmen sich frei, machten Urlaub. Nur essen, trinken, schlafen. Ich auch. Wer bis dahin körperlich nicht fit war, hätte das in einer Woche ohnehin nicht ändern können. Eine gewisse Grundkondition sollte allerdings bei allen Kandidaten vorhanden gewesen sein. Zu den Zulassungsbedingungen gehörte, dass man vorher in seiner Stammeinheit den bundeswehrüblichen Fitnesstest absolviert und bestanden hatte, bestätigt vom Kompaniechef. Damals war das der PFT – Physical Fitness Test mit Pendellauf, Liegestütze, Standweitsprung, Sit-ups, Ergometer- und Cooper-Test. Bei diesem musste man versuchen, in 12 Minuten so viel Strecke wie möglich hinter sich zu lassen. Später wurde der PFT durch den BFT ersetzt, den Basis-Fitness-Test, der nicht unbedingt anspruchsvoller war.

Um überhaupt als Bewerber fürs KSK in Betracht zu kommen, musste man von seiner Stammeinheit kommandiert werden. Ich kam vom Gebirgsjägerbataillon 571, das in Schneeberg/Sachsen stationiert war. Eine große Kaserne aus frühen DDR-Zeiten, die inzwischen längst nicht mehr als solche genutzt wird. Dass ich einmal Berufssoldat werden würde, war nicht unbedingt abzusehen, obwohl ich immer neugierig zuhörte, wenn mein Vater von seiner Zeit bei der NVA erzählte, der Nationalen Volksarmee. Oder meine beiden Großväter vom Krieg. Nach der Schule wurde ich erst einmal Isolierer. Nicht mein Traumberuf, einfach nur ein Beruf. Jedenfalls war ich nicht unglücklich, als eines Tages der Einberufungsbescheid im Briefkasten lag. Damals gab es noch die Wehrpflicht, man musste für 12 Monate einrücken. Oder verweigern. Aber sich zu drücken, war für mich keine Option. Endlich kam ich mal raus und erlebte ein bisschen Abenteuer. In der Grundausbildung wurden wir ordentlich rangenommen. Infanterie. Hartmannsdorfer Forst, zu der Zeit noch ein großer Standortübungsplatz, in traumhafter Natur. Und dann hat es mich ziemlich schnell erwischt: Die Kameradschaft, der Zusammenhalt, das gemeinsame Erlebnis – so was kannte ich nicht. Und erst das Schießen und mit Handgranaten zu werfen, keine Frage, das war was für einen jungen Burschen wie mich. Nach ein paar Monaten spielte ich mit dem Gedanken, in Schneeberg zu bleiben und Soldat auf Zeit zu werden. Insofern rannte unser Spieß offene Türen ein, als er gegen Ende meiner Dienstzeit mit der Frage kam, ob ich nicht vier Jahre verlängern wolle. Ich schlief eine Nacht darüber, hätte aber auch sofort unterschrieben. Ich war gern Soldat.

Also Unteroffiziersschule. Das Allgemeinmilitärische in Delitzsch, das liegt in Sachsen, in der Nähe von Leipzig. Die Spezialisierung an der Gebirgs- und Winterkampfschule in Mittenwald bei Garmisch-Partenkirchen – das Bergtechnische, Kampf im Hochgebirge. Eins anstrengend, das andere noch anstrengender. So anstrengend, dass ich mich manches Mal fragte, warum ich mir das antat. Obwohl es durchaus seinen Reiz hatte, bis an seine Grenzen getrieben zu werden. Erst später begriff ich, wie wichtig harte Ausbildung ist. Dass sie dazu beiträgt, auch dann stark zu sein, durchzuhalten, wenn es noch dicker kommt. Und gelassener mit Herausforderungen umzugehen. Wenn man weiß, dass man etwas kann, etwas wirklich beherrscht, sein Potenzial kennt, kann einen so schnell nichts aus der Ruhe bringen. Das ist nicht nur beim Militär so.

An der Uffz.-Schule in Delitzsch war es auch, wo ich das erste Mal mit dem Thema KSK konfrontiert wurde. Einer der Ausbilder, absolut korrekt und körperlich leistungsfähig, fragte, ob ich nicht Lust hätte, zu der Spezialeinheit zu gehen, die sie da in Calw aufgestellt hätten. Körperlich hätte ich das Zeug dazu. Ich wusste von der Truppe, und dass die Jungs dort für geheime Operationen ausgebildet wurden. Allein die Frage und dass er mir das zutraute, waren das größte Lob. Aber ich hatte nicht einmal den Unteroffizier in der Tasche, also schob ich den Gedanken beiseite. Wieder in Schneeberg, bekam ich einen Zugführer, der das Eignungsfeststellungsverfahren in Calw mitgemacht, aber nicht bestanden hatte. Er lieferte Informationen aus erster Hand. Und die hörten sich an, als könnte es mir dort gefallen. Anders gesagt: Ich war angefixt. Die Vorstellung, eine spezielle Ausbildung zu bekommen, nicht nur das zu machen, was jeder machte, zu einer besonderen Truppe zu gehören, das reizte mich. Jetzt blieb der Gedanke in meinem Kopf. Einige Zeit später wollte es der Zufall, dass ein Oberfeldwebel zu uns versetzt wurde, der direkt vom KSK kam, dort einige Jahre gedient hatte. Ein Schwarzer mit afrikanischen Wurzeln. Er war in derselben Gegend aufgewachsen wie ich. Wir verstanden uns auf Anhieb. Von ihm erfuhr ich noch mehr über die geheimnisvolle Truppe, über die Ausbildung und zu welchen Einsätzen sie losgeschickt wurde. Er war mit dabei, als sie im Kosovo Kriegsverbrecher aufspürten und festsetzten. Details durfte er nicht verraten, trotzdem führten die Gespräche mit ihm dazu, dass aus dem abstrakten Gedanken in meinem Kopf, ich könnte es vielleicht versuchen, ein konkreter Plan entstand.

Zu der Zeit hatte ich selbst schon Auslandseinsätze absolviert, war im Zuge der KFOR-Friedensmission im Kosovo gewesen, in Mazedonien und Albanien. Allerdings waren das reine Stabilisierungseinsätze. Zum Beispiel die Sicherung eines Lagers. In Albanien war es ein Hafen. Solche Aufgaben mögen wichtig gewesen sein, und doch kamen sie mir als Soldat wie verlorene Zeit vor. Wir hatten nie gekämpft, niemanden befreit oder gerettet.

Jedenfalls fing ich an, intensiver zu trainieren. Ich hatte vorher schon regelmäßig Sport gemacht, jetzt steigerte ich das Pensum. Einer unserer Zugführer hatte auch die Idee, sich in Calw zu bewerben. Wir waren nicht *best buddies*, irgendwie standen die unterschiedlichen Dienstgradebenen zwischen uns, er war Leutnant. Aber wir hatten ein gutes Verhältnis, motivierten uns gegenseitig. Ich ging jeden Abend laufen, mindestens eine Stunde, und danach in die Sporthalle, um an meiner Kraftausdauer zu arbeiten. Marschieren hätte ich auch trainieren sollen, aber Märsche standen ohnehin auf dem Programm, für alle. 30 Kilometer waren die übliche Distanz, 50 kamen auch mal vor. Immer in Felduniform und Stiefeln, mit Rucksack, die standardmäßigen 20 Kilo. Deshalb vernachlässigte ich diesen Punkt, konzentrierte mich stärker auf das andere. Sport weckte schon als Kind meinen Ehrgeiz, solange kein Turnen verlangt wurde. Nun hatte ich noch dazu ein klares Ziel. Beim Laufen kamen mir Bilder in den Kopf, wie es sein würde, wenn ich es schaffte. Ich sah mich mit einem Team im Hubschrauber irgendwohin fliegen … und wie wir uns aus der Höhe abseilten, um Geiseln zu befreien. Das Besondere schaffen, Menschen retten, dem Land dienen, als richtiger Soldat – das war es, was mich einen Kilometer nach dem anderen laufen ließ, jeden einzelnen Tag.

Wer also den ersten Teil des Eignungsfeststellungsverfahrens bestanden hatte, durfte nach der einwöchigen Pause zum zweiten Teil auflaufen – der sogenannten Höllenwoche. Womit ich wieder auf dem Platz vor dem Ausbildungs- und Versuchszentrum in der Kaserne in Calw wäre, wo wir halb nackt zusehen durften, wie unsere Kleidung und Ausrüstung einer genauen Kontrolle unterzogen wurden. Bevor es von dort auf die Reise ging, gab es eine letzte Belehrung, mit der wir an die wichtigsten Regeln erinnert wurden. Die allerwichtigste war, mit meinen Worten: Wer bescheißt, fliegt! Ansonsten ging es darum, dass wir jederzeit beobachtet und beurteilt würden. Dass permanent Ärzte und Sanitäter in unserer Nähe seien, die bei kritischen Situationen sofort eingreifen würden. Aber auch, was zu tun war, falls einer das Handtuch werfen wollte. Dafür hatte jeder eine Karte bekommen. Wer die einsetzte, also aufgab, wäre raus aus dem Spiel. Träfe einer der Ärzte die Entscheidung, man müsse aufhören, aus medizinischen Gründen, könne man zu einem späteren Zeitpunkt erneut antreten. Würde man jedoch selbst beschließen, nicht mehr weiterzumachen, also die Karte abgeben, bekäme man keine zweite Chance. Das waren, im Groben, die Rahmenbedingungen, sie gelten heute noch.

Dann verfrachteten sie uns in olivgrüne Bundeswehrbusse, jeweils 40 Mann in einen. Die Fahrt ging zum Truppenübungsplatz Baumholder in der Nähe von Idar-Oberstein, rund 200 Kilometer Strecke. Normalerweise wäre das Ziel näher gewesen, quasi um die Ecke, irgendwo im Schwarzwald. Und nicht auf militärischem Grund. Doch damals fing es bei uns gerade mit der Rinderseuche BSE an, die ersten eigenen Fälle waren nachgewiesen worden. Deswegen sollten wir uns nicht durchs freie Gelände schlagen.

Es war noch hell, als wir Baumholder erreichten. Und es ging direkt los. Aus den 80 Teilnehmern wurden acht Zehnergruppen gebildet (insgesamt gab es in dem Jahr 160 Bewerber, die in zwei Durchgänge zu jeweils 80 Mann aufgeteilt wurden). Vielleicht waren die Gruppen auch vorher schon festgelegt worden, so was vergisst man. Jede bekam zwei Ausbilder zur Seite gestellt, die sie begleiteten, als Beobachter. Und eine alte Munitionskiste aus Holz, die sich leider nicht allein fortbewegte, sondern getragen werden musste. In der Kiste befand sich ein Funkgerät ähnlich musealen Alters. Die ganze Fracht wog zusammen ungefähr 20 Kilo. Durch das dauernde Rucksackschleppen konnte man das ganz gut schätzen. 20 Kilo klingen an sich nicht so unfassbar viel, aber die kamen jetzt noch obendrauf. Wir suchten uns einen Holzstamm, 10, 15 Zentimeter im Durchmesser, um die Kiste daran »aufzufädeln«, damit zwei sich das Gewicht beim Tragen teilen konnten.

Noch bevor wir uns in Bewegung setzten, versuchte einer der Ausbilder, uns den Schneid abzukaufen, indem er etwa sagte: »Überlegt es euch noch mal! Wer will, kann hier schon seine Karte ziehen. Ist kein Problem, dann braucht er sich den Rest nicht anzutun.«

Woraufhin einer aus unserer Gruppe lostönte, der Ausbilder könne gern alle unsere Karten einsammeln und verbrennen, von uns würde niemand aufgeben. Vielleicht wollte er ein wenig Eindruck schinden oder einfach nur zeigen, dass er fest entschlossen war, die Ziellinie zu erreichen. Oder es war seine Art, sich selbst Mut zu machen.

Solche und ähnliche Sprüche hörten wir unterwegs noch öfter von unseren Begleitern, sie waren Teil des Programms. Kleine Psychotricks, um zu sehen, ob wir uns davon im Kopf mürbe machen ließen.

Wir liefen in Zweierreihe los, die beiden mit der Kiste samt Funkgerät vorneweg. Einer von uns musste die Gruppe führen. Der Auserwählte war dafür zuständig, dass wir den richtigen Weg fanden und keinen der Checkpoints ausließen, die wir nacheinander anzulaufen hatten. Außerdem musste er darauf achten, dass alle in der Gruppe zurechtkamen, Stichwort Fürsorgepflicht. Und es war sein Job, den Wechsel bei der Kistenschlepperei zu organisieren – hundert Doppelschritte, dann waren die nächsten an der Reihe. Die zwei, die sie vorher getragen hatten, wechselten ans Ende unserer kleinen Marschformation, sodass die Lastenschlepper immer an der Spitze liefen.

Auch der Gruppenführerposten wurde nach einer gewissen Zeit umbesetzt, damit jeder drankam und vom Begleitpersonal in dieser Rolle begutachtet werden konnte. Das wurde separat bewertet. Zum Beispiel, ob jemand nur Kommandos gab oder sich auch selbst mit einbrachte. Führen durch Vorbild, heißt es bei der Bundeswehr. Was ich von meiner Gruppe erwartete, sollte ich selbst auch bringen, idealerweise mehr.

Das Stück bis zum ersten Checkpoint verlief ohne besondere Vorkommnisse, eher unspektakulär. Noch waren die Kräfte frisch.

Man setzte einen Schritt vor den anderen. Wie weit die Strecke war? Das blendete ich aus, von Anfang an. Vielleicht waren es nur 500 Meter, vielleicht 2000. Es war Montag, und wir wussten, dass es erst am Freitag ein Ende haben würde. Bis dahin durchhalten, das war das Einzige, worauf es ankam. Warum sollte ich mich damit verrückt machen, dass insgesamt 200 Kilometer vor uns lagen? Fußkilometer. Das hatten sie uns gesagt, und so wird es auch gewesen sein. Nur: Ständig daran zu denken, hätte mich nicht stärker gemacht. Wenn überhaupt, dann wollte ich die Tage abhaken, nicht die Kilometer. Ob die anderen auf die gleiche Weise herangingen, weiß ich nicht. Wir waren als Gruppe unterwegs, sprachen miteinander, halfen uns gegenseitig, aber durchhalten musste man letzten Endes ganz allein.

Unser vorlauter Kamerad, der am Anfang seine und unsere Karten verbrennen lassen wollte, fing bereits auf dem ersten Stück an, unrund zu laufen. Als ich das merkte, fragte ich ihn, was los sei. Es ginge ihm nicht gut, meinte er, aber er würde das schon packen. Überzeugend klang das nicht. Er schleppte sich bis zum zweiten Checkpoint, nahm auch den dritten Abschnitt in Angriff, brach dann aber völlig ein. Damit er es überhaupt bis zur Station schaffte, mussten wir seinen Rucksack für ihn tragen. Das wurde aber nur erlaubt, weil klar war, dass er aufgeben würde – was er dann auch tat, sichtlich enttäuscht von sich und der Welt. So endeten Träume.

Für einen Abgang, der offenbar weniger deprimiert wirken sollte, entschied sich ein anderer aus unserer Gruppe. Von ihm wusste ich, dass er eine absolute Sportskanone war, erfahrener Triathlet, trainiert bis in den letzten Muskel. Wie gesagt, um die Kilometer kümmerte ich mich nicht, aber allzu weit waren wir noch nicht gekommen, als er auf einmal verkündete, er höre jetzt auf, das sei ihm alles zu lasch. Sehr glaubwürdig nach der kurzen Strecke. Auf jeden Fall fiel dadurch ein Pärchen fürs Kistenschleppen weg, wir anderen mussten einmal öfter ran.

Wir liefen und liefen … und liefen und liefen. Stupides Marschieren, kaum Abwechslung. Und wieder nur der Inhalt der Trinkflasche als Marschverpflegung. Immerhin konnten wir sie an jedem Checkpoint neu auffüllen. Zu essen gab es erst einmal nichts. Inzwischen war es längst dunkel. Oder schon wieder hell? Kein großer Unterschied, im Wald noch weniger. So oder so war es kalt. Und nass war es und windig, räudiges Aprilwetter, wie man es kaum übler erwischen konnte. Schlaf wollten sie uns so richtig auch keinen gönnen, höchstens zwischendurch kurz ein Stündchen, im Sitzen, die Rücken aneinandergelehnt, um sich nicht den Arsch abzufrieren – oder wie es militärisch korrekt hieß: um den Wärmeerhalt durchzuführen.

Bald kamen Stationen, an denen wir bestimmte Aufgaben zu bewältigen hatten. An einer der ersten, wir erreichten gerade eine Lichtung hinter einem Waldstück, warteten sie mit einem dieser typischen Bundeswehrschlauchboote auf uns. Da passten zehn Mann rein. Wir sollten aber nicht übers Wasser paddeln – zumindest noch nicht, da war auch keins –, sondern unsere Rucksäcke reinpacken und das Schlauchboot tragen. Beziehungsweise balancieren, was nicht so einfach war. Einmal wegen des Gewichts. Das Ding war verdammt schwer. Und dann noch die Rucksäcke dazu. Zum anderen, weil wir unterschiedlich groß waren. Griffe hatte das Boot keine, nur ein Seil um den oberen Rand herum. Um die Sache noch schwieriger zu gestalten, durften wir es auf dem Weg nicht absetzen. Andernfalls hätten wir zum Ausgangspunkt zurückgemusst. Es dauerte aber auch so eine gefühlte Ewigkeit, bis wir den kleinen Teich erreichten, den sie uns als Ziel vorgegeben hatten. Dort sollten wir dann doch noch eine kurze Bootsfahrt unternehmen, um zum anderen Ufer überzusetzen.

Einige Kilometer weiter war es ein großer Traktorreifen, der einen Hügel hinaufgerollt werden sollte. Und später ein gewaltiger Baumstamm, den es im Team von A nach B zu schleppen galt, auch dieser Weg führte recht steil nach oben. Unsere Rucksäcke blieben im Unterschied zur Aufgabe mit dem Schlauchboot am Mann. Nicht zu vergessen die Waffen. Und die Munitionskiste mit dem Funkgerät war auch noch da. Als zusätzliches Gepäck, für den Kopf, gaben sie uns am Start eine Rechenaufgabe, die wir bis oben gelöst haben mussten, sodass neben der Muskelkraft auch das Hirn gefordert war.

Ob Schlauchboot, Reifen oder Baumstamm, bei all diesen Prüfungen wurde jeder von uns genau unter die Lupe genommen. War er teamfähig? Hielt er sich zurück oder brachte er sich voll mit ein? Ging er vielleicht sogar voran und motivierte die anderen auf diese Weise? Manche versuchten sich bei solchen Übungen zu schonen. Andere hängten sich doppelt rein, was jedoch nicht zwangsläufig bedeuten musste, dass sie es fürs Team taten. Es konnte auch sein, dass jemand damit nur selbst glänzen, sich in den Vordergrund rücken wollte. All das versuchten die Psychologen und Ausbilder aus dem herauszufiltern, was sich vor ihren Augen abspielte. Das Ergebnis ihrer Beobachtungen erfuhr man nicht sofort. Manche schafften den Marsch, wurden hinterher aber trotzdem aussortiert, weil die Psychologen sie nicht für teamfähig hielten.

Ein Verwundetentransport durfte bei dem Marsch natürlich nicht fehlen. Statt einer verletzten Person lagen Sandsäcke auf der Trage, die vom Gewicht her zwei Personen hätten sein können. Auf diesem Abschnitt schwächelte der Nächste. Abwechselnd übernahmen die anderen seinen Rucksack, womit klar war, dass wir wieder einen Mitstreiter verlieren würden. Dabei wäre ich selbst ein Kandidat für die Trage gewesen. Durch die permanente Zusatzbelastung waren meine Füße – und nicht nur meine – inzwischen voller Blasen. Auch das kontrollierten die Ausbilder. Sie ließen sich die frisch erworbene Luftbereifung vorführen. Man musste also seine Stiefel ausziehen, obwohl es das Letzte war, was man wollte – weil es hinterher nur noch schlimmer wehtat. Immerhin bekamen wir Pflaster und Fußpulver, um uns notdürftig zu verarzten. Das fiel auch nicht unter unerlaubte Erleichterung. Bei einem echten Einsatz hätte jeder so was dabei.

Für die Reihenfolge, wann wir welche Station anliefen, kann ich mich nicht verbürgen. Man marschierte stoisch vor sich hin und wusste nie, was einen als Nächstes erwartete. Tagsüber und genauso nachts. Aus meiner Sicht war das gut so. Sonst hätte man sich vorher schon Gedanken gemacht und im Kopf alle möglichen Szenarien durchgespielt, was einem nur unnötig Kraft geraubt hätte.

Irgendwann hieß die Einlage, die zu absolvieren war, Eilmarsch. An der Station begrüßte uns ein Oberstabsfeldwebel, der später einer meiner Ausbilder wurde. Ein absolut korrekter Typ, objektiv im Urteil, behandelte jeden gleich. Und ein Wissen hatte er – gigantisch, man war immer wieder beeindruckt. Das wusste ich an dem Tag natürlich noch nicht. Genauso wenig, dass er früher Leistungssportler war, Geher. Als er uns erklärte, wie der Eilmarsch ablaufen sollte, dass er die Spitze übernehmen würde, um das Tempo vorzugeben, dachte ich: Okay, ein alter Mann, das wird schon nicht so heftig werden.

Dann stiefelten wir los. Es war dunkel. Der Oberstabsfeldwebel machte lange Schritte, er war groß – solche Geherschritte, die etwas merkwürdig aussehen, weil das Knie des vorderen Fußes beim Aufsetzen durchgestreckt wird, so läuft sonst keiner. Kann sein, dass mir ein Schmunzeln im Gesicht stand, als ich das sah. Wenn es so war, dann ist mir das Schmunzeln garantiert schnell vergangen. Er legte ein Tempo vor, dass ich mich nach wenigen Schritten schon fragte, wie ich das durchhalten sollte.

Meine Füße brannten, ich war hungrig und völlig übermüdet … in dieser Verfassung konnte man nur den Kopf abschalten, das Gehirn ausknipsen. An nichts denken, einfach nur laufen. Entweder man schafft es, oder man fällt um. Aber nicht mal diesen Gedanken erlaubte ich mir.

Irgendwie schaffte ich es, an unserem Vorgeher dranzubleiben. Dagegen hatte einer meiner Mitstreiter mächtig Mühe. Am Ende der Gruppe lief ein anderer Ausbilder mit einem roten Licht. Die Schlusslaterne. Hinter dieses Licht durfte man nicht zurückfallen, sonst wurde man vom Spielfeld genommen. Bevor es bei unserem Kameraden kritisch wurde, hakten wir ihn unter und zwangen ihm unser Tempo auf, was nur gut gemeint war. Zu dem Zeitpunkt hatte sich unsere Gruppe bereits stark dezimiert. Und es drohte ein weiterer auszufallen, ein Oberleutnant, dem durch das Tragen von Rucksack, Munitionskiste und Gewehr die Arme eingeschlafen waren. Er konnte mit seinen Händen nichts mehr machen, nicht einmal das Gewehr greifen, das mussten wir ihm umhängen. Aber er hatte Biss und bewies unglaublichen Willen, lief weiter.

Als wir den nächsten Checkpoint erreichten, waren noch vier von uns im Rennen. Vier Mann und eine Munitionskiste, die sich mittlerweile doppelt und dreifach so schwer anfühlte. Zu meiner Überraschung zückten an der Station zwei aus unserer Minigruppe ihre Karte. Damit blieb nur noch ein Duo übrig. Und nicht einmal die Hälfte der Strecke war geschafft.

Die anderen Gruppen waren bis zu der Stelle ähnlich stark geschrumpft. Die Restkräfte fanden sich an einem Sammelpunkt ein. Dort wurden neue Teams zusammengestellt. Ab da waren nur noch ganze zwei im Rennen – pro Team acht Mann. Vielleicht auch zehn, aber nicht mehr. Jedes Team bekam wieder zwei Ausbilder als Observer zugeteilt. Falls der Eindruck entstanden sein sollte, diese hätten die gleiche Wegstrecke absolviert wie wir, dann ist das falsch. Die Jungs hatten eindeutig den besseren Job. Sie wechselten sich gegenseitig ab, sodass sie ausreichend Schlaf bekamen und immer frisch und ausgeruht zu den Gruppen stießen.

Uns dagegen muteten sie maximalen Schlafentzug zu. Eine kurze Ruhephase früh am Morgen musste an den meisten Tagen genügen. Und mit Lebensmitteln wurden wir auch nicht verwöhnt. Ich erinnere mich an eine einzige längere Pause, in der es für jeden einen Verpflegungsbeutel gab, zwei Scheiben Brot, Butter, Wurst, Käse, Marmelade. Und Panzerkekse. Der klassische Gruß aus der Bundeswehrküche, verpackt in einer weißen Plastiktüte. Das Brot stopfte ich mir ohne alles rein, als wären nur fünf Sekunden Zeit geblieben, bevor es sich in Luft aufgelöst hätte. Früher schmierte mein Vater mir immer dick Butter aufs Brot. Er meinte es gut, aber ich mochte das nicht. Daran musste ich denken, als ich in dieser Pause in meinem Schlafsack lag, irgendwo im Wald, unter einem Schrägdach, das sich jeder hatte basteln müssen. Ich nahm das kleine Stück Butter, wickelte es aus dem Papier und lutschte genüsslich daran, als hätte ich das leckerste Eis in der Hand. Dabei hatte sich nicht etwa mein Geschmack geändert, ich dachte einfach nur: Butter ist Fett und Fett ist Energie. Und genau die brauchte ich jetzt, um das hier durchzustehen.

Irgendwann hatte jeder einen Tiefpunkt, mindestens einen. Bei mir kam er in der Nacht von Mittwoch auf Donnerstag. Schwer zu beschreiben. Der Körper ist ausgelaugt, die Müdigkeit macht einen benommen, die Beine bewegen sich mechanisch. Man läuft wie durch einen Tunnel, lässt alles über sich ergehen, als könnte einem nichts auf der Welt etwas anhaben. Das funktioniert aber nur, solange man es schafft, nicht nachzudenken. Überhaupt nicht zu denken. Sonst schleichen sich Gedanken ins Hirn, die von jetzt auf gleich alles infrage stellen. Dabei genügt ein einziger solcher Gedanke, ein einziger Zweifel: Warum mache ich das eigentlich? In der Verfassung, in der man sich befindet, kann das schnell das Aus bedeuten. Man lässt den nächsten Gedanken zu, den nächsten Zweifel, und dann noch einen.

Das ist der Moment, in dem man seine Grenze erreicht. Als würde man vor einer tiefen Schlucht ankommen oder am Ufer eines breiten Flusses. In Gedanken ist man bereits auf der anderen Seite, im gelobten Land, das einem wie das Paradies erscheint. Keinen Schritt mehr gehen, die Füße hochlegen, die Kälte nicht mehr spüren, warten, dass die Schmerzen aufhören …

Ab da zählt nur noch eins: der Wille.

Entweder man geht in sein normales Leben zurück oder es steckt etwas in einem drin, das einen weitertreibt. Die Entschlossenheit, es wirklich zu wollen. Die kann man sich nicht antrainieren, die hat man oder man hat sie nicht. Das merkt man auch erst, wenn man an der Schwelle angekommen ist. Und wenn man sie denn hat, diese Entschlossenheit, diesen Willen, dann stellt man plötzlich fest, dass der Körper, der eigentlich völlig im Eimer ist, überraschenderweise doch noch funktioniert, irgendwie, ohne dass man selbst begreift, wie es möglich ist, dass die Beine einfach weitermarschieren.

Ich schlief beim Laufen ein, aber ich marschierte weiter. Im Hellen wie im Dunkeln, durch Waldstücke, über Wiesen, Anhöhen hinauf und wieder hinunter.

Nach der einen etwas längeren Pause gab es nur noch Wasser. Wie im schlimmsten Ernstfall. Kein Essen und keinen richtigen Schlaf, immer nur kurze Ruhephasen, eine Stunde, höchstens zwei, wie gehabt. Vom damaligen KSK-Kommandeur ist die Einschätzung überliefert, die Höllenwoche sei das Härteste, was man Menschen in einer Demokratie zumuten dürfe.

Aber noch waren wir nicht am Ziel. Ich glaube, es war der vierte Tag, als wir zu einem Hügel kamen, auf dem zwei oder drei Betonbunker standen. Die gute Nachricht war, dass wir dort unsere Rucksäcke absetzen durften. Allerdings mussten wir auch unsere Ausrüstung abgeben, alles, einschließlich der Waffen – denn jetzt waren wir Gefangene. Mit zugetapten Staubschutzbrillen wurde uns die Sicht genommen und gleichzeitig das Zeitgefühl, ob Tag oder Nacht war. Deswegen kann ich nicht beschreiben, wie es in dem Bunker aussah und ob unsere Gruppe allein im Raum war. Es durfte kein Wort gesprochen werden. Erst mussten wir stehen, die Beine über Kreuz, die Arme ausgestreckt nach oben mit den Händen an der Wand. Später sollten wir uns vor der Wand auf den Boden knien, die Hände auf dem Kopf, übereinander, die Finger nicht verschränkt, das hätte es leichter gemacht, sie oben zu behalten. Und ich rede bei beiden Varianten nicht von ein oder zwei Stunden – insgesamt waren es acht, die wir in diesen Positionen verharren mussten. Sobald einem die Arme schwer wurden und ein Stück nach unten rutschten, was automatisch passierte, kam sofort jemand, der sie ziemlich rüde wieder nach oben drückte.

Das Schlimmste aber war die Kälte. In solchen Bunkern war es immer kalt, im Winter ganz besonders. Und wir hatten winterliche

Temperaturen. Als ich zwischendurch pinkeln musste und kurz rausgeführt wurde, war die Gegend leicht angezuckert. Es musste in der Zwischenzeit geschneit haben. Hinzu kam, dass unsere Körper vom Schlafentzug, den Strapazen des Marsches und der überaus sparsamen Verpflegung ausgezehrt waren, wodurch wir noch mehr froren. Keiner hatte mehr Kohlen im Kessel. Das bisschen Energie, das der Organismus durch das Verbrennen von Fettreserven produzierte, brauchte er, um andere Funktionen am Laufen zu halten, die Atmung zum Beispiel.

Diesmal schaltete ich den Kopf nicht aus. Ich wechselte das Programm, flüchtete mich in eine andere Welt, in die Vergangenheit, um die Gegenwart auszublenden, nicht an die Schmerzen oder ans Aufgeben zu denken. Man könnte auch sagen: Ich verdrängte die Dämonen, indem ich schöne Erinnerungen aus dem Gedächtnis fischte – meine Kindergartenzeit, das erste Mal Moped fahren, die Spaziergänge mit Großvater, unsere Familie im Urlaub, Oma und Opa auf ihrem Bauernhof, die erste Liebe.

Kopfkino. In Langversion. Je detaillierter, umso besser, weil dadurch die Zeit verflog.

Und so sah ich mich auf einmal mit einem Nachbarsjungen von früher – etwa in meinem Alter, wir waren damals sechs oder sieben Jahre alt – zum Dorfrand laufen, wo sich jenseits der Straße ein Maisfeld erstreckte. Wir bahnten uns einen Pfad zwischen den Pflanzen, die uns überragten, gingen tiefer hinein, bis die Straße nicht mehr zu sehen war. An einer Stelle, die uns als Versteck perfekt schien, bogen wir einige Pflanzen, bis sie brachen, und setzten uns auf ihr Grün. Unterwegs hatten wir Maiskolben geerntet, die wir nun aus ihren Blättern schälten, um die frischen Maiskörner abzuknabbern. Gerade als wir zubeißen wollten, war plötzlich ein Rascheln zu hören, als wäre ein Tier in der Nähe, das zwischen den Pflanzen entlangtrottete. Und gleich darauf ein Grunzen wie von einem Wildschwein. Das Rascheln blieb, das Grunzen auch, beides schien näherzukommen. Wir sahen uns erschrocken an, saßen kerzengerade, uns stockte der Atem. Als Dorfkinder hatten wir schon einige Wildscheine gesehen, in unserer Gegend waren manchmal ganzen Rotten unterwegs. Wir wussten, dass sie sich mit Vorliebe in Maisfeldern tummelten, wo sie nicht gejagt wurden, in Ruhe ihren Nachwuchs kriegen konnten. Und wir wussten auch, dass Sauen, die ihre Frischlinge beschützten, besonders aggressiv auf Störenfriede reagierten. Vor lauter Angst hätten wir uns beinahe in die Hosen gemacht.

Eine Weile saßen wir so, trauten kaum, uns zu rühren, lauschten. Dann schienen sich die Geräusche zu entfernen, wurden leiser. Als wir nichts mehr hörten, rappelten wir uns auf und schlichen langsam vom Feld, so leise wie möglich, damit sich die Grunzviecher nicht belästigt fühlten.

Ich grinste in dem Bunker unter der zugeklebten Brille vor mich hin, so anstrengend das Stehen mit erhobenen Händen auch war. Die nächste Szene in meiner Erinnerung spielte in dem Moment, als wir den Feldrand erreichten und unsere Köpfe zwischen den letzten Pflanzen hervorstreckten – wie zwei Ganoven auf der Flucht, die sehen wollten, ob die Luft rein war. Blick nach rechts, Blick nach links … Polizisten standen da keine. Nur ein Junge aus dem Dorf, ein paar Jahre älter als wir. Er hielt sich den Bauch und lachte sich scheckig über die zwei verängstigten Hasen, die da aus dem Mais geschlichen kamen. Das vermeintliche Wildschein, das war er gewesen. Er hatte uns ins Feld flitzen sehen und wollte uns erschrecken.

So verging Stunde um Stunde. Ich hatte dieses Sichdavondenken nicht geübt, aber ich merkte, dass es funktionierte. Je tiefer ich in meiner Erinnerungskiste kramte, je weniger das Vergangene mit dem Jetzt zu tun hatte und je genauer ich mich erinnerte, an viele kleine Details – umso besser. Selbst die Kälte war so zu ertragen. Und irgendwann hatten wir es überstanden.

Den krönenden Abschluss bildete ein Einzelmarsch, 30 Kilometer, wieder in voller Montur, mit Waffe, Rucksack und allem. Jetzt war man auf sich allein gestellt. Die Zeit bis zum Ziel wurde vorgegeben. Wie viel das war, weiß ich nicht mehr, aber sie war so bemessen, dass man an eine Pause gar nicht zu denken brauchte. Nach all den 30-Kilometer-Märschen, die ich in Schneeberg runtergerissen hatte, konnte ich das ziemlich genau einschätzen: Pinkelpause – ja, auch zwei. Ins Gras setzen und die Füßen von sich strecken – definitiv nein.

Wir starteten nacheinander, jeweils mit fünf Minuten Abstand. Meine Füße brannten, als würde ich barfuß über Scherben laufen. Aber im Kopf war nur der eine Gedanke: 30 Kilometer noch, dann hast du's geschafft!

Ich würde nicht behaupten, dass es ein Klacks war. Uns steckten fast fünf Tage voller Torturen in den Knochen und rund 170 Kilometer. Aber jetzt aufgeben, das kam überhaupt nicht in Frage. Und wenn die Füße noch so schmerzten und der Magen noch so knurrte. 30 Kilometer! Und bald würden es bloß noch 25 sein! Dann 20 … 10 … 5.

Einmal wurde ich noch gestoppt. Ich war zu schnell losmarschiert, hatte meinen Vordermann eingeholt. Wir liefen ein Stück zusammen, aber das war verboten. Sofort kam einer der Ausbilder im Auto angerauscht. Ich solle stehen bleiben und warten, bis wieder fünf Minuten Abstand zwischen uns lagen. In der Situation so ziemlich die schlimmste Strafe. Fünf Minuten können sich unendlich lang anfühlen. Danach taten meine Füße noch mehr weh. Und meine Beine … als wären die Kniegelenke in der kurzen Zeit eingerostet. Als ich weiterdurfte, stakste ich los wie ein Marsmännchen, brauchte eine ganze Weile, um wieder in den Rhythmus zu finden, die Schmerzen zu verdrängen.

Und dann war ich im Ziel.

Kurz darauf fanden wir uns in einer Kaserne wieder, ganz in der Nähe, noch auf dem Truppenübungsplatz. Eine richtige Kaserne war es eigentlich nicht, eher eine Fahrschule mit Unterkünften, aber von der Bundeswehr. Dort machte ich später meinen Führerschein für

Kettenfahrzeuge, speziell fürs Hägglunds, ein Transportfahrzeug, das selbst schwierigstes Gelände bewältigt. Davon gab es auch leicht gepanzerte Versionen. Ob Eis, Schnee, Sumpf, Wüste oder Hochgebirge – alles kein Problem für diese Geräte. Es machte auch richtig Spaß, damit durchs Gelände zu cruisen.

Von den insgesamt 160 Mann am Anfang (beide Durchgänge) kamen, glaube ich, 15 ins Ziel. Knapp zehn Prozent, wie gesagt, damals der übliche Schnitt. Es gab aber auch Eignungs- beziehungsweise Potenzialfeststellungsverfahren, die nur ein oder zwei durchstanden. Oder auch mal gar keiner.

Zu den Ersten, die uns in dieser Minikaserne empfingen, gehörte der Ausbilder mit dem flotten Geherschritt. Wir kamen da wahrscheinlich an wie die letzten Krieger aus der Schlacht. Schon irgendwie stolz, vor allem aber erschöpft, abgekämpft – und in dem sicheren Glauben, dass die Strecke keinen Meter länger hätte sein dürfen, wir nun wirklich alle unsere Körner verschossen hatten. Der Geher, der uns in eins der Gebäude führte, war da anderer Meinung: »Sie glauben, dass Sie fertig sind? Dann täuschen Sie sich. Sie haben gerade mal 60, 70 Prozent ihres Vermögens ausgeschöpft.«

In dem Gebäude mussten wir auf dem Flur warten. Der damalige KSK-Kommandeur höchstpersönlich gab sich die Ehre. Nicht auf dem Flur, sondern in einem der Büros, die davon abgingen. Einer nach dem anderen wurde zum Auswertungsgespräch hineinzitiert, einzeln. Drinnen mussten sich zwei von uns anhören, dass sie es zwar körperlich geschafft hatten, aber trotzdem raus waren. Der Kommandeur hatte einen Ruf wie Donnerhall. Klare Worte ohne Schmus drumherum. Und keins zu viel. Ein Militär der alten Schule. Ohne Umschweife sagte er, sie seien nicht teamfähig. Und das war's. Ich glaube, damit konnte man Menschen zerstören, brechen. Heute würde so ein Gespräch vermutlich eine Spur diplomatischer abgehandelt.

Irgendwann war ich an der Reihe. Ich ging rein, machte brav mein Männchen. Viel zu hören bekam auch ich nicht. Aber was ich zu hören bekam, ging runter wie Öl: »Herr Schaaf – geschafft! Herzlich willkommen bei der Crème de la Crème des deutschen Heeres. Herzlich willkommen beim Kommando Spezialkräfte!«

## NOCH MEHR PRÜFUNGEN

Die Wahrheit war: Selbst die Worte des Kommandeurs waren nicht Gesetz, man konnte trotzdem noch aussortiert werden. Die Prüfungen waren längst nicht vorbei. Und auch das Beobachten ging weiter. Ich blieb offiziell Angehöriger meines Stammtruppenteils in Schneeberg, kam lediglich mit einer Kommandierung nach Calw. Zunächst für drei Monate, so lange ging der erste Teil der Basisausbildung. Später lief das anders, wobei die Ausbildungsinhalte, auf die es letztlich ankommt, im Großen und Ganzen gleich blieben, auch wenn ihnen mit der Zeit zum Teil andere Titel verpasst wurden. Ebenso das Prozedere an sich, dass man, um das und das zu werden, bestimmte Lehrgänge absolviert haben musste. Ein gutes Beispiel ist der Überlebenslehrgang, zu dem ich gleich komme. Bei uns hieß er noch schlicht und ergreifend Survivallehrgang. Heute läuft er unter SERE-Lehrgang oder SERE-Training, Englisch ausgesprochen, und orientiert sich an einem Ausbildungsprogramm, das ursprünglich von den US-Streitkräften entwickelt wurde. Die vier Buchstaben stehen für Survival, Evasion, Resistance und Escape – auf gut Deutsch also ein Überlebens-, Ausweich-, Widerstands- und Fluchttraining. Davon gibt es verschiedene Levels, angefangen bei der sogenannten Jedermannsbefähigung, worauf Level A, oder Alpha, ausgerichtet ist. Dieses Level gehört bei der Bundeswehr zur Einsatzland-unabhängigen Vorausbildung. Für Kommandosoldaten ist Level C, oder Charly, Pflichtprogramm, die höchste und anspruchsvollste Kategorie.

Zunächst beschäftigten wir uns in der Basisausbildung aber mit den infanteristischen Grundlagen. Waffen- und Geräteausbildung an allen Handwaffen. Pistole, Maschinengewehr, Panzerfaust und so weiter. Für jemanden wie mich, der von der Infanterie kam und das schon zweimal gründlich durchgekaut hatte, nicht unbedingt die spannendste Phase. Wenigstens bekam ich ein paar Waffen in die Hand, die ich aus der Praxis noch nicht kannte. Das G8 zum Beispiel, ein leichtes Maschinengewehr, Kaliber 7,62, das auch bei der Bundespolizei, von der GSG 9 und den Spezialisierten Einsatzkräften der Marine (heute: Kommando Spezialkräfte der Marine) verwendet wurde.

So ziemlich jeden Abend stand – wieder – ein Orientierungsmarsch auf dem Programm. Wir saßen im Unterrichtsraum, dann wurde die Route ausgegeben, immer eine andere. Jeder erhielt einen Zettel mit den Punkten, die angelaufen werden sollten. Und mit Aufgaben, die auf dem Weg zu erledigen waren, nichts Dramatisches. Dazu gab es Kompasszahlen, wir liefen die Strecken nach Marschkompass. Für bestimmte Abschnitte mussten vorher Wegskizzen gezeichnet werden, anhand derer man sich im Gelände orientierte. Dann ging es mit einem kleinen Bus, einem 20-Sitzer-Mercedes, irgendwohin in die Botanik, zum Ausgangspunkt. Das Ziel der Märsche war immer die Kaserne. Laufen musste man einzeln. Je mehr Märsche wir absolvierten, umso sicherer fühlte man sich im fremden Gelände. Das war auch der Sinn der Übung, dass man sich überall zurechtfand, ganz gleich, wo sie einen absetzten. Mit der Zeit entwickelte man einen geschulten Blick für die Natur, sodass man sich, was die Himmelsrichtung betraf, gut am Mondstand, an Sternen, am Moosbewuchs der Bäume oder an der Sonne, wenn die noch nicht untergegangen war, orientieren konnte. Je besser einem das gelang, umso schneller kam man voran. Am Ende waren wir so geübt darin, dass wir den größten Teil der Strecken im Laufschritt bewältigten. Auf einer Flucht sollte es natürlich schnell gehen.

Alles, was wir in dieser Zeit lernten und trainierten, diente der Vorbereitung auf den erwähnten Survivallehrgang, dem Finale dieses Teils der Basisausbildung. Wie gesagt, das Auswahlverfahren lief weiter. Es konnte immer noch passieren, dass man doch nicht in den erlauchten Kreis der Kommandosoldaten aufgenommen wurde. Wie sagte einer der Ausbilder? »Eine Woche kann man sich verstellen, drei Monate nicht, da zeigt sich der wahre Charakter.«

Körperliche Ausdauer, mentale Zähigkeit, Schmerz- und Kältetoleranz, Teamfähigkeit – all das hatten wir, die noch im Rennen waren, in der Höllenwoche ausgiebig unter Beweis gestellt. Trotzdem wurde weiter beobachtet, ob man auch wirklich zu einer eingeschworenen Truppe wie dem KSK passte, charakterlich und überhaupt. Die Psychologen hatten dafür einen Kriterienkatalog ausgearbeitet, den wir natürlich nicht zu sehen bekamen. Wir wussten nur, dass sie und die Ausbilder weiter ein Auge auf uns hielten und man erst sicher dabei war, wenn der Survivallehrgang bestanden wurde. Andernfalls wäre man auf direktem Weg in seine alte Einheit zurückversetzt worden.

Für den Lehrgang, der auf drei Wochen angelegt war, ging es Richtung Bodensee, nach Pfullendorf, in die Staufer-Kaserne, die seinerzeit noch den Namen eines Reichswehr- und Wehrmachtsgenerals trug. In der Kaserne war – und ist – das Ausbildungszentrum Spezielle Operationen beheimatet, in dem Spezialkräfte wie das KSK und Spezialisierte Kräfte (deren Einsätze sind auf spezielle Aufträge ausgerichtet, zum Beispiel Personenschutzkommandos oder Spezialpioniere) geschult und trainiert werden, nicht nur aus der Bundeswehr, auch aus Armeen verschiedener NATO-Länder. Ein SpezOp-Hotspot könnte man sagen, dort bündelt sich internationales Fachwissen. Ein Schwerpunktthema der dortigen Ausbildung: Überleben und Verhalten bei Gefangennahme. Genau darum ging es auch bei dem, was uns erwartete.

Die erste Woche verbrachten wir größtenteils in Unterrichtsräumen. Viel Theorie. Leben im Felde. Wie man Behelfsunterkünfte baute, Feuerstellen anlegte, Fallen für Tiere bastelte und aufstellte oder mit einfachsten Hilfsmitteln Wasser gewann, gewissermaßen aus nichts. Und wie man das Viehzeug, das einem in die Falle ging –

theoretisch, nur vorgestellt –, schlachtete und in eine Überlebensmahlzeit verwandelte. All solche Basics, die einer Landnudel wie mir seit Kindestagen vertraut waren, jedenfalls die meisten. Für diejenigen, die aus der Stadt kamen, wird das anders gewesen sein.

Etwas handwerklicher wurde es, als wir den Auftrag erhielten, uns für den bevorstehenden Überlebensmarsch einzukleiden. Und zwar so, dass wir im Gelände möglichst unsichtbar sein würden. Und ohne auf die eigene Uniform zurückzugreifen. Dafür stand uns ein großes Lumpenlager zur Verfügung, in dem sich Unmengen an Stoffresten, ausrangierten Gardinen, alten Decken und was sonst noch stapelten. Aus dem Zeug sollten wir uns selbst Kleidung nähen und auch einen Schlafsack – eben was man für den Notfall brauchte, wenn man nichts hatte, auch kein Dach über dem Kopf. Da manche der Stofffetzen nicht gerade die unauffälligste Farbe hatten, dachte ich, ich stelle es besonders schlau an und besorgte mir Farbspraydosen – Tarnfarben, Braun und Grün und Gelb. Und tatsächlich, meine Idee funktionierte, ich bekam ein brauchbares Camouflagemuster zustande. Nur dass meine Vogelscheuchenklamotten danach furchtbar stanken – auf die Schnelle hatte ich nur Lackfarbe auftreiben können.

Abends, in der Regel um 20 Uhr, rückten wir wie gewohnt zu Orientierungsmärschen aus. Sonst hätte auch was gefehlt. Diesmal als Pärchen. Ich wurde mit einem Kameraden zusammengespannt, der Oberleutnant war. Als Stabsunteroffizier war ich auf der Hierarchieleiter weit entfernt von ihm, das ließ er mich auch ein bisschen spüren, aber sonst kamen wir gut klar.

Hierarchie ist wichtig beim Militär, keine Frage. Aber genauso wichtig sollte sein, dass man gemeinsam das Beste erreicht, im Team. Beim KSK hatte ich später einen Kompaniechef, für den war entscheidend, was jemand draufhatte und was er leistete. Er konnte auch Vorschläge von Untergebenen annehmen, wenn er sah, dass es die bessere Lösung war. Keiner von uns wäre deswegen auf die Idee gekommen, seine Autorität oder einen Befehl, den er erteilte, infrage zu stellen. So war es in Calw bei den meisten Offizieren. Natürlich gab es auch andere, aber das dürfte bei Vorgesetzten überall so sein.

Einmal führte uns die Route zu einem Rapsfeld. Wir liefen jetzt nicht über Truppenübungsplätze oder in irgendwelchen militärischen Bereichen, sondern durch freies Gelände, das für jeden zugänglich war. Der nächste Punkt, den wir anzusteuern hatten, lag in gerader Linie hinter diesem Rapsfeld, das bereits verblüht war. Aus unserer Perspektive erstreckte es sich bis zum Horizont – es lag auf einem Hügel. Der Oberleutnant wollte die kürzeste Strecke nehmen, geradewegs übers Feld. Normalerweise wäre das auch meine Wahl gewesen – nur eben nicht bei einem Rapsfeld, schon gar nicht bei einem verblühten.
Ich sagte: »Lass uns außenherum gehen.«
Er sagte: »Geradeaus ist viel kürzer.«
Ich sagte: »Das ist ein Rapsfeld.«
Er sagte: »Das sehe ich.«
Ich sagte: »Wenn du unbedingt willst, bitte, dann geh vor!«
Da sagte er nichts mehr, drehte sich um, stiefelte los. Ich blieb stehen, wartete am Rand. In der Gegend, wo ich aufwuchs, wurde viel Raps angebaut. Daher konnte ich mir ausrechnen, dass er kaum weiter als 10, 15 Schritte kommen würde. In diesem Stadium war der Raps wie eine Falle. Die unzähligen Pflanzenspitzen verhedderten sich dermaßen ineinander, dass man unweigerlich steckenblieb. Vielleicht waren es doppelt so viele Schritte, aber lange dauerte es nicht, bis er eine abrupte Kehrtwendung einlegte und zurückkam. Mit einem Gesicht … fröhliche Menschen sahen anders aus.

Bei diesen Märschen orientierten wir uns mit Kompassen, die wir vorher selbst gebastelt hatten. Darum ging es im Ernstfall: dass man aus einfachsten Gegenständen, die sich ohne großen Aufwand auftreiben ließen, die man bestenfalls irgendwo fand, nützliche Hilfsmittel kreierte. Für so einen Kompass hatten wir nicht mehr gebraucht als eine Rasierklinge, eine Stecknadel, einen kleinen Pappdeckel und den Stiftklöppel eines Kugelschreibers. Und einen Magneten, damit wurde die Rasierklinge magnetisch aufgeladen. Als zweites Orientierungsmittel standen uns Wegskizzen zur Verfügung, sogenannte Sketch Maps, auch die waren Eigenkreationen. Von solchen Wegskizzen mussten wir unendlich viele zeichnen, immer wieder, sodass wir es wahrscheinlich im Halbschlaf noch einigermaßen hingekriegt hätten. Als Vorlage bekam man eine Landkarte, einen Ausschnitt, den man dann nachzeichnen sollte, reduziert auf die wichtigsten Sachen, die einem draußen im Gelände die Orientierung ermöglichten: auffällige Punkte, die Länge bestimmter Streckenabschnitte, markante Gebäude, Straßen, Hochspannungsleitungen, Waldflächen, Flüsse oder Gewässer, alle denkbaren Geländegegebenheiten.

Dann die vorletzte Woche. Unsere Truppe saß gerade wieder in einem Unterrichtsraum, als es auf einmal hieß, wir rücken ab – sofort! So wie wir waren, im Feldanzug, oder auch Flecktarn genannt, was man als Soldat im normalen Innendienst trug. Ein Bus stand schon bereit. Bevor wir losfuhren, mussten wir die altbekannten Staubschutzbrillen aufsetzen, die auch diesmal mit schwarzem Tape beklebt waren, sodass man nichts mehr sah. Lange waren wir nicht unterwegs, vielleicht zehn Minuten. Die Fahrt ging nach Mottschieß, auf das Gelände des ehemaligen Munitionslagers gleichen Namens, das etwas außerhalb der winzigen Ortschaft lag, mitten im Wald. Neben der Munition für die Staufer-Kaserne waren dort während des Kalten Kriegs nukleare Sprengköpfe der US-Streitkräfte gelagert worden. Darum wurde immer ein Geheimnis gemacht, aber es war so.

Sie führten uns in einen der alten Atombunker. Dort wieder das gleiche Prozedere wie in der Höllenwoche: an der Wand stehen, vor der Wand knien. Und die Klappe halten, keinen Mucks wollten sie hören. Auch diesmal acht Stunden. Mit dem Unterschied, dass wir körperlich in einer deutlich besseren Verfassung waren. Und dass andere Temperaturen herrschten. Mittlerweile war Sommer, Frühsommer auf jeden Fall.

Die ganze Aktion sollte bedeuten, dass wir überfallen und gefangen genommen worden waren. Methodisch nicht die allerbeste Inszenierung, so aus dem Unterrichtsraum heraus, aber damit konnten wir uns zusammenreimen, was als Nächstes kommen würde. Die Grundannahme eines solchen Überlebenslehrgangs bestand darin, dass man aus der Gefangenschaft freikam, sich durch fremdes Gelände – gedacht in einem fremden Land – auf die Flucht begab und es einem schließlich irgendwie gelang, sich bis zu den eigenen Truppen durchzuschlagen.

Der Überraschungseffekt gelang trotzdem. Niemand konnte acht Stunden dauerkonzentriert bleiben. Auf einmal rummste und knallte es höllisch laut, Schüsse fielen und wildes, tumultartiges Geschrei war zu hören. Noch sahen wir nichts. Dann sollten wir die Brillen abnehmen, der Moment der Befreiung. Um uns herum standen verkleidete Soldaten, bewaffnet mit Gewehren. Das sollten Separatisten sein, die uns freigekämpft hatten. Auf dem Boden lagen andere Soldaten und spielten Leichen – die überwältigten Feinde. Unsere Befreier brachten uns irgendwohin an einen Fluss, das musste die Donau sein. Oder ein Nebenarm. Wir liefen am Ufer entlang. Es war dunkel. Mondlicht spiegelte sich auf dem Wasser. Unter anderen Umständen hätte man den Anblick als romantisch empfunden. Uns war nicht danach, wobei dieser Abschnitt der Flucht auch einen lustigen Moment bereithielt. Zu unserem Team gehörte ein Offizier, der beim Marschieren immer einschlief. Schon in der Basisausbildung war er des Öfteren als Schlafwandler umhergetapert und dabei etliche Male auf den Rucksack seines Vordermanns aufgelaufen. Als wir dort am Ufer entlangmarschierten, musste er wieder eingenickt sein. Ehe wir mitbekamen, dass er gerade dabei war, den gemeinsamen Kurs zu verlassen, klatschte er auch schon ins Wasser.

Ein Stück weiter mussten wir es ihm nachtun, nur etwas kontrollierter. Wir zogen vorher unsere Klamotten aus, vor allem die Schuhe sollten möglichst nicht nass werden. An der Stelle war ein

Seil über den Fluss gespannt. Daran hielten wir uns fest, während wir durchs Wasser wateten und dabei versuchten, das Päckchen mit den Schuhen und der Kleidung hoch genug zu halten, damit es trocken blieb. Der Untergrund war schlickig, die Strömung nicht ohne, man sah kaum etwas, aber wir schafften es sicher zum anderen Ufer hinüber.

## ÜBERLEBEN IM GELÄNDE

Dort begann gleich ein Wald. Wir zogen uns an und liefen ein Stück hinein, bis auf einmal von einem der Ausbilder, die uns begleiteten, der Befehl ertönte: »In Zweiergruppen unterziehen!« – also Plätzchen suchen und Befehl abwarten.

Am nächsten Morgen bekamen wir unsere selbst genähte Tarnkleidung geliefert, die wir von da an tragen mussten. Der intensive Lackgeruch hatte sich zum Glück etwas verflüchtigt. Und wir wurden separiert. Fünf Tage sollte jeder auf sich allein gestellt sein, mit dem Erlernten überleben. Dafür wurden uns in dem Wald Plätze zugewiesen, die so weit auseinanderlagen, dass man keinen der anderen sehen konnte. Auch nicht hören, es sei denn, man hätte seine Stimme strapaziert. Das war aber nicht der Sinn der Übung. Im Gegenteil, wir sollten gerade nicht Aufmerksamkeit auf uns lenken, sondern im Verborgenen bleiben. So gut das möglich war, denn gleichzeitig galt es, einige Aufgaben zu erfüllen, die man als Überlebensrituale zusammenfassen könnte.

Eine Aufgabe bestand darin, ein Shelter zu bauen, einen Unterschlupf – nur aus natürlichen Materialien, die sich in unmittelbarer Nähe auftreiben ließen. Kindheitserinnerungen wurden wach. Wie oft war ich mit meinen Kumpels im Wald und hab Buden gebaut! Jetzt ließ ich meinen Blick durch die Gegend schweifen, um sie nach brauchbaren Gegenständen abzuchecken, und schon hatte ich einen Bauplan im Kopf. Einen abgebrochenen Kieferstamm nutzte ich für ein Schrägdach, dazu Äste und Zweige und Moos … an einer ramponierten Futterstelle fand ich sogar Bretter, die sich perfekt als Bodenbelag eigneten. Unter den Bedingungen fast schon Parkett.

Gleich am ersten Tag war Schlachttag. Jeder bekam ein Karnickel, ein Huhn und einen Fisch – lebend. Wir mussten die Tiere schlachten, ausnehmen und zerlegen, damit aus ihnen Mahlzeiten werden konnten. Dafür wiederum brauchte man eine Feuerstelle, womit die nächste Aufgabe anstand. Aus dem Huhn kochte ich eine Fleischsuppe, wie ich das früher bei meiner Mutter gesehen hatte, nur dass es ohne Suppengrün und Gewürze gehen musste. Einen Michelin-Stern hätte es dafür sicher nicht gegeben, aber genießbar war sie. Das überprüften die Ausbilder auch. Sie gingen von einem zum Nächsten und ließen sich die Kochkünste vorführen. Den Fisch brutzelte ich über dem Feuer, und für das Karnickel bastelte ich einen Smoker, indem ich den Rauch über der Feuerstelle kanalisierte. Dann schnitt ich das Fleisch in Stücke, spießte sie auf Draht und befestigte sie dort, wo der Rauch abzog. Gesund kann das nicht gewesen sein. Nach einigen Tagen waren die Fleischstücke zu kleinen Happen geschrumpft und etwa so schmackhaft wie eine Schuhsohle, aber man konnte sie essen. Und essen bedeutete überleben.

Auch trinken bedeutete überleben. Wieder eine Aufgabe: Wassergewinnung. Das in der Theorie Erlernte in der Wildnis umsetzen. Ich grub ein Loch in den Boden, an einer Stelle, wo Sonnenstrahlen hinkamen, legte frisches Gras und Blätter hinein und stellte die untere Hälfte einer durchgeschnittenen Plastikflasche dazu, die als Auffangbehältnis dienen sollte. Anschließend spannte ich über das Loch eine Folie und postierte darauf einen kleinen Stein, etwa in der Mitte, sodass sich die Folie genau über der Flasche nach unten wölbte. Den Rest musste die Sonne erledigen. Hatte sich etwas Kondenswasser in der Flasche angesammelt, brachte man es den Ausbildern und erhielt im Gegenzug frisches Trinkwasser, ungefähr die gleiche Menge – kaum mehr als ein, zwei kleine Schlucke.

Bei einem meiner Streifzüge, die ich unternahm, um die Gegend auszukundschaften, entdeckte ich einen kleinen Bach, fast nur ein Rinnsal. Aber ein guter Wasserspender. Um nicht weiter auf die mühsame Prozedur mithilfe der Sonne und der Plastikfolie angewiesen zu sein, lief ich einige Male zu dem Bach und füllte etwas Wasser in meinen Auffangbehälter, das ich bei den Ausbildern als vermeintlich selbst gewonnenes gegen trinkbares eintauschte. Das nennt man Schummeln? Ganz genau. Aber darum ging es eben auch: dass man, um zu überleben, erfinderisch war, Ideen ausbrütete, Wege fand, selbst wenn es bedeutete, einen gewissen Graubereich auszunutzen. Hier war das alles Übung, nur hätte die nicht viel gebracht, wenn man dabei das Prinzip nicht verinnerlichte. Man kann sich auf alles Mögliche vorbereiten, bestimmte Handgriffe erlernen und trainieren, die verschiedensten Szenarien durchspielen, und doch wird im Ernstfall die Situation immer eine andere sein. Also musste man stets einen Blick haben für das, was sich im konkreten Fall an Machbarem anbot.

Wäre es nach den Ausbildern gegangen, hätten wir unsere selbst zubereiteten Überlebensrationen so eingeteilt, dass wir bis zum Ende des Lehrgangs etwas zum Kauen gehabt hätten. Stattdessen futterten wir alles sofort, kaum dass wir es ihnen präsentiert hatten. Und wenn sich der Hunger dann wieder meldete, versuchten wir, irgendwo etwas aufzutreiben. Nicht weit von dem Waldstück befand sich ein kleiner Ort mit einem Supermarkt. Da sind zwei andere Kameraden von uns nachts hin, um die Abfälle nach Essbarem zu durchsuchen. Eigentlich war es nicht erlaubt, in den fünf Tagen mit anderen zusammen zu sein. Also passten wir umso besser auf, dass wir nicht erwischt wurden. Einmal zog ich mit einem Kameraden los, natürlich auch in der Nacht, um einen nahe gelegenen Bauernhof zu inspizieren, genauer gesagt, den Garten. Darin war allerhand Gemüse angebaut, reihenweise Salat zum Beispiel. Was soll ich sagen? Nach unserer kurzen Stippvisite sah das Beet aus, als hätte sich eine Wildschweinfamilie darüber hergemacht.

Die Leute, die in dieser Gegend lebten, kannten solche Aktionen. Soviel ich weiß, konnten sie die Schäden recht unbürokratisch melden, damit sie von der Bundeswehr erstattet wurden.

Wir verhungerten also nicht, und nach den fünf Tagen begann die nächste Etappe. Aufsitzen auf einen Lkw und ab ging es Richtung Ulm. Und dort irgendwo in ein Waldstück. Unbekanntes Terrain, das für uns Feindesland darstellen sollte.

Der Auftrag war, sich von diesem Ausgangspunkt verdeckt durchs Gelände zu schlagen, ohne den gegnerischen Kräften in die Arme zu laufen. Nicht 10 Kilometer, nicht 30 oder 50, über 100 – aber das sagte uns niemand. Wir wurden immer nur von einem Agent Contact Point zum nächsten dirigiert. An jedem dieser Punkte waren Ausbilder postiert, die uns mit Sketch Maps zur Orientierung ausstatteten. Und zwar immer mit einer, die man schon mal in der Hand gehalten hatte – weil es die waren, die wir zuvor im Unterrichtsraum gezeichnet hatten. Jetzt machte es Sinn, dass sie uns damit bis zum Erbrechen traktiert hatten.

Losgeschickt wurden wir in Zweiergespannen. Ich bekam einen Buddy zugeteilt, mit dem ich vorher noch nichts zu tun gehabt hatte. Aber es passte: zwei Mann, ein Ziel.

Als Wegstrecke sollten wir ausschließlich Routen benutzen, auf denen uns möglichst niemand begegnete. Straßen und Wege waren tabu, ebenso Ortschaften. Auf diese Weise sollte simuliert werden, dass wir uns in einem fremden Land befanden, in dem uns die zivile Bevölkerung nicht unbedingt zugeneigt war. Zumindest sollten wir davon ausgehen, dass sich hinter einer freundlichen Fassade ein potenzieller Feind verbergen konnte. Niemandem vertrauen, am besten um jeden einen weiten Bogen machen, das wäre das Sicherste.

Andererseits brauchte man vielleicht doch irgendwann einmal Hilfe. Dann sollte man in der Lage sein, Fremde einzuschätzen und das Risiko abzuwägen. Außerdem schickten sie uns mal wieder ohne Verpflegung los, um es so realistisch wie möglich zu gestalten. Aus der Gefangenschaft kam man für gewöhnlich nicht mit einem Fresspaket frei. Also musste man sich etwas einfallen lassen, um nicht den Hungertod zu sterben oder völlig entkräftet zusammenzubrechen und dann doch in den Händen des Feinds zu landen.

Das allein wären schon nicht die einfachsten Aufgaben gewesen. Kam noch etwas hinzu: eine feindliche Truppe. Zwar war das nicht wirklich eine feindliche Truppe, aber auch keine, die nur in unserer Vorstellung existierte. Es waren reale Menschen – Soldaten, Infanteristen. Mit Fahrzeugen und einigem an Ausrüstung, beispielsweise Nachtsichtgeräten. Womit sie eindeutig im Vorteil waren, da wir kaum mehr hatten als unsere Lumpenparade, die wir am Leib trugen.

Die feindlichen Kräfte formatierten sich in sogenannten Auffanglinien. Die Taktik des Jagdkampfs durch Infanterieeinheiten. Vereinfacht gesagt: Es hielten sich Soldaten mit Fahrzeugen in bestimmten Formationen in dem Gebiet auf, das wir unentdeckt passieren mussten, um zum nächsten Contact Point zu gelangen. Die Aufgabe dieser Soldaten bestand darin, genau das zu verhindern und uns aufzuspüren. Wurde man geschnappt, bedeutete das Gefangennahme und Verhör. Allerdings durfte man nach drei Stunden wieder seines Wegs ziehen.

Mein Buddy und ich ersparten uns diesen Zwangsaufenthalt. Hauptsächlich, indem wir einige Anweisungen großzügig auslegten, um unsere eigene Taktik durchzuziehen. Zum Beispiel sollten wir im Dunkeln laufen, also nachts, dafür tagsüber Ruhephasen einlegen, uns abwechselnd eine Mütze Schlaf gönnen. Einer wachte, der andere schlief. Wir machten es genau umgekehrt, liefen tagsüber, schliefen nachts. Am helllichten Tag konnte man logischerweise leichter entdeckt werden. Wir glichen diesen Nachteil aus, indem wir die Auffanglinie aufklärten und uns dann von ihr entfernten, genau in die entgegengesetzte Richtung liefen, vom Ziel weg. Dann warteten wir ein, zwei Stunden, bis der Weg frei war, und schlugen die richtige Richtung ein. Oder wir vergrößerten den Umgehungsradius. So konnten wir ihnen jedes Mal entgehen.

Auch die Anweisung, fremden Menschen auszuweichen, fassten wir nicht so eng. Einmal kamen wir an einem allein stehenden Bauernhof vorbei. Unsere Trinkflaschen waren leer bis auf den letzten Tropfen. Wir fragten den Bauern, ob wir sie kurz unter seinen Wasserhahn halten könnten. Der Bauer betrachtete unsere seltsame Aufmachung und wollte wissen, was uns dorthin verschlagen hatte. Plötzlich schien ihm eine Idee zu kommen, er fragte: »Jungs, habt ihr Hunger?« Ich schätze, das war nicht zu übersehen. »Okay, ich mache euch ein Angebot: Ihr helft mir, die Heuballen in die Scheune zu bugsieren. Und meine Frau deckt in der Zwischenzeit schon mal den Tisch.« Wie hätten wir uns das entgehen lassen können?

Während wir nach getaner Arbeit das köstlichste Vesper verputzten, erfuhren wir, dass der Bauer Jäger war und der nächste Contact Point, den wir ansteuern mussten, genau in seinem Revier lag. Um es kurz zu machen: Viel laufen mussten wir bis dorthin nicht mehr. Der Bauer besaß ein Auto, in dem Auto lag eine Decke, die groß genug war für zwei erwachsene Gestalten, und dann gab es da noch einen Hund, der sich auf die Decke drauflegte, die perfekte Tarnung – den Rest kann man sich denken. Am Ende hatten wir die Zeit für den kleinen, äußerst sättigenden Zwischenstopp locker wieder aufgeholt.

Alles in allem waren wir über eine Woche unterwegs, bis wir die Ziellinie erreichten. Dort wurden wir dann doch geschnappt, alle auf einmal – es war der geplante Ablauf, der uns, als krönender Abschluss, mal wieder zu Gefangenen machte.

Ein Militärgelände, ich könnte nicht sagen, wo es sich befand. Wir standen an einem Zaun, Maschendraht, unter uns Betonboden, mussten unsere Tarnkleidung ausziehen, auch die Schuhe, alles außer der Unterhose. Stattdessen sollte jeder in einen Blaumann schlüpfen. Dann kam die Blindmachbrille noch einmal zum Einsatz. Mein Nebenmann, einer von der Marine, musste dringend pinkeln. Aber das interessierte niemanden. Ein echter Feind hätte sich auch einen Scheiß darum geschert. Die Ausbilder spielten die Bösen. Es waren Kräfte der Feldnachrichten aus der Pfullendorfer Kaserne. Irgendwann ließ er es einfach laufen. Realistischer konnte man so eine Szene kaum hinbekommen.

An der Stelle sollte ich erwähnen, dass wir vor dem Survivallehrgang eine Art Einverständniserklärung unterschreiben mussten. Nicht, dass hinterher jemand kam und eine Klage anstrengte wegen Freiheitsberaubung, psychischer Körperverletzung oder welche Paragrafen es im Strafgesetzbuch dafür gab. Diese Absicherung war nicht ganz unbedeutsam für das, was sie in den folgenden Stunden mit uns anstellen sollten.

Wir trugen die Brillen und bekamen deshalb nur mit, dass sie uns in ein Gebäude führten. Dessen Innenausstattung muss ich also auch in dem Fall schuldig bleiben. Dem Hall der Stimmen unserer Bewacher nach zu urteilen, dürfte kaum etwas in dem Raum gestanden haben. Ich denke, die Wände waren kahl, keine Vorhänge, keine Bilder, das hätte den Schall geschluckt. Wir mussten wieder die üblichen Positionen einnehmen, stehend oder hockend, Hände an der Wand oder auf dem Kopf. Einer der Bewacher hatte ein ekelhaft penetrantes Parfüm aufgetragen. Es roch dermaßen intensiv, als hätte er darin gebadet. Da ich nicht annahm, dass so jemand seinen Geruchssinn verloren hatte, konnte das nur Absicht sein, um uns zu schikanieren. So wie die quietschenden Stiefel Absicht gewesen sein dürften. Das Geräusch fraß sich schlimmer ins Hirn als das übelste Bohren beim Zahnarzt. Und wehe, einer von uns hielt seine Position nicht. Dagegen waren die bisherigen Gefangenschaften das reinste Kinderprogramm. Die Jungs diesmal gingen richtig zur Sache. Sobald ihnen die Arme nicht mehr hoch genug ausgestreckt waren, landete ein Knie im Rücken, dass einem Hören und Sehen vergingen. Jedes Mal, wenn es einen erwischte, hörte man ein Aufstöhnen, das für die anderen wie eine Ermahnung war. Sofort gingen alle Arme reflexartig ein Stück höher.

Ich versuchte, mich mit der bewährten Methode abzulenken. Die gedankliche Reise in die Vergangenheit. Schöne Erinnerungen hervorkramen. Zeit totschlagen.

Ab und zu wurde eine Tür aufgerissen und krachte kurz darauf wieder in den Rahmen. Dazu waren Schritte zu hören – eine Person kam rein, Stiefel quietschten auf dem Boden, zwei Personen gingen raus. Bei einer quietschte es nicht unter den Füßen. Dann wusste man, dass sie einen von uns zum Verhör führten. Oder es kamen zwei rein und einer ging raus, mit quietschenden Sohlen. Dann wurde der Kamerad wieder zurückgebracht.

Jeder kam dran. Als ich an der Reihe war, führten sie mich in einen Nebenraum. Während es in dem ersten ausgesprochen kühl gewesen war, erwarteten mich hier Saunatemperaturen. Ich durfte die Brille abnehmen, sah brennende Kerzen. Auf dem Boden lag eine Matratze, eine etwas dickere Matte, wie man sie aus Sporthallen kennt. Hinter mir fiel die Tür zu. Ich war allein, legte mich auf die Matte und schlief erschöpft und wie betäubt von der Wärme sofort ein.

Keine Ahnung, wie lange sie mich dort liegen ließen. Der Marsch steckte mir in den Knochen, ich schlief tief und fest, eingebettet in Stille. Auf einmal krachte es, die Tür wurde aufgerissen. Ehe ich begriff, was vor sich ging, zerrten mich zwei Gestalten von der Matte und schleppten mich im Eiltempo einen Flur entlang, als käme es auf jede Sekunde an. Der nächste Raum. In der Mitte stand ein Stuhl. Auf den musste ich mich draufstellen. Eine Frau begann das Verhör. Es roch nach frisch gebrühtem Kaffee. Sie saß an einem Tisch, auf dem Snickers-Riegel ausgebreitet waren, die man nicht übersehen konnte. Uns war eingeschärft worden, in einem Verhör niemals mehr preiszugeben als unseren Namen und den Dienstgrad. Die Frau wollte natürlich mehr wissen, welche Einheit und so weiter. Ich schwieg. Sie gab sich freundlich, sagte, wenn ich ihre Fragen beantworte, bekäme ich ein Snickers, vielleicht auch einen Kaffee dazu. Ich sah sie an, schwieg weiter. Nach einer Weile tauchte ein Mann auf. Die beiden spielten *good cop, bad cop*. Sie fragte noch einmal, in dem gleichen freundlichen Ton wie bisher. Ich behielt mein Schweigen bei. Jetzt schaltete er sich ein, wiederholte ihre Frage, in der Stimme nicht ein Hauch von Freundlichkeit. Als ich auch seine

Worte ignorierte, brüllte er los und kam dabei so nah an mich heran, dass sich unsere Nasenspitzen beinahe berührten. Allerdings dürfte das für ihn der unangenehmere Moment gewesen sein – ich hatte mir auf dem Marsch nicht die Zähne putzen können und atmete absichtlich mit offenem Mund aus.

Die Psychospielchen gingen noch ein Weilchen weiter. Nicht angenehm, aber für meinen Geschmack im erträglichen Rahmen, keine schlimme körperliche Gewalt, auch kein Waterboarding oder so. Da ging es bei den SEALs, was man so hörte, härter zu.

Später, nachdem ich wieder Stunden in dem ersten Raum, im »Wartezimmer«, an der Wand gestanden hatte, musste ich noch ein zweites Verhör durchstehen. Die gleichen Spielchen, mal auf Deutsch, mal auf Englisch. Außer dass sie mich diesmal bewirteten. Schmalkost: eine Scheibe trockenes Brot, eine Tasse Wasser. Weil ich nicht wissen konnte, ob auch das nur ein Trick war und beides im Handumdrehen wieder verschwinden würde, schnappte ich mir das Brot schneller, als man gucken konnte, drückte es in der Hand so zusammen, dass ich es mir mit einem Mal in den Mund stopfen konnte. Und das Wasser schüttete ich genauso schnell hinterher, in einem Schluck. Aber sie kriegten kein Wort aus mir heraus. Selbst als sie am Schluss meinten, die Übung sei vorüber, ich könne ihnen verraten, was sie wissen wollten, blieben meine Lippen verschlossen.

Ganze 36 Stunden hielten sie uns gefangen, mit allen Schikanen, dann war es wirklich geschafft. Wir fuhren zurück in die Kaserne nach Pfullendorf. Abends wurde ein gemeinsames Essen zelebriert, im Safe House, bei dem es sich in Wirklichkeit um das Uffz.-Heim handelte. Dieses Essen war Tradition. Es wurde reichlich aufgetischt, die Ausbilder bedienten. Alle hatten Kohldampf, nur bekam man kaum etwas herunter. Wir waren einfach zu erschöpft – aber überglücklich.

Bis auf einen hatten es alle Kandidaten geschafft. Wobei der es wahrscheinlich auch gepackt hätte. Er gab von sich aus auf, nach den fünf Tagen im Wald. Dort war er ins Grübeln geraten, wegen seiner

Frau, die wollte nicht, dass er zum KSK ging. Dann würden sie sich noch weniger sehen. Die Ehe ging trotzdem auseinander und er soll seine Entscheidung immer bereut haben.

## KOMMANDOANWÄRTER

Mit der Bestätigung der erfolgreichen Teilnahme hatte man das nächste Ticket gelöst: Man durfte weiterhin an der Ausbildung teilnehmen, die damals knapp ein Jahr dauerte, die bereits bewältigten drei Monate miteingerechnet. Die Ausbildung der Kommandoanwärter, das waren wir nun, fiel in den Zuständigkeitsbereich des Ausbildungs- und Versuchszentrums, AVZ, das mittlerweile zum Ausbildungsstützpunkt Spezialkräfte umbenannt und der Heeres-Infanterieschule unterstellt wurde – zu den Hintergründen komme ich noch. Im AVZ gab es mehrere Fachgruppen. Eine war für die Ausbildung zuständig, eine andere für die Rettung und Befreiung von Geiseln, eine fürs Schießen und so weiter. Mit der Zeit etablierten sich für jede Verbringungsart, eigentlich für jedes Thema, Fachberater, die dann auch die Ausbildung übernahmen beziehungsweise anleiteten und an neuen Taktiken feilten. Dabei orientierten sie sich in der Hauptsache an den US-amerikanischen Special Forces, insbesondere den SEALs, die von allen Spezialkräften weltweit am erfahrensten und kampferprobtesten sind.

Für die erste Ausbildungsmaßnahme danach ging es zur Luftlande-/Lufttransportschule nach Altenstadt bei Schongau, in die Franz-Josef-Strauß-Kaserne. Drei Wochen Fallschirmspringerlehrgang. »Rundkappe Automatik« nannte sich der, was bedeutete, dass mit rundem Schirm und Automatikauslösung gesprungen wurde. Ich war allerdings nicht dabei, weil ich den Lehrgang bereits in der Schneeberger Zeit mit den Gebirgsjägern absolviert hatte. Stattdessen durfte ich in der Kaserne in Calw Waffen putzen und so was, wozu Frischlinge halt verdonnert wurden, das war beim KSK nicht anders.

Bei dem Kurs in Altenstadt bekam man die Grundlagen beigebracht, angefangen bei den Abläufen im Luftfahrzeug, ob Transporthubschrauber oder Transportflieger. Das wurde in zwei Attrappen durchexerziert, die das Innere eines CH-53-Hubschraubers und einer Transall C-160 darstellen sollten, bis es saß. Eine andere Übung absolvierte man von einer Art Podest, etwa drei Meter hoch, das in einer Halle stand. Man stieg auf dieses Podest, hängte sein Gurtzeug über eine Umlenkrolle ein, die an der Decke befestigt war, und wartete auf Anweisung von unten. Dort stand, ein Stück entfernt, der Ausbilder, der das andere Ende des Seils hielt und dann schrie: »Springer … fertig zum Sprung!«

»Springer fertig«, hatte man zu antworten.

Woraufhin er befahl: »Springer ab!«

Das war der Moment, um das Podest, gedacht das Luftfahrzeug, zu verlassen. Und gleich darauf baumelte man an dem Seil, als hätte sich über einem automatisch der Schirm geöffnet.

Nicht vergessen durfte man beim Absprung, folgenden Spruch aufzusagen: »Hopptausend, zwotausend, dreitausend, viertausend … überprüfe Kappe, halte Umschau« – das ABC der Fallschirmspringer.

Eine Weile hing man so in der Luft, bis sich der Ausbilder entschied, das Seil loszulassen, ohne Vorwarnung. So sollte dann der Landefall geübt werden – vorwärts, rückwärts, rechts, links. Die Landefläche am Boden bestand aus einem Schaumstoff-Sandgemisch, nicht betonhart, aber auch nicht butterweich. Auf jeden Fall war es klug, die Füße immer zusammenzuhalten.

Deutlich höher ging es beim Trainieren des Absetzvorgangs aus dem Luftfahrzeug. Der Turm, der dafür vorgesehen war, dürfte etwa 20 Meter hoch gewesen sein. Dort oben hat man den kompletten Ablauf trainiert: Gurt einhängen, Eintreten in die Sprungöffnung, dann das rote Licht, das Hupsignal, zuletzt das grüne Licht … und ab, der Schritt ins Leere. In Wirklichkeit hing man an einem Seil und glitt sicher in die Tiefe.

Erst in der letzten Woche dann richtige Sprünge, aus einer Transall, die in Fürstenfeldbruck startete. Jeder absolvierte vier Sprünge und einen Gepäcksprung, also mit einer Ladung, die vorn am Gurtzeug eingehängt wurde. Die musste man kurz vor der Landung losmachen, damit sie vor einem auf dem Boden ankam, sonst wäre es für den Springer ungemütlich geworden. Von raffinierter Taktik und zielgenauem Landefall war da noch nicht viel zu erkennen. Aber so bekommt man vielleicht eine Ahnung davon, wie viele Stunden, Tage, Wochen und Monate des Trainings noch vor uns lagen, um für den Einsatz im Ernstfall gerüstet zu sein. Fallschirmspringen zählt zu den Grundfähigkeiten eines Kommandosoldaten.

Ungefähr drei Jahre später absolvierte ich meinen ersten Freifalllehrgang in Eloy, Arizona – Military Freefall. Eloy ist ein kleines Kaff in der Wüste, 60 Meilen von Phoenix entfernt. Der Sprungplatz gilt als der größte der Welt. Spezialkräfte von überallher trainierten dort. Nicht zuletzt, weil die Wetterbedingungen das ganze Jahr über recht stabil sind. Wenn man dorthin ging, konnte man mit ziemlicher Sicherheit das geplante Programm durchziehen. In Deutschland war das Risiko, vom Wetter ausgebremst zu werden, um ein Vielfaches höher, selbst im Sommer. Deswegen entschieden wir uns meist für die Reise nach Arizona, wechselten später jedoch nach Coolidge, ein ähnlich kleines Kaff nicht weit von Eloy. Dort gab es auch einen Flugplatz. Die Landebahnen und Zwischenwege waren so angelegt, dass sie aus der Luft betrachtet ein großes A ergaben. Bis 2018 war ich mindestens einmal im Jahr zum Training drüben, in manchen Jahren auch zweimal. Immer für etwa drei Wochen, in denen man im Schnitt auf 40 bis 50 Sprünge kam. Das Geheimnis der Perfektionierung liegt in der Wiederholung, nicht nur beim Fallschirmspringen.

Ich weiß noch, wie wir vor dem ersten Freefall auf einem Rollbrett übten, welche Veränderungen die verschiedenen Körperbewegungen in der Luft verursachten. Heute macht man das im Windkanal, ist einfacher und für einen selbst viel anschaulicher.

Mein erster Sprung dort in Eloy war ein glatter Nachtflug. Aber nicht, weil es dunkel war – ich kniff die Augen zu, obwohl ich eine Sprungbrille aufhatte. Besser wäre gewesen, ich hätte den Mund zugemacht. Da pfiff Luft rein, dass ich kurz dachte, ich ersticke. Jeder bekam zwei Ausbilder an die Seite, die sich mit auf den Weg nach unten machten. Unsere Sprunganzüge hatten an den Ärmeln und Beinen Schlaufen, daran hielten sie mich in der richtigen Position. Mein Auftrag bestand hauptsächlich darin, ihren Anweisungen zu folgen – und keinen Herzinfarkt zu kriegen. Sie zogen auch den Hilfsschirm, damit sich die Hauptkappe rechtzeitig öffnete. Ab da ging es um reine Physik. Das lernte man vorher in der Theorie. Ohne diese Kenntnisse wäre es schwierig gewesen, den Platz zu erwischen, wo man landen sollte. In Arizona standen uns riesige Flächen zur Verfügung. Dort war das Hauptproblem eher, nicht aus Versehen auf einer der riesigen Kakteen zu landen, die überall herumstanden. Während des Gleitflugs wurde man über Funk von den Ausbildern zum Ziel dirigiert.

Hatte man die Grundlagen drauf und war beim Sprung sicherer, probierte man in der Freifallphase aus, wie sich einzelne Bewegungen auf den Körper auswirkten, wie er dadurch seine Flugposition änderte. Die Nummer auf dem Rollbrett, jetzt nur mit dem entsprechenden Luftwiderstand, in beträchtlicher Höhe und bei atemberaubendem Abwärtstempo. Zum Beispiel drehte man sich auf den Rücken und steuerte seinen Körper dann so, dass man wieder in die Bauchlage zurückfand.

Dann ging es an die Höhenreduzierungssprünge. Anfangs sprangen wir aus ungefähr 3800 Metern. Von dort oben sah die Erde wahnsinnig weit weg aus. Aber man wusste: Höhe ist gleich Sicherheit. Es blieb mehr Zeit zum Reagieren. Bei 1200 Metern fühlte sich das schon ganz anders an, die Erde kam einem verdammt nah vor. Jeder Schirm war mit einem Öffnungsautomaten ausgestattet, der die Fallgeschwindigkeit maß und die Öffnung des Reserveschirms auslöste, sobald eine bestimmte Fallgeschwindigkeit unter einer vorher eingegebenen Höhe überschritten wurde – falls man zum Beispiel ohnmächtig geworden wäre. Ich glaube, bei 700 Metern oder etwas weniger hätte der Automat reagiert. So ein Schirm brauchte ungefähr 200 Höhenmeter, bis er sich komplett geöffnet hatte. Am weitesten runter gingen wir bei sogenannten Hopp- und Plopp-Sprüngen. Da sprang man raus und zog fast im selben Moment, damit sich der Schirm direkt öffnete.

Als Nächstes trainierten wir Gepäcksprünge, mit Waffe und Gepäckbehältern, die mit drei 20-Kilo-Säcken Katzenstreu gefüllt wurden, um das Gewicht einer kompletten Gefechtsausrüstung nachzuahmen.

Und dann die hohe Schule: Truppsprünge. Mehrere Leute sprangen kurz nacheinander und versuchten, den anderen hinterherzufliegen und aufzuschließen, damit man gemeinsam als Trupp landete. Das trainierten wir zuerst bei Tag, dann im Dunkeln, mit Nachtsichtgerät. Wobei man mit dem Modell, das wir verwendeten, dem guten alten Lucie, nur zweidimensional sehen konnte. Das machte es schwierig bis unmöglich, die Höhe brauchbar abzuschätzen. Trotzdem war das Training darauf ausgerichtet, vorzugsweise in der Dunkelheit zu springen – weil es im Einsatz am sinnvollsten war. Man wurde nicht gesehen und konnte vom Radar nicht aufgeklärt werden. Manchmal, wenn es um taktisches Springen ging, kam extra eine Bundeswehrmaschine nach Arizona, eine Transall C-160, unser Paradepferd. Oder wir nutzten eine C-130 Hercules der Amerikaner.

In einem Ausbildungsabschnitt, der zu einem späteren Zeitpunkt erfolgte, wurden wir darauf getrimmt, kappenrelativ zu fliegen. Das war dann nicht mehr hohe Schule, sondern fast schon Kunst. Um so etwas hinzubekommen, musste man den Schirm perfekt steuern können wie ein Luftfahrzeug. Der Kurs war sehr intensiv. Wir sind den ganzen Tag nur gesprungen. Nach jeder Landung gab es ein kurzes Debrief, dann erhielt man einen neuen Schirm, der bereits fertig gepackt war, dafür hatten sie extra Leute, und direkt ging es wieder in die Luft. Bei den Sprüngen lernte man, wie man mit geöffnetem

Schirm dicht neben einem anderen flog – oder darüber oder dahinter. Das Ganze gipfelte darin, im Reißverschlussprinzip versetzt nebeneinander zu fliegen, in Formation, Kappe an Kappe. Auch das trainierten wir zunächst im Hellen, bevor wir in den Nachtmodus wechselten. Beide Varianten mit voller Ausrüstung und Waffe, wie es bei einem Einsatz notwendig wäre. Erst wenn man die Taktik in Kombination mit dem Transport der Ausrüstung verinnerlicht hatte, war das Ausbildungsziel erreicht.

Aber auch dann galt, wie bei allen anderen Fähigkeiten und Fertigkeiten, die man sich antrainierte: Sie mussten immer und immer wieder aufgefrischt werden, damit man sie jederzeit abrufen konnte. Vorgegeben waren acht Pflichtsprünge pro Jahr, nicht nur die kappenrelativen, sondern insgesamt. Damit wäre man niemals im Training geblieben.

Im Zuge des nächsten Ausbildungsblocks machten wir den großen Sprengberechtigungsschein. Ein Bestandteil der Pionierausbildung »Sprengen KSK«. Wir kamen ganz schön rum in dieser Zeit. Der Lehrgang brachte uns zur Pionierschule nach Ingolstadt. Für mich war das Thema absolutes Neuland. Mit Sprengstoff hatte ich in Schneeberg nichts zu tun gehabt. In den ersten zwei Wochen war hauptsächlich Unterricht. Ladungsberechnung, Ladungsbau, viel Mathematik. Erst in der letzten Woche ging es auf den Truppenübungsplatz nach Wildflecken in der Hohen Rhön, die Theorie in die Praxis umsetzen. Baumsprengungen, Betonsprengungen, so was. Alles interessant, aber kaum mehr als die Grundlagen. Diesen Lehrgang musste jeder bei der Bundeswehr machen, der mal ein Sprengen leiten sollte. In die Feinheiten stieg man so richtig erst bei den nächsten Lehrgängen und Fortbildungen ein.

Und noch intensiver, wenn man zum Breacher ausgebildet wurde wie ich. Breacher (also die Öffnungstechniker, aber das sagt keiner) sind die, die bei einem Einsatz den Weg freimachen, wenn es scheinbar nicht weitergeht. Also potenzielle Eindringstellen wie Fenster, Türen oder Decken beurteilen und sich anhand dieser Einschätzung in kürzester Zeit eine Lösung einfallen lassen, sie zu knacken – zum Beispiel: Genügt eine Flex oder muss ich sprengen? Und wenn ich sprengen muss, welcher Sprengstoff eignet sich und wie viel brauche ich davon?

Mit den Grundverfahren, sich Zugang zu Gebäuden und Räumen zu verschaffen, wurden alle im Trupp vertraut gemacht, für den Fall, dass der Breacher durch Feindeinwirkung ausfallen würde. Der Kurs in Ingolstadt war sozusagen ein erster Baustein. Aber es konnte immer sein, dass man mit speziellen Türen oder Hindernissen konfrontiert wurde, dann brauchte man den Experten. Wusste man vorher, was einen erwartete, konnte man einen Plan aushecken, sich vorbereiten, idealerweise Probeöffnungen mit verschiedenen Methoden und Mitteln an einem vergleichbaren Objekt durchführen. Oder man griff auf Erfahrungen aus früheren Einsätzen zurück. Oder auf Wissen aus Lehrgängen. Weiterbilden konnte man sich nie genug. Hört sich schwer nach Streber an, doch spätestens bei der nächsten harten Nuss, mit der man bei einem Einsatz konfrontiert wurde, bewahrheitete es sich aufs Neue: Je mehr Wissen man anhäufte, desto flexibler konnte man im Ernstfall reagieren.

Die Lehrgänge für Breacher waren immer dann am zielführendsten, wenn dafür Gebäude zur Verfügung standen, die nicht schon ausgiebig ausgeschlachtet worden waren. Häufig waren es alte Kasernen, die abgerissen werden sollten, in denen wir uns austoben durften, natürlich fachgerecht und im Sinne der Sache. Wobei man immer etwas lernte, selbst wenn man das eine oder andere Mal etwas übereifrig heranging, etwa zu viel Sprengstoff verwendete. In Nürnberg stand uns mal ein stillgelegter Milchhof zum Experimentieren zur Verfügung. In einem der Gebäude gab es eine schwere Stahltür, durch die wir uns Zugang verschaffen wollten. Sie aufzuflexen, funktionierte nicht. Also kneteten wir die Zarge einmal komplett mit Sprengstoff aus und zündeten diesen – wohl wissend, dass wir so viel im Ernstfall niemals anwenden könnten, da wir sonst vermutete Personen dahinter in Gefahr gebracht hätten. Aber es war eine gute Möglichkeit, sich die Folgen anhand absichtlich gemachter Fehler vor Augen zu führen, im wahrsten Sinne der Worte: Es tat einen gewaltigen Rumms, die halbe Decke flog weg, ebenso ein Teil der Fensterfront. Die Tür war auch zerknautscht, allerdings viel stärker, als es nötig gewesen wäre. Im Einsatz wären wir zwar in den Raum hineingekommen, hätten mit hoher Wahrscheinlichkeit aber die Menschen darin verletzt, wenn nicht gar getötet. Solche Feuerschutztüren waren immer eine Herausforderung. Es kam darauf an, mit möglichst wenig Impact den maximalen Erfolg zu erzielen. Metalltore zum Beispiel versuchte man zu falten, indem man die Sprengladung als Streifen vertikal in der Mitte anbrachte. Dadurch wurden sie aus den Scharnieren gerissen, das waren in der Regel die Schwachstellen, die man am besten ausnutzen konnte.

Als ich später ins PLEX-Team wechselte, also die Ausbildung organisierte, suchte ich immer nach den besten Trainingsmöglichkeiten. Ich fuhr durch die Gegend und guckte Objekte an, die mir geeignet erschienen. Dann versuchte ich, den Besitzer ausfindig zu machen, damit er uns dort trainieren ließ. So konnten wir mehrmals eine stillgelegte Kaserne in der Nähe von Karlsruhe nutzen, die zum Abriss vorgesehen war. Da in den Gebäuden noch die originalen Türen und Fenster vorhanden waren, konnte man taktisch optimal trainieren, nicht nur mit den Breachern, wir rückten mit der gesamten Kompanie an. Aber für Breacher war es geradezu ideal. Ein anderes Mal bot sich ein unterirdischer Bunker mitten in Magdeburg an, in dem auch die Polizei trainierte. Dort öffneten wir eine Bunkertür mit Hydraulikhebel und Motorflex, das war mal etwas anderes. Die Breacher mussten sich vorher richtig Gedanken machen. Gute Übungsobjekte fanden sich auch auf dem Gelände einer ehemaligen Kaserne der Roten Armee bei Sperrenberg in Brandenburg. Dort konnte man alles machen.

Anders sah es in sogenannten Übungsdörfern aus, die wir ebenfalls nutzten. Eins befand sich in der Nähe von Böblingen, auf einem Militärgelände der Amerikaner. Dort waren zwar Rahmen für Türen und Fenster vorhanden, aber diese musste man selbst mitbringen, einhängen und hinterher entsorgen. Ich graste die Baumärkte ab, kaufte Türen, Fenster, Bretter, Folie und Tacker, damit wir alles herrichten konnten. Trainiert hat man dann vor allem die Abläufe und die verschiedenen Öffnungsverfahren. Zwar in der Praxis, aber nicht gegen wirkliche Widerstände. Diese billigen Baumarkt-Papptüren stellten keine echte Herausforderung dar. Obwohl es gerade die Herausforderungen waren, die für einen Breacher den Reiz seines Jobs ausmachten. Jedenfalls war es bei mir so.

Doch zurück in die Ausbildungszeit am Anfang. Der nächste Block war Nahkampf. In Calw. In der Nahkampfhalle. Die wurde vor einigen Jahren durch eine multifunktionale Trainingshalle mit Schwimmbad, Krafträumen, zweigeschossiger Sauna und allem Drum und Dran ersetzt, moderner gehts kaum. Unser damaliger Nahkampflehrer wollte uns Wing-Tsun beibringen, eine asiatische Selbstverteidigungstechnik. Was ziemlich abwegig schien angesichts der Tatsache, dass der Lehrgang auf 14 Tage angelegt war. Die Kampftechnik mag an sich nicht verkehrt sein, nur braucht man Jahre, bis man sie perfekt beherrscht – und nur dann kann man sie sinnvoll anwenden. Jedenfalls mussten wir viel auf Sandsäcke einschlagen, Kettenfauststöße. Und wir trainierten Stockkampf, Mann gegen Mann.

Wir trainierten aber auch verschiedene Festlegetechniken, wie man jemanden zu Boden brachte und mit Kabelbindern fixierte, ausgerichtet auf Unbewaffnete. Wäre jemand bewaffnet, hätte man selbst zur Waffe gegriffen. Aber nur dann, eine eiserne Regel: Geschossen wird nur auf Bewaffnete.

Außerdem brachte er uns das »Vögelchen« bei, wie wir es nannten – weil derjenige, der auf diese Weise angegriffen wurde, hinterher Vögelchen sah, im übertragenen Sinn. Gemeint war ein Schlag mit der Handkante, aus dem Handgelenk heraus, von oben auf die Halsschlagader. Wenn man es richtig anstellte, wurde damit die Blutzufuhr ins Gehirn unterbrochen, vor allem die Versorgung mit Sauerstoff, sodass sich der Hauptrechner dort oben ausschaltete und das Opfer kurzzeitig bewusstlos war. Um die Wirkung anschaulich vorzuführen, knockte der Trainer einen von uns Schülern mit dem Vögelchen aus. Der Niedergestreckte lag für einen Moment regungslos auf der Matte, kam aber bald wieder zu sich.

Dagegen trainierten wir den gezielten Handkantenschlag gegen den Kehlkopf nur an Puppen. Wenn man den nämlich falsch setzt, steht der Kontrahent nie wieder auf, nicht gleich und auch nicht später.

Immer wieder übten wir auch den Angriff mit dem Mündungsfeuerdämpfer auf den Solarplexus. Dabei hatte man das Gewehr im Anschlag und bewegte sich vorwärts. Im Ernstfall konnte man damit eine überraschend auftretende Bedrohung unter Kontrolle bringen, sprich: einen Feind umstoßen, der plötzlich vor einem auftauchte. Bekannter ist die Version mit dem Gewehrkolben, doch in einer Situation, in der ein Bruchteil einer Sekunde entscheiden konnte, würde es wenig Sinn machen, die Waffe, die man im Anschlag hielt, vor dem Angriff auf den Solarplexus erst umzudrehen. Die ständige Wiederholung war auch hier, wie überall, das Erfolgsrezept.

Die reine Wing-Tsun-Technik setzte sich bei uns jedenfalls nicht durch. Mit der Zeit stiegen wir auf eine Art Boxtechnik um, die sich AkG nannte – Anwenden kontrollierter Gewalt. Eine Mischung aus Boxtraining, Tritttechniken, Bodenkampf, Kickboxen sowie Festlegungs- und Abführtechniken kombiniert mit dem Durchsuchen von überwältigten Personen. Das beinhaltete auch solche gezielten Schläge wie Leberhaken, der funktioniert eigentlich immer, da gehen alle zu Boden, wie jeder schon gesehen hat, der sich Boxkämpfe anschaut. Und der Tritt mit dem Schienbein mit voller Wucht auf den Oberschenkel des Gegners. Oder auf eine andere Stelle, wo viel Muskulatur gebündelt liegt. Das alles trainierten wir dann auch intensiver, weil es wirklich etwas brachte. Als oberstes Ziel für den Einsatz galt immer: Eliminiere die Bedrohung, kontrolliere den Raum.

Danach ging es ans Schießen. Vier Wochen Lehrgang auf der Schießbahn »Im Bernet« bei Stuttgart. Das war dort, wo die erwähnte Abschiedsfeier für den Kompaniechef stattfand. Schießen mit Kurzwaffe, schießen mit Langwaffe. Präzises Schießen, kontrolliertes Schießen. Schießen aus der Bewegung, schießen aus der Drehung, schießen im Bodypärchen und so weiter. Dazu immer die verschiedenen Waffenhaltungen und natürlich der Wechseldrill, der blitzschnelle Wechsel von der Lang- zur Kurzwaffe oder umgekehrt, wenn das Magazin leergeschossen war und keine Zeit blieb, ein neues einzuführen, oder die Primärbewaffnung eine Störung hatte.

Die Kurzwaffe, also Pistole, war die P8 Combat. Während bei der Bundeswehr die normale P8 als Standardwaffe verwendet wurde und wird, handelt es sich bei der Combat um eine Sonderausführung speziell fürs Kommando Spezialkräfte und die Boardingteams der Marine. Beide Versionen sind baugleich, unterscheiden sich nur in einem Punkt: Die Combat verfügt statt eines kombinierten Sicherungs-/Entspannhebels nur über einen Entspannhebel ohne Sicherungsfunktion – damit sie schneller schussbereit ist. Als Sicherung dienen, wenn der Hahn entspannt ist, ein vergleichsweise hohes Abzugsgewicht und der relativ lange Abzugsweg. Nach einer Woche Schießen schmerzte der Finger, dass man kaum mehr den Abzug betätigen konnte. Wir schossen pro Tag aber auch rund 300 Schuss. Und mindestens noch mal so viel mit der Langwaffe, dem Sturmgewehr G36. Schießen lernt man nur durch Schießen.

Abgeschlossen wurde der Lehrgang mit einer Prüfung. Man musste in einer vorgegebenen Zeit ein bestimmtes Programm absolvieren, quasi einen Querschnitt des Erlernten. Schaffte man das nicht, hatte man den Lehrgang nicht bestanden, bekam eine zweite Chance. Wenn es da wieder nicht klappte, war man raus. Weil alle Schießausbildungen, die danach folgten, auf den Grundlagen aufbauten, die uns dort beigebracht wurden.

Das zeigte sich gleich beim nächsten Ausbildungsblock, der unmittelbar darauf folgte: Reaktionsschießlehrgang für Spezialkräfte. Dafür ging es mal wieder nach Pfullendorf zum Ausbildungsstützpunkt. Die Ausgangssituation beim Training im Gelände sah so aus, dass wir als Einheit unterwegs waren, entweder durch Wälder oder auf Wegen – in Schützenreihe, versetzt nebeneinander, ähnlich dem Reißverschlussprinzip. Die klassische Formation, in der man sich in unbebautem Gelände fortbewegte. Wir waren 12 Mann, also 6 pro Reihe. Irgendwann hieß es: »Contact front!« Das bedeutete, wir wurden durch feindliche Kräfte von vorn beschossen. Nicht wirklich, es war eine gedachte Situation. Oder der Beschuss wurde durch Geräusche simuliert und es knallte ein bisschen vor uns, um es authentischer zu machen, aber niemand war in Gefahr. Unsere Reaktion darauf: Der erste Mann in der Reihe, also der an vorderster Position lief, erwiderte das Feuer, schoss geradeaus in Richtung Gegner – bis sein Magazin leer war. Dann wich er nach hinten aus, wechselte beim Laufen sein Magazin, damit die Waffe wieder schussbereit war, während ihm der neue erste Mann Deckungsfeuer gab. Auch der schoss, bis die letzte Patrone im Magazin verbraucht war, und wich dann ebenfalls nach hinten aus … immer so weiter. Und immer schneller, als man den Ablauf hier aufschreiben kann.

Das trainierten wir bei Tag und bei Nacht. Und mit unterschiedlichen Feuerrichtungen. Der Feind schoss mal von vorn, mal von rechts, mal von links. Im Dunkeln kam wieder Lucie zum Einsatz. Durch die aufs Zweidimensionale reduzierte Sicht lief man wie leicht benommen durch die Gegend, was es nicht einfacher machte. Zumal wir in einem Gelände mit Bodenunebenheiten, Sträuchern und Bäumen unterwegs waren und nicht auf einer planen, hindernisfreien Fläche. Am Ende stand wieder eine Prüfung mit Option auf Wiederholung an, und wieder hätte man rausfliegen können.

## DER STRESSTEST

Da ich gerade beim Thema Schießen bin: Jeder Kommandosoldat musste einmal im Jahr den sogenannten Stresstest absolvieren. Ob der bereits während der Ausbildungsphase auf dem Programm stand, kann ich nicht mit Sicherheit sagen. Dafür habe ich ihn zu oft geschossen. Wenn es also nicht in meinem ersten Jahr war, dann auf jeden Fall ab dem darauffolgenden. Durchgeführt wurde er in Calw, im Schießausbildungszentrum. Darin gibt es einen größeren Raum mit einer 25-Meter-Bahn, etwa 15 Meter breit, 30 Meter lang und 3,5 Meter hoch. Während man auf normalen Schießbahnen nur geradeaus nach vorn schießen durfte, war dort ein Schusswinkel von 180 Grad möglich, also auch seitlich, in beide Richtungen, wenn die Aufgabe es erforderte. Die Wände und der Boden waren mit gummiartigen Matten verkleidet, die die Geschosse »fraßen«, damit es nicht zu Querschlägern kam. Die Geschosse durchdrangen die Matten und blieben in speziellen Auffanggittern hängen, die dahinter angebracht waren.

An der Front und auf beiden Seiten der Schießbahn konnten Schützenscheiben aufgefahren werden, die aus dem Regieraum gesteuert wurden. In der Hauptsache waren es stehende Ziele, wobei nur Kopf und Oberkörper dargestellt waren. Ihre Größe entsprach der von Menschen, meist Erwachsenen, Kinder waren aber auch darunter. Viele Abbildungen sahen relativ lebensecht aus. Und wie im richtigen Leben gab es die unterschiedlichsten Typen, den kräftigen Mann mit dunklen Locken, die blonde, zierliche Frau, die einen Blumenstrauß in der Hand hielt … so ziemlich alles, was man sich an optischen Varianten vorstellen konnte.

Für uns am wichtigsten war, ob die abgebildete Person etwas in der Hand hielt – und wenn ja, worum es sich dabei handelte. »Schaut auf die Hände!«, hieß es immer. Was man dort sah, entschied die Reaktion, ob man schoss oder nicht. Erkannte man eine Pistole, drückte man ab. Erkannte man ein Messer, drückte man ebenfalls ab. Genauso wenn man eine Handgranate ausmachte. War es dagegen ein Nudelholz, das man zu sehen bekam, ein Bügeleisen, ein Buch oder etwas anderes Harmloses, durfte man nicht schießen. Das Schwierige daran war, dass man für die Entscheidung, schießen oder nicht, nur wenige Sekunden Bedenkzeit hatte, sehr wenige, also im unteren einstelligen Bereich.

Um kein Missverständnis aufkommen zu lassen: Wir schossen niemals auf Kinder. Wenn Kinder auf den Scheiben abgebildet waren, dann als unbeteiligte Personen oder als Geiseln, also Opfer.

Noch schwieriger wurde es einem gemacht, wenn die Regie den Raum verdunkelte oder Effekte wie Nebel oder Stroboskopblitze einspielte, womöglich garniert mit allerlei Lärm: Detonationen, Schreie, dröhnende Motoren, bis zum Anschlag aufgedrehte Musik. Dann konzentriert zu bleiben und den einen Blick auf den fraglichen Gegenstand zu erhaschen, der Aufklärung brachte, ob eine Bedrohung vorlag oder nicht, das war schon eine Herausforderung. Aber gleichzeitig eine gute Vorbereitung auf die Realbedingungen, die uns bei einem echten Einsatz erwarten konnten. Man musste es nur oft genug machen. Bis man die Abläufe so verinnerlicht hatte, dass sie wie automatisch abliefen, ohne dass dafür eine zusätzliche Hirntätigkeit erforderlich war.

Nicht nur das Erkennen einer Bedrohungssituation, auch die Reaktion darauf – alles musste fließend ineinander übergehen. Man näherte sich mit seiner Waffe, nehmen wir das G36, in *low ready position*. Das heißt, man hielt es ungefähr auf Brusthöhe, sodass man drüberschauen konnte. Erkannte man ein potenzielles Ziel, wechselte man in die *high ready position* und blickte durchs Visier, den Daumen immer im Bereich der Sicherung, um diese im Bedarfsfall blitzschnell betätigen zu können. Der Abzugsfinger blieb gestreckt, außerhalb des Abzugsbügels. Bis man erkannte, ob die gesichtete Gestalt ein Feind war oder nicht.

Um die Bedrohung effektiv auszuschalten, war das Schießtraining darauf ausgerichtet, die letalen Zonen des Feinds zu treffen: Kopf, Brust und Bauch – wo die lebenswichtigen Organe sitzen. Oder den Beckenbereich, wenn das Ziel eine Schutzweste trug. Dort verlaufen auf beiden Seiten Oberschenkelarterien. Trifft man die, verblutet der oder die Getroffene innerhalb kurzer Zeit. Dagegen hätte es wenig Sinn gemacht, ein halbes Magazin auf die Schutzweste abzufeuern.

Geschossen wurde immer Einzelfeuer, mit der Pistole sowieso, aber auch mit der Langwaffe. Obwohl das G36 eine Kriegswaffe ist, also über Dauerfeuer verfügt, trainierten wir nie mit Dauerfeuer. Für unsere Zwecke war das absolut unnötig. Damit hätte man nicht präzise schießen können, außer vielleicht mit dem ersten Schuss.

Jetzt zum eigentlichen Stresstest, wie der ablief: Der Kandidat betrat den beschriebenen Raum, positionierte sich am Startpunkt. Er trug Einsatzuniform mit Plattenträger, dazu das G36 und die P8 Combat. Am Start setzte er sich die ABC-Maske auf, den Helm und einen Aktivgehörschutz, wir benutzten ein Modell von Peltor. Dann hörte er aus dem Regieraum die Anweisung: »Waffen fertig laden!« Dafür kniete er sich hin. Zuerst lud er die Pistole. In das erste Magazin kamen acht Patronen, in das zweite sechs. Das durfte man nicht durcheinanderbringen, sonst hätte es nicht zu den Anforderungen des Parcours gepasst. Bevor er die Pistole holsterte, also im Holster verstaute, zog er den Verschluss der P8 ein kleines Stück zurück, um zu kontrollieren, ob die Patrone ins Patronenlager befördert wurde. Dann kam das Gewehr dran. Ein Magazin mit 8 Schuss, eins mit 16. Beides waren 30er-Magazine. Demnach hätten alle Patronen in eins gepasst, aber auch hier ging es darum, die Magazine so zu bestücken, wie es der Ablauf des Parcours verlangte. Als Nächstes überprüfte er die Visiereinrichtung, ob die Helligkeit richtig eingestellt war. Benutzt wurde ein Reflexvisier, geeignet für Orts- und Häuserkampf. Nachdem auch das erledigt war, stand er auf und schaute sich dabei um. Man sollte immer alles im Blick behalten. Im Stehen überprüfte er noch einmal die Ausrüstung, ob alles saß und am richtigen Platz war.

Die im Regieraum hatten ihn die ganze Zeit im Blick. Schon ertönte über Lautsprecher die Frage: »Schütze fertig?«

Da durch die ABC-Maske seine Antwort schlecht zu verstehen gewesen wäre, hob er seine Hand, der Daumen zeigte nach oben. In der Regie wurde der Startknopf gedrückt, und es kam die Ansage: »Programm läuft.« Sekunden darauf ertönte ein Sirenensignal.

Ab da tickte die Zeit, der Kandidat musste starten. Ihm blieben eine Minute und 50 Sekunden, um den Parcours zu absolvieren. Er lief geradeaus nach vorn, etwa zehn Meter, bis zu einem Klebestreifen auf dem Boden. Während er noch auf dem Weg war, tauchten die ersten beiden Schützenscheiben an der Wand vor ihm auf. Abgebildet waren zwei Gestalten, die Waffen trugen, also eindeutig Feinde. Jedes Ziel sollte mit zwei Schuss aus dem G36 bekämpft werden, Anschlag stehend.

Sofort darauf eilte er nach links, wo eine Holzwand mit Sehschlitz aufgebaut war, die ihm Deckung bot. Durch den Schlitz beobachtete er, wann die nächsten Ziele auftauchten und wo. Es waren wieder zwei und wieder wurden pro Ziel zwei Schuss verlangt. Er schoss rechts an der Deckung vorbei, auch das war vorgegeben. Damit hatte er das erste Magazin geleert. Dann ging er hinter der Holzwand in Deckung, wechselte das Magazin, während er das Areal vor sich durch den Sehschlitz im Blick behielt. Kaum war er schussbereit, tauchten erneut zwei Ziele auf. Diesmal war links an der Deckung vorbeizuschießen. Nicht vergessen durfte er den kurzen Schulterblick. Auch wenn er wusste, dass er allein war, einstudiert wurde das Ganze für den Ernstfall und da konnte immer jemand von der eigenen Truppe hinter einem schießen.

Nun ging es nach links weiter – zu einer anderen Deckung, die wie die davor hoch genug war, um dahinter stehend Schutz zu finden. Jetzt tauchten Ziele an der Wand links von ihm auf. Er bekämpfte sie, indem er rechts an der Deckung vorbeischoss. Dann zwei Ziele vorn an der Wand, die er links an der Deckung vorbei eliminierte.

Nun eilte er ganz nach rechts bis zur Seitenwand, wo sich eine Türattrappe befand, die in den Raum hinein geöffnet werden konnte. Er wartete dahinter, bis eine Detonation zu hören war, was nur Sekunden dauerte. Daraufhin durchschritt er die Tür, bewegte sich in Richtung Frontseite, während an der Wand rechts von ihm mehrere Schützenscheiben auftauchten. Im Gehen musste er im Kopf filtern, welche davon zu bekämpfen waren. Diesmal bekam er auch Abbildungen präsentiert, die Unbewaffnete zeigten.

Wieder pro Scheibe zwei Schuss. Damit waren die Patronen fürs G36 verschossen. Also Wechseldrill von Lang- auf Kurzwaffe. Während des Laufens. Schon tauchten die nächsten Scheiben auf, vorn an der Wand. Eine der Scheiben war eine Tango-Golf-Scheibe. Tango stand für Täter, Golf für Geisel – nach dem NATO-Alphabet, das weltweit für die militärische Funkkommunikation verwendet wird. Darin ist Tango das Buchstabierwort für T und Golf das für G. Auf der Scheibe waren also ein Bewaffneter und ein Unbewaffneter zu sehen. Das musste man bemerken. Nur auf Tango durfte geschossen werden. Hätte man Golf getroffen, die abgebildete Geisel, wäre der Stresstest zu Ende gewesen – nicht bestanden. Deshalb nahm man sich etwas mehr Zeit, blieb kurz stehen, zielte genauer. Sonst war man ständig in Bewegung und blieb es nach der Station auch.

Ich setze den Fall voraus, dass der Kandidat es richtig machte. Was meistens so war, bei mir fast immer. Somit ging es weiter. Er lief weiter. Die nächsten Scheiben, zwischendurch Magazinwechsel, nun auch bei der Pistole, was im Laufen erledigt wurde, dann wieder Scheiben. Die Abstände waren auf der gesamten Route eng getaktet, wie man sich bei der Zeitvorgabe denken kann. Reagierte man nicht zügig genug, drehten sich die Scheiben wieder weg. Das bedeutete nicht das Aus, aber es gab einen Punkt Abzug – je Scheibe, auf der keine Treffer platziert wurden. Insgesamt waren genauso viele Ziele zu bekämpfen wie der Schütze Patronen zur Verfügung hatte, gerechnet mit zwei pro Ziel. Plus der fünf Schuss, die er für die letzte Station benötigte. Die Aufgabe beim Finale: Präzisionsschießen auf eine Zehner-Ringscheibe. Das machte man im Stand, hatte aber trotzdem die Zeit im Nacken. War man schnell genug, ertönte die Schlusssirene erst nach dem letzten Schuss. Ertönte sie vorher, musste man abbrechen. Das konnte einem auch an einer früheren Station passieren, falls schon da die Zeit rum war.

Hinterher erfolgte direkt die Auswertung. Nur wenn man bei den Schützenscheiben den letalen Bereich getroffen hatte, gab es die volle Punktzahl. Am Ende wurde alles zusammengerechnet. Um zu bestehen, musste man mindestens 157 Punkte erreichen. Maximal möglich waren 210. Das schaffte kaum jemand. Dafür hätte man sich nicht nur bei den Schützenscheiben keinen Fehltreffer erlauben dürfen, sondern auch alle fünf Schuss auf die Ringscheibe sauber in der Zehn platzieren müssen. Ich lag meistens im Bereich um 180. Die Hauptsache aber war, man bestand. Wenn nicht, konnte der Test am selben Tag wiederholt werden, und auch später noch mal. Schaffte man es trotzdem nicht, war Schießtraining angesagt. Führte selbst das nicht zum Erfolg, was in den Jahren, die ich dabei war, eher die Ausnahme darstellte, verlor man die Kommandozulage von zuletzt 1125 Euro brutto (anfangs waren es rund 300 Euro) und wurde nicht mehr in den Einsatz geschickt.

Diese Zulage wurde einem auch aberkannt, wenn man den Sportleistungscheck nicht bestand, ebenfalls ein jährlicher Pflichttermin. Durchgeführt wurde er an der Sportschule der Bundeswehr in Warendorf. Dort trifft man das fähigste Fachpersonal, das man sich vorstellen kann. Ich war jedes Mal schwer beeindruckt. Der Test bestand aus zwei Komponenten. Man musste sein sportliches Leistungsvermögen nachweisen, unter anderem bei einem Sprinttest, und man wurde gesundheitlich durchgecheckt. So gab es einen Stufenlaufbandtest. Die Anfangsgeschwindigkeit betrug 8 km/h, die lief man 3 Minuten. Dann 30 Sekunden Pause. Dabei wurde eine kleine Menge Blut abgenommen, um den Laktatwert zu ermitteln. Danach ging es mit 10 km/h weiter. Wieder 3 Minuten. Anschließend erneut eine Pause und die Laktatwertbestimmung. Immer in diesem Rhythmus, wobei die Geschwindigkeit jedes Mal um 2 km/h gesteigert wurde, bis 14 km/h erreicht waren. Passte der Laktatwert, hatte man bestanden. Falls nicht, lief man noch 3 Minuten bei 16 km/h, dann bekam man trotzdem sein Häkchen.

An einer anderen Station wurden die Isokinetikwerte der Bauch- und Rückenmuskulatur bestimmt, die für die Stabilisierung der Wirbelsäule wichtig waren. Lagen alle Testergebnisse vor, wurden Trainingsempfehlungen gegeben. Wenn man wollte, konnte man sich individuelle Trainingspläne erstellen lassen, um gezielt Schwachstellen anzugehen. Schaffte man irgendwelche Übungen nicht – in der vorgegebenen Zeit oder mit den vorgegebenen Werten –, waren sowieso zusätzliche Trainingseinheiten angeraten, weil man sonst, wie gesagt, die Kommandozulage verloren hätte.

## TAKTIKEN, ÜBUNGSPLÄTZE, SANITÄTSAUSBILDUNG

Ausbildungstechnisch standen uns als Kommandoanwärter noch zwei Lehrgänge bevor. Einmal der Trupplehrgang, wovon ein Abschnitt in Calw durchgeführt wurde und einer auf dem Truppenübungsplatz in Hammelburg, bei der Infanterieschule des Heeres. Im ersten Abschnitt widmeten wir uns Taktiken im nicht urbanen Umfeld. Anders gesagt: Wir zogen rund um Calw durch bewaldetes Gelände und trainierten KSK-spezifische Taktiken, die auf denen des klassischen Infanterismus aufbauten. Das klingt spektakulärer, als es sich in Wirklichkeit darstellte. Zumal wir uns im Wesentlichen auf die Grundlagen konzentrierten, für mehr blieb keine Zeit. Also zum Beispiel, wie man sich als Trupp im Gelände bewegte, wie Freiflächen zu überwinden waren, solche Basics, die sich nicht so wahnsinnig von dem unterschieden, was man als Infanterist bei der Bundeswehr beigebracht bekam. Da aber nicht jeder von uns mit infanteristischen Vorkenntnissen ausgestattet war, bestand die Aufgabe in erster Linie darin, alle auf dasselbe Niveau zu bringen, sozusagen einen gemeinsamen Abholpunkt zu schaffen, auf den bei zukünftigen Ausbildungen innerhalb der jeweiligen Kompanie, in die man kam, aufgebaut werden konnte.

Das mit dem gemeinsamen Abholpunkt war in Hammelburg ähnlich. Dort wurden wir mit Taktiken im urbanen Umfeld vertraut gemacht. Urban bedeutete bebautes Gelände, also Orts- und Häuserkampf. Hier waren die taktischen Unterschiede zur klassischen Infanterie weitaus größer. Wenn man bei der Infanterie ein Haus stürmte, machte man das im wahrsten Sinne des Wortes – man stürmte, einen Raum nach dem anderen, ohne Rücksicht auf Verluste. Man warf eine Handgranate rein, sobald die detoniert war, folgte der erste Mann, der als Begrüßung einen Feuerstoß in die Tiefe des Raums schickte. Dann kam der Rest der Truppe hinterher. Beim nächsten Raum das Gleiche. So wurde es schon im Zweiten Weltkrieg gemacht.

Für unsere Aufgabe, eine gedachte Geiselbefreiung, war ein solches Vorgehen undenkbar. Wir verwendeten Irritationskörper, Flashbangs, die aussahen wie Handgranaten, eine sehr geringe Verzögerungszeit hatten und, begleitet von einem grellen Lichtblitz, auch ordentlich Radau machten, aber nicht tödlich waren. Und die auch nicht das Gebäude in dem Maße erschütterten, dass man dessen Einsturz befürchten musste. Sie dienten vielmehr dazu, einen Schock- beziehungsweise Überraschungsmoment zu schaffen, um in den Raum zu kommen und die Bedrohung zu eliminieren.

Bereits vor dem Eindringen unterschied sich unsere Herangehensweise erheblich von der althergebrachten der Infanteristen. Selbst wenn man nicht wusste, ob sich in dem Raum jemand befand, musste man immer damit rechnen. Dementsprechend war für die Tür – oder worüber man sich Zugang verschaffen wollte – ein Öffnungsverfahren zu wählen, das eine geringstmögliche Hintergrundgefährdung versprach. Für eine mechanische Öffnung wurden solche Gerätschaften genutzt wie die Ramme, bis heute ein Klassiker, oder das sogenannte Halligan-Tool, ein kombiniertes Hebel- und Brechwerkzeug, das in der Truppe nur als Hooligan-Tool verballhornt wird. Wollte man einem Türschloss oder einer Klinke effektiv zu Leibe rücken, bot sich die Anwendung einer Pumpgun an – die ballistische Lösung. Auch gut geeignet, um Scharniere abzuschießen. Dafür wurde die Waffe auf die entsprechende Stelle aufgesetzt, und es kam spezielle Munition mit Zinkpellets zum Einsatz, die beim Abfeuern mit einem Druck von tausend Bar freigesetzt wurden. Der normale Luftdruck, der uns umgibt, liegt bei etwa einem Bar. Da war also mächtig Wucht dahinter. Der Vorteil dieser Munition, für den Zweck: Auf die Distanz erzielte sie kaum Wirkung. Mit dem Rausschießen eines Schlosses war der Druck aufgebraucht. Aber so tief in die Details stiegen wir zu dem Zeitpunkt noch nicht ein. Im Wesentlichen trainierten wir die reinen Abläufe. Wie man vorging, um an eine Geisel heranzukommen – im Flur, im Treppenhaus und schließlich in dem Raum, in dem sie gefangen gehalten wurde.

Für diese Stufe der Ausbildung bot der Truppenübungsplatz in Hammelburg gute Bedingungen, genauer gesagt die Ortskampfanlage, die sich auf dem riesigen Areal in der Nähe von Bad Kissingen befindet. Sie sieht aus wie ein echter Ort, nur ohne Menschen. Das war sie auch mal. Über hundert Häuser, zumeist Fachwerk, Kirche, Friedhof, Gasthaus, wahrscheinlich gab es sogar eine Schule. Ganz sicher gab es oberhalb des Dorfs, auf einem Hügel, ein Schloss. Das gibt es immer noch. In dem Schloss lebte früher eine Tochter von Friedrich Schiller. Der Herr Papa soll auch mal dort gewesen sein, allerdings vor ihrer Geburt. Heute steht das Anwesen unter Denkmalschutz, ist sozusagen Sperrgebiet im Sperrgebiet. Die Truppen auf dem Übungsplatz müssen einen Bogen darum machen.

Der Ort hieß früher Bonnland. Seine Einwohner wurden in der Nazizeit, Ende der 1930er-Jahre, umgesiedelt, damit die Wehrmacht den benachbarten Truppenübungsplatz erweitern konnte. Nach dem Zweiten Weltkrieg ließen sich Flüchtlinge und Heimatvertriebene dort nieder, die bis Mitte der 1960er-Jahre auch wieder verscheucht wurden. Seitdem wird Bonnland als Übungsdorf genutzt, nicht nur vom Militär, auch das Technische Hilfswerk, der Katastrophenschutz, die Bundespolizei, Feuerwehren und das Rote Kreuz veranstalten dort Übungen oder Lehrgänge.

Wir nannten Bonnland das schönste Dorf Deutschlands, was nicht einmal ironisch gemeint war. Es sah immer aus wie geleckt. Wie gesagt, für den Anfang kein schlechter Platz zum Üben. Als es dann aber richtig zur Sache gehen sollte, wir mit scharfem Schuss und echte Breacher-Jobs trainierten, kamen uns die Vorschriften in die Quere, die dort zu befolgen waren. Kurz gesagt, es sollte hinterher alles so sein, als wäre nie jemand da gewesen. Wahrscheinlich hätten sie es am liebsten gesehen, dass jedes Haus, das wir genutzt hatten, renoviert worden wäre.

Für unsere Zwecke wesentlich besser geeignet war der Truppenübungsplatz Lehnin in Brandenburg bei Potsdam, der aus DDR-Zeiten stammt und in den 1950er-Jahren unter dem hübschen Decknamen »Dunkelkammer« für die NVA eingerichtet wurde. Er ist hierzulande überhaupt einer der besten. Nicht riesig, dafür ideal ausgestattet. Dort kann man alles machen – alle denkbaren Gefechtsübungen, Absetzen aus Hubschraubern, Sprengen, Orts- und Häuserkampf. Für Letzteres wurde ein Stück Ostberlin nachgebaut: Wohnhäuser, Bahnhof, Schule, Flugplatz, bis hin zu Unterführungen und einem Kanalnetz. Alles nicht so schick wie in Bonnland, von manchen Gebäuden stehen nur noch Ruinen, dafür gibt es kaum Beschränkungen, man kann ideal Straßenkampf und Raumkampf trainieren, Türen und Fenster sprengen, sogar Sniper dürfen in den Straßenzügen schießen, mit scharfem Schuss, was auf anderen Plätzen nur selten möglich ist. Würde das KSK nicht in Calw stationiert sein, wäre Lehnin der perfekte Ort für die Truppe. Man hätte die besten Bedingungen direkt vor der Haustür, könnte sich viel Herumreiserei sparen. Für die meisten Lehrgänge mussten wir erst durch die halbe Weltgeschichte kutschen. Außerdem liegt der Truppenübungsplatz Lehnin ziemlich in der Pampa. Es gibt kaum Orte in direkter Nähe, deren Bewohner durch Lärm belästigt werden, der bei Übungen zwangsläufig entsteht. In Calw war es für die Leute oft schon ein Ärgernis, wenn mal ein paar Hubschrauber flogen.

Ganz andere Bedingungen, die übungstechnisch aber auch ihren Reiz hatten, besonders als es darum ging, sich gezielt auf Auslandseinsätze vorzubereiten, bot der Truppenübungsplatz Hohenfels bei Regensburg, der von den Vereinigten Staaten betrieben und hauptsächlich von der U.S. Army genutzt wurde. Auf einem Stück des Geländes hatten sie ein afghanisches Dorf nachempfunden, mit abgesteckten Compounds, Containern und Holzbuden, die alles Mögliche darstellen sollten – Wohnhäuser, Marktstände, eine Tankstelle, einen Checkpoint am Ortseingang, sogar eine Moschee, für die neben einem weißgetünchten Container Ölfässer, ebenfalls weiß, zu einem Minarett aufgetürmt wurden. Es fehlten nicht einmal Schafe auf einer halbverdorrten Wiese, auch die waren aus Holz gebastelt. Wenn sich die Amis auf diesem »Spielplatz« auf ihren Einsatz am Hindukusch vorbereiteten, engagierten sie Leute aus der Gegend als Laiendarsteller, die sie in landestypische Kleidung steckten, damit sie Einheimische verkörperten. Häufig waren wir nicht dort, da es im Vorfeld immer mit einigem Aufwand verbunden war, aber ein paarmal nutzten wir die einsatzortspezifischen Möglichkeiten auch, einschließlich der kostümierten Statisten, die man passend zum Übungstermin buchen konnte. Für Außenstehende mag es albern wirken, doch die Hobbyschauspieler machten das richtig gut. Sie geisterten nicht planlos durch die Gegend, sondern dachten sich in ihre Rollen rein und versuchten, typische Verhaltensweisen von Afghanen zu imitieren. Für die Zeit wohnten sie in dem Fake-Dorf, kochten, zelebrierten Mahlzeiten, stellten Marktszenen nach und gingen zum Beten in die Moschee.

Generell sollte das Training so realitätsnah wie möglich stattfinden. So trainierten wir Flugzeuglagen auch in echten Maschinen, zum Beispiel auf dem Flughafen in Paderborn. Dort wurde für uns eine Boeing in einen Hangar gestellt, wo wir dann alle Schritte durchexerzierten: Türen öffnen, Taktik im Flugzeug, Überwältigung der Täter, Betreuung der befreiten Geiseln. Das Ganze als inszeniertes Rollenspiel. Dasselbe machten wir für Zuglagen, mal auf dem Bahnhof in Stuttgart, mal auf dem in Karlsruhe. Oder auf der Schießbahn in Stetten am kalten Markt. Dort standen mehrere Waggons, die man dafür nutzen konnte. Aber das war jetzt ein kleiner Zeitsprung.

Als letzter Ausbildungsblock kam dann die Sanitätsausbildung, schwerpunktmäßig im nicht urbanen Umfeld. Das sah zum Beispiel so aus, dass wir als Trupp durchs Gelände marschierten und plötzlich angeschossen wurden. Angeschossen in der militärischen Bedeutung, der Zivilist würde sagen: beschossen. Aber auch das nicht wirklich, da natürlich Manövermunition verwendet wurde, keine scharfe. Um das noch zu übersetzen: Der imaginäre Feind schoss mit Platzpatronen, die eine Treibladung hatten, aber kein Projektil. Es knallte und man sah das Mündungsfeuer. Dementsprechend wurden auch die Verletzungen, die dadurch gedacht entstanden, simuliert. Dafür gab es, unter anderem, einen Koffer mit allerhand Plastikwunden, die echten Wunden nachgebildet waren. Zum Beispiel eine Schussverletzung am Oberschenkel, die dann einem von uns an der entsprechenden Stelle umgeschnallt wurde. Oder ein Beinimitat, von dem nur noch ein Stück übrig war, das sollte die Folge einer Minendetonation darstellen.

Die Rettungsaktion hatte nach taktischen Gesichtspunkten abzulaufen. Als Erstes mussten wir uns vom Feind lösen, um keine weiteren Verletzten oder gar Tote zu riskieren. Und um die Versorgung des Verwundeten in einem sicheren Umfeld vornehmen zu können – sicher unter Gefechtsbedingungen, also bedingt sicher. Das bedeutete meist, dass der Verwundete zunächst ein ganzes Stück zu schleppen war, ehe man mit der eigentlichen Wundversorgung beginnen konnte.

Im Vorfeld solcher Übungen musste man natürlich fleißig pauken. Anatomie, Medikamentenkunde, das volle Programm. Damit man überhaupt wusste, was man tat. Dazu gehörte auch eine umfassende Ausbildung zur Wundversorgung, was bei welcher Art von Wunde angeraten war, wie verletzte Extremitäten stabilisiert wurden und so weiter. Der Lehrgang dazu nannte sich Combat First Responder. Den gab es in verschiedenen Stufen, Level A bis C, wobei C die höchste Stufe darstellte, für die man zuvor die Ausbildung zum zivilen Rettungssanitäter absolvieren musste. Diese Lehrgänge, die im Schnitt drei Wochen dauerten, musste jeder einmal jährlich auffrischen, wofür dann eine Woche vorgesehen war.

Mit dem Abstand der Jahre fällt es schwer, die genaue Reihenfolge nachzuvollziehen, wann uns welche Inhalte gelehrt wurden. Zumal ich später die Spezialisierung zum Medic machte, somit noch einige Portionen extra beigebracht bekam – und das setzte sich durch regelmäßige Weiterbildungen fort. Ich erinnere mich zum Beispiel an einen Pathologiekurs am Bundeswehrkrankenhaus in Ulm, wo uns eine konservierte Leiche präsentiert wurde, bei der man die inneren Organe – die waren präpariert – herausnehmen konnte, wie das bei einer Sektion gemacht wurde. In einem anderen Kurs legten wir toten Schweinen, die von einem Metzger geholt wurden, Thoraxdrainagen. Dabei wurde mittels eines speziellen Schlauchs Blut aus dem Brustkorb gesaugt. Wie man weiß, sind Schweine anatomisch dem Menschen sehr ähnlich. An solchen Borstentieren übten wir auch, Wunden zu tamponieren, also eine blutgerinnungsfördernde Wundauflage tief in eine Wunde einzubringen und sie von außen mit einem Druckverband abzuschließen, um so eine starke Blutung zu stillen. Und an Kehlköpfen von Rindern wurde uns beigebracht, wie eine Koniotomie durchzuführen ist, ein Luftröhrenschnitt. Fast zur Routine wurde bei diesen Kursen oder Lehrgängen, intravenöse Zugänge zu legen – scharfe Zugänge, die dann wirklich in die Vene gingen. Immer wenn eine Wundversorgung anstand, legten wir auch Zugänge, um darüber eine begleitende medikamentöse Behandlung zu ermöglichen. Man hing den Patienten an den Tropf und verabreichte ihm eine Natriumchloridlösung. Und wie so ziemlich alles, übten wir auch das bei Tag und bei Nacht, außerdem auf Fahrzeugen, im Stand und beim Fahren.

Bei der Aufzählung durchgerutscht ist mir der Lehrgang, bei dem wir das Abseilen aus einem schwebenden Hubschrauber trainierten – wie in dem Film *Black Hawk Down*. Das wurde bei Vorführungen immer gern präsentiert, gehörte quasi zum Standardprogramm beim Tag der Bundeswehr. Action in der Luft machte für die Zuschauer immer was her. Wenn man so will, eines der Klischeebilder für den Einsatz von Kommandosoldaten.

Damit war die Basisausbildung abgeschlossen. Doch wenn man ehrlich war, hatten wir in jedes Thema nur reingerochen, zumindest im Vergleich zu dem, was man können musste, um in einen Einsatz geschickt zu werden. Man hatte die Grundlagen mitbekommen, war jedoch noch längst nicht fertig. Mal abgesehen davon, dass man als Kommandosoldat nie fertig war – weil man nur dann sein Potenzial vollständig auszuschöpfen vermochte, wenn man ständig im Training blieb, Fertigkeiten und Wissen auffrischte, sich weiterbildete. Stillstand bedeutete Rückschritt, wie bei einem Leistungssportler.

Und dann kam der große Moment: Antreten auf der Hiba, wie wir die Hindernisbahn nannten. In Linie zu einem Glied, also alle nebeneinander. 12 Mann hatten es am Ende geschafft. Wie gesagt, von 160 Bewerbern. Das ging mir an dem Abend noch mal durch den Kopf. Es war Februar und es war dunkel. Zwei Mann trugen Fackeln, damit man ein bisschen was sehen konnte. Mit uns war das komplette Ausbilderpersonal angetreten. Alle warteten auf den General, den KSK-Kommandeur. Genau genommen war er Brigadegeneral, aber das sagte man nicht. Wer Gold auf der Schulter trug, wurde General genannt.

Plötzlich die Stimme des Ausbildungsleiters, eines Offiziers, laut und deutlich: »Erster Zug, stillgestanden! Richt euch! Augen geradeaus! Zur Meldung an den Herrn General …« und so weiter.

Der General erschien … und übernahm das Kommando. Die übliche Begrüßung und die übliche Erwiderung. Dann sprach er ein paar kernige Worte. Anschließend wurde jeder einzeln nach vorn gerufen, um das Sonderabzeichen »Kommandosoldat« in Empfang zu nehmen. Zwei silberne Eichenblätter mit Eichel auf grünem Grund, darüber mittig ein senkrecht stehendes Schwert, die Spitze nach oben, und alles umrandet von einem goldfarbenen Eichenlaubkranz. Der Ritterschlag, nun waren wir Kommandosoldaten.

Diese Abzeichenverleihungszeremonie, die bei uns noch recht spartanisch ausfiel, wurde später in einem festlicheren Rahmen abgehalten, auf dem Innenhof von Schloss Weitenburg, das einem Baron gehört, 40 Kilometer südlich von Calw – mit geladenen Gästen, Sektempfang und Abendessen. Von den anderen KSK-Angehörigen wurde ab einem gewissen Dienstgrad und bei freier Verfügung die Teilnahme erwartet. Aber das war für uns selbstverständlich, schon um den neuen Kameraden Anerkennung für das Geleistete zu zollen. Und auch, um ihnen zu zeigen, dass sie bei uns willkommen waren.

Mit der Aufnahme als Kommandosoldat war der Auftrag zur Geheimhaltung verbunden. Es gab entsprechende Belehrungen, die musste man unterschreiben. Und sie wurden regelmäßig wiederholt, einmal im Jahr oder so. Im Truppenausweis, der immer bei sich zu tragen war, tauchten – ich erwähnte es – weder die Bezeichnung Kommando Spezialkräfte noch KSK auf. Außer meiner damaligen Frau und meinen Eltern hatte ich niemanden eingeweiht. Das blieb auch so. Für alle anderen diente ich bei der Bundeswehr, was ja keine Lüge war.

## IN DER KOMMANDOKOMPANIE

Nachdem wir nun den Kommandokräften angehörten, wurden wir den Kommandokompanien zum regulären Dienst zugeteilt. Vorher durfte man einen Wunsch äußern, zu welcher Kompanie, welchem Trupp und vor allem welcher Verbringungsart man wollte. Die Verbringungsart beschrieb, vereinfacht gesagt, auf welche Weise und mit welchen Mitteln die Einsatzkräfte zum Einsatzort gelangten.

Eingeteilt waren sie nach dem Transportweg: Land, Luft, Wasser und Gebirge. Über Land wurden die Kräfte mit Fahrzeugen verlegt. In der Luft mit Drehflüglern, also Hubschraubern, und Flugzeugen, hierzu zählte aber auch das Fallschirmspringen. Auf und im Wasser waren logischerweise Boote die Fortbewegungsmittel der Wahl, ergänzt durch eigenes Schwimmen und Tauchen. Im Gebirge war man hauptsächlich auf den Fußbus angewiesen, der in der Soldatensprache für die Verwendung des körpereigenen Bewegungsapparats stand. Je nach Jahreszeit und Geländebeschaffenheit zusätzlich ausgerüstet mit Ski, Schneetrittlingen oder Steigeisen. Oder motorisiert unterstützt durch Schneemobile wie Skidoos. Davon hatten wir welche in Calw, für die man später im Zuge der Klimazonenausbildung in Goose Bay in Kanada fit gemacht wurde. In meiner Anfangszeit gab es den Lehrgang dort noch nicht. Wir absolvierten die Skidoo-Ausbildung in der Wattener Lizum in Österreich.

Damals gab es vier Kommandokompanien – die 1., 2., 3. und 4. Anfangs hieß die 4. noch Fernspähkommandokompanie. Als das KSK 1996 gegründet wurde, waren es drei Kommandokompanien, inzwischen sind es meines Wissens sechs. Kommandokompanien sind die, die in Einsätze geschickt werden. Zusammen mit den Unterstützungskräften, zu denen die Versorgungskompanie, die Fernmeldekompanie, die Unterstützungskompanie und das Sanitätseinsatz-/Versorgungszentrum gehören. Darüber hinaus gibt es den Bereich Ausbildung, der – wer hätte es gedacht? – für die Ausbildung der Kommandokräfte zuständig ist, einschließlich des Potenzialfeststellungsverfahrens, aber auch für die der Führungskräfte. Und den Bereich Weiterentwicklung, gewissermaßen die Abteilung Zukunft. Hier wird geprüft, wie man Waffen, Technik und Ausrüstung weiter optimieren kann. In erster Linie für die eigenen Kräfte, wobei bestenfalls die gesamte Bundeswehr davon profitiert.

Ich kam, wie bereits erwähnt, in die 2. Kompanie. Jede Kompanie bestand aus zwei Zügen, einem Angriffszug und einem Scharfschützenzug. Etwa 20 Mann bildeten den Angriffszug, 10 bis 12 den Sniperzug. Hinzu kamen Unterstützungskräfte, die unter anderem das Logistische erledigten und alles, was mit Materialbeschaffung und Instanthaltung zu tun hatte. Einschließlich Kompaniechef, Kompanietruppführer, Spieß, Versorgungsdienstfeldwebel, Einsatzoffizier und Fernmelder gehörten rund 60 bis 70 Mann zu einer Kompanie.

Der Angriffszug setzte sich aus vier Trupps zusammen, einem amphibischen Trupp (Wasser), einem Landtrupp, einem Freifalltrupp (Luft) und einem Gebirgstrupp. Also ein Trupp je Verbringungsart. Als ausgebildeter Gebirgsjäger wurde ich dem Gebirgstrupp zugeteilt, was nur Sinn machte und auch meinem Wunsch entsprach. Jeder Trupp bestand aus vier bis fünf Mann, hatte einen Truppführer und einen Stellvertreter, alle waren Unteroffiziere mit Portepee. Der Begriff, er stammt aus dem Französischen, bezieht sich auf eine alte Tradition, einen Faustriemen, eine Art Schlaufe, am Degen zu tragen und bezeichnet hier die Dienstgrade von Feldwebel bis Oberstabsfeldwebel. In meinem Trupp kam ich als Sechster hinzu. Ich war Stabsunteroffizier, also Uffz. ohne Portepee, noch nicht Feldwebel. Was dann auch so ziemlich das Erste war, was geändert wurde – dazu komme ich gleich.

Innerhalb eines Trupps besaß jeder eine zusätzliche Spezialisierung – als Kommando-Medic, Waffenexperte, Fernmelder oder Breacher. Dafür musste man an entsprechenden Lehrgängen teilnehmen und in der Folge Weiterbildungen mitmachen. Wobei wir so getrimmt wurden, dass jeder über Basiskenntnisse in allen vier Bereichen verfügte. Im Notfall musste ein ausgefallener Kamerad so weit ersetzt werden können, dass der Trupp auch dezimiert handlungsfähig blieb. Manche qualifizierten sich mit der Zeit für eine Doppelverwendung, ich zum Beispiel wurde wie geschildert Medic und Breacher.

Das mit den Basiskenntnissen galt genauso für die Verbringungsarten. Schließlich wusste niemand, was einen erwartete. Ein Einsatz konnte an Land beginnen, im Verlauf aber die Fortbewegung in der Luft oder im Wasser erforderlich machen. Oder es lief in einer anderen Reihenfolge. Die Ausbildung zum Fallschirmspringer mit verschiedenen Qualifizierungsstufen wie Military Freefall war schon Thema. Fallschirmspringen gehörte für alle Kommandosoldaten, unabhängig von ihrer speziellen Truppzugehörigkeit, zu den Grundbefähigungen – das KSK-ABC. Jeder von uns musste in der Lage sein, aus einem Luftfahrtzeug den Einsatzort zu erreichen, ob mit Fallschirm oder durch Abseilen.

Vergleichbares gab es bei den anderen Verbringungsarten. So absolvierten wir als Gebirgstrupp auch amphibische Ausbildungen, einmal zum Beispiel in Den Helder an der holländischen Nordsee. Dort trainierten wir, wie man vorging, um eine Geisel auf einem Schiff zu befreien. Tauchen mussten wir nicht, aber trotzdem ins eiskalte Wasser, mit Neoprenanzug natürlich. Der Auftrag lautete: das Schiff anschwimmen, aufentern, um es dann zu nehmen, in die eigene Gewalt zu bringen.

Was ich damit sagen will: Die Ausbildung war längst nicht zu Ende. Das ist sie für einen Kommandosoldaten nie.

In der KSK-Führung kam man bald darauf, dass es sinnvoller wäre, den Nachwuchs später in die Kompanien zu schicken, dafür länger auszubilden, um das Startniveau zu steigern. Mittlerweile liegt die Ausbildungszeit, bevor man als Kommandosoldat in eine Kompanie kommt, bei zwei Jahren, die Zeit für die einzelnen Blöcke des Potenzialfeststellungsverfahrens mit eingerechnet, inklusive des zehnwöchigen Vorbereitungsprogramms für die Höllenwoche. Und auch die Grundausbildung zu den vier Verbringungsarten wurde mit reingepackt. Der gemeinsame Abholpunkt, er wurde so auf ein höhere Stufe gehoben.

Für die Neuen, die wie ich noch nicht Feldwebel waren, begann das Kommandokompaniedasein nicht nur außerhalb der Kompanie, sondern auch außerhalb von Calw. Es ging zum Feldwebel-Lehrgang nach Pfullendorf, drei Monate. Solche Lehrgänge sind überall in der Bundeswehr Standard, um befähigt zu werden, eine Einheit zu führen. Mit dem Unterschied, dass unserer speziell auf Kommandosoldaten zugeschnitten war. Und auf Fernspähfeldwebel, die als Aufklärer für Spezialkräfte ausgebildet wurden. Schwerpunktmäßig ging es um Infanterismus, um Wald-, Orts- und Häuserkampf sowie um Spezialaufklärung (Objekte über einen längeren Zeitraum beobachten, Feindkräfte aufklären, ihre Bewegungen, ihre Bewaffnung und ihre Kommunikationsmittel). Im Grunde all das, was wir dann in Calw weiter perfektionierten – dort mit dem Schwerpunkt Geiselbefreiung, der komplette Ablauf, von der ersten Information über die Planungsphase bis zur Umsetzung am Einsatzort.

Ein Beispiel: Man erhielt einen Auftrag, in dem stand, dass eine Gruppe Terroristen im Land X und im Ort Y zwei deutsche Staatsbürger als Geiseln festhielt, um Lösegeld zu erpressen. Als Ziel formuliert wurde die Befreiung der Geiseln. Die Terroristen sollten nach Möglichkeit festgenommen werden. Dazu bekam man Kartenmaterial und Informationen zu den Gegebenheiten am Einsatzort. Wie sind die Einwohner Fremden gegenüber eingestellt? Musste man verdeckt vorgehen, um nicht aufzufallen? Wie, mit welchen Fortbewegungsmitteln und entlang welcher Strecke, konnte man zum Ziel gelangen? War der Weg dorthin gefährlich? Welche Wetterbedingungen erwarteten einen? Dazu Informationen, welche Kräfte für den Einsatz zur Verfügung standen und welche Mittel, die technische Ausrüstung, Drohnen und solche Sachen. Und natürlich alles, was über die Terroristen bekannt war – wie viele Leute da am Werk waren, über welche Waffen sie verfügten, welche Ausbildung sie hatten, vor allem in Hinblick auf taktisches Verhalten und den Umgang mit Waffen. Zusammengefasst: sämtliche Planungsgrößen. Was hatte man selbst, was der Feind und welche Rahmenbedingungen würde man am Einsatzort vorfinden.

Daraus resultierend startete man mit der Planung – und verteilte die Aufgaben. Einer wurde beauftragt, die Verbringung der Einsatzkräfte zum Zielort zu planen, welche Route man nehmen würde und welche Transportmittel dafür benötigt wurden. Und dazu eine Alternative, Plan B. Der Nächste bekam den Auftrag, die Infiltration zu planen, vom Drop-off Point, dem Absetzpunkt, ab da würde das Einsatzteam auf sich allein gestellt sein, bis zum Zielobjekt. Wie gelangte man zu Fuß am besten dorthin? Und auch hier die Frage nach einer Alternative, falls aus irgendwelchen Gründen ausgewichen werden musste. Wieder ein anderer befasste sich mit Action on Target, der Durchführung am Ziel. Wie verschaffte man sich Zugang zu dem Raum, in dem sich die Geiseln befanden, und wie sollte die Befreiung im Detail ablaufen? In der Regel plante derselbe auch den nächsten Schritt, die Exfiltration, also das Ausweichen, zusammen mit den Geiseln.

So eine Planung war ein fließender Prozess. Es kamen Leute hinzu, Informationen kamen hinzu, es musste umgedacht werden, manche Ansätze wurden nachjustiert, andere verworfen. Sobald jemand seine Planung fertig glaubte, wurden die einzelnen Schritte aufgeschrieben oder skizziert und an die Wand gebracht, damit alle im Team auf demselben Stand waren, sich daraus eventuell neue Ideen ergaben. Idealerweise wurde ein Sandkasten aufgebaut, ähnlich einer Eisenbahnplatte, um die Geländegegebenheiten nachzustellen, die geplanten Fahrzeuge, die Einsatzkräfte und so weiter – alles in Miniaturformat. Das half, sich den geplanten Einsatz besser vorzustellen. Und es half bestenfalls auch, Fehler zu erkennen, die einem während der Planungsphase unterliefen.

In Calw machten wir das später genauso, indem wir in einer Halle den Ablauf, die einzelnen Schritte, durchexerzierten. Rockdrill nannte sich das. Ähnlich wie bei dem beschriebenen Sandkasten, nur auf einer größeren Fläche, etwa 20 mal 20 Meter, mit größeren Fahrzeugen und größeren Gebäuden, die aus Pappe gebastelt waren. So wurde die gesamte Planung einmal visualisiert. Oder auch zwei- oder dreimal. Bis man die Gewissheit hatte, dass es funktionieren konnte.

Zu solchen Planungen gehörte auch, sich im Bedarfsfall Kampfunterstützung organisieren zu können. Gedacht die Situation, man geriet in eine Gefechtshandlung und die eigenen Kräfte reichten nicht, um sich selbst freizukämpfen. Dann musste man wissen, wo die nächsten Unterstützungskräfte sein würden und wer anzufunken war, um sie schnellstmöglich in Marsch zu setzen. Im besten Fall handelte es sich um Luftunterstützung, die aktiviert werden konnte.

Und auch die Einsatzunterstützung galt es zu planen. Wenn man sich beispielsweise auf dem Wasser von A nach B bewegen musste, dann benötigte man nicht nur ein Boot, sondern auch jemanden, der es fahren konnte. Und derjenige sollte optimalerweise auch wissen, welche die beste Route war, mit welcher Geschwindigkeit sie gefahren werden konnte und mit welchen Waffen das Boot auszurüsten war.

Es gab zig Punkte, die man im Blick haben musste. Ganz wichtig (wobei alles wichtig war): die Planung einer Rettungskette. Damit beschäftigte sich immer der Kompanie-Medic, in Zusammenarbeit mit dem Kommandoarzt, der im Sanitätszentrum seinen Dienst verrichtete und der Kompanie bei Bedarf unterstellt wurde. Wir in unserer Kompanie hatten zusätzlich einen sogenannten 18 D – das war ein Medic, der die einjährige Special-Forces-Medical-Ausbildung bei der U.S. Army in Fort Bragg absolviert hatte, die als die weltweit umfangreichste und medizinisch professionellste gilt. Wer die besteht, besitzt fast die Qualifikation eines Arztes.

Bei der Planung dieser Rettungskette fing man bei der eigenen Ausrüstung an. Was hatten die Medics für die Erstversorgung dabei und welche Verletzungen konnten sie damit behandeln? Vor allem ging es aber darum, was geschehen musste, wenn jemand schwer verwundet wurde. Wo wären die nächsten Rettungsstellen, ob zivile oder militärische, wo Krankenhäuser? Welche Kapazitäten besaßen diese und worauf waren sie spezialisiert? In dem Fall musste über den Funker ein sogenannter 9-Liner an die Führungsstelle abgesetzt werden – der qualifizierte Notruf im Einsatz, der die wichtigsten Informationen beinhaltete. Dafür existierten Standards, die man als Medic im Schlaf aufsagen konnte: Übergabepunkt, Funkfrequenz und Rufzeichen des Melders, Anzahl der Patienten, sortiert nach Schweregrad der Verwundung, für die Behandlung erforderliche Spezialausrüstung, Sicherheitslage am Notfallort, wie war dieser gekennzeichnet … etc. pp. All diese Daten wurden dann wiederum an die Medical-Kontrollstelle weitergeleitet, damit diese Luftfahrzeuge zur Aufnahme der Verwundeten in Bewegung setzte.

Zu wissen, dass die Rettungskette stand, war im Einsatz auch in psychologischer Hinsicht von Bedeutung, selbst wenn kein Notfall eintrat. Das gab einem ein gutes Gefühl: Du bleibst hier nicht liegen, die holen dich raus. Als ich das erste Mal in Afghanistan war, gab es das so noch nicht. Später war es wie ein Gesetz: Kein Einsatz ohne definierte Rettungskette.

Zu guter Letzt musste man auch all das durchspielen, was nicht unter die anderen Punkte fiel, aber dennoch eintreten konnte – die Eventualitäten-Planung. Jemand brach sich beim Fußmarsch das Bein, oder eins der eingesetzten Luftfahrtzeuge fing sich einen Treffer ein und musste kehrtmachen – konnte man dann die Mission fortführen oder wäre sie abzubrechen? Oder: Um in den Geiselraum zu gelangen, sollte die Tür gesprengt werden, doch dann merkte man plötzlich, dass die berechnete Sprengmittelmenge nicht ausreichte – was dann?

Noch einmal eine Extrakategorie stellte dabei die Annahme dar, dass trotz sorgfältigster Planung alles schiefging – das Worst-Case-Szenario. Die Operation scheiterte auf der ganzen Linie, es blieb als einzige Option, eine flotte Kehrtwendung hinzulegen, auszuweichen und sich zu den eigenen Kräften durchzuschlagen, als Trupp oder als Einzelkämpfer, auch das konnte eintreten. Dann musste ein Sammelpunkt definiert sein. Und es musste ein Zeitfenster stehen, wie lange die anderen dort warteten, bevor sie zum nächsten Sammelpunkt auswichen. Und wo wiederum dieser sich befand. Und wie lange sie dann dort ausharren würden. Bis hin zu einem vereinbarten Aufnahmepunkt, der von Hubschraubern angeflogen würde, um die ausgewichenen Kräfte einzusammeln … und das ist jetzt nur grob dargestellt, da gehörten noch unzählige Details mehr dazu.

Hatte man alles zusammen, wurden die Sachen an der Wand befestigt, falls sie dort nicht schon während des Planungsprozesses gelandet waren, und dem Kommandeur präsentiert. Dabei waren sämtliche Personen anwesend, die sich an der Planung beteiligt hatten, und natürlich die, die den Einsatz durchführen sollten. Konnte man den Kommandeur mit seiner Arbeit überzeugen, in der Regel gab es noch Rückfragen, kontaktierte er die übergeordnete Führung. In einem echten Fall wären dies das Verteidigungsministerium und der Bundeskanzler, der dann die Freigabe für die Operation erteilen würde – oder auch nicht. Wir simulierten diesen Schritt nur.

Parallel zum Planungsprozess wurde in einem gesonderten Raum die Ausrüstung zusammengestellt – Waffen und Munition, Verpflegung, Wasser, Batterien … alles, was man brauchte, für den eigentlichen Plan und für die Alternativen. Der Breacher bereitete die Sprengladung vor, mit deren Hilfe wir uns Zugang zum Zielobjekt verschaffen wollten. Und der Scharfschütze musste eine Waffe auswählen, die zur erwarteten Schussentfernung passte. Wie gesagt, meistens kam der Kommandeur mit Nachfragen. Es konnte auch sein, dass er einzelne Punkte der Planung überarbeitet haben wollte. Stand dann aber alles und gab es grünes Licht von der Führung, blieb nicht viel Zeit, es ging zügig an die Umsetzung – als Übung im Gelände. So wie wir es ausgearbeitet hatten, plus einiger Überraschungen, die sich die Ausbilder einfallen ließen. Wie es bei einem richtigen Einsatz eben auch passieren konnte. Einmal liefen wir nach dem eigentlichen Einsatz am Zielobjekt, einer Holzhütte irgendwo in der Botanik, zum ausgemachten Aufnahmepunkt zurück. Als wir dort ankamen, war der – gedacht – von feindlichen Kräften besetzt, die uns angriffen, sodass wir uns erst in Sicherheit bringen mussten, um dann einen anderen Punkt, den wir als Ausweichvariante geplant hatten, anzusteuern.

Jedenfalls übten wir das alles in den drei Monaten wieder und wieder, bis man nachts davon träumte. Oder positiv gesehen: bis einem die Abläufe in Fleisch und Blut übergingen. Je öfter wir es machten, umso schneller kamen wir voran. Und man selbst fühlte sich bald auch sicherer bei dem, was man tat. Ein schlauer Mensch hat mal herausgefunden, dass man 10 000 Stunden investieren müsse, um in einem Fach Meister zu werden.

Gleichermaßen wiederholungsintensiv betrieben wir das Thema Raumkampf. Das hatte nichts mehr mit dem Feldwebel-Lehrgang zu tun, der war dann zu Ende. Raumkampf immer im Zusammenhang mit der Aufgabe einer Geiselbefreiung oder der Überwältigung von Terroristen. Und meistens in Verbindung mit Schießtraining. Für diese Kombination war das Schießausbildungszentrum in Calw geradezu perfekt geeignet. Dort hatte man die passenden Räumlichkeiten für die verschiedenen Ausbildungsinhalte unter einem Dach. Wir trainierten stationsweise, meist im Trupp, vier oder fünf Mann, wie bei einer echten Einsatzsituation. Der Raum und ich. Der Folgeraum und ich. Das Treppenhaus, rund und eckig. Und der Flur. Und Türen, welche, die rechts angeschlagen waren. Und welche, die links angeschlagen waren. Und die verschiedenen Öffnungsverfahren, aufhebeln, sprengen und so weiter. Und wann welche Funksprüche abzusetzen waren … all diese Abläufe. Mit Tätern, mit Geiseln, mit Unbeteiligten. Mit Geiseln, die unversehrt waren. Mit verletzten Geiseln, die medizinische Versorgung benötigten.

Und dazu immer wieder Schießtraining. Entweder in dem großen Raum, in dem die Stresstests durchgeführt wurden, in einem der anderen Räume oder im Schießkino. Dort gab es eine große Leinwand, auf der über einen Projektor die verschiedensten Übungsszenarien abgespielt wurden, auf die man reagieren musste. Die Leinwand war eine klassische Geschosswand, mit solchen Gummimatten, die die Patronen »schluckten« wie im Stresstest-Raum. Per Lasertechnik wurde registriert, ob man ein Ziel traf oder wo der Schuss landete.

Zum Beispiel wurde eine Gestalt auf einem Schrottplatz gezeigt, die plötzlich ihren Arm bewegte. In Sekundenschnelle musste man dann erkennen, ob die Gestalt eine Waffe zog oder nur grüßte, und entweder schießen oder nicht. Oder auf der Leinwand bewegte sich ein Ball, den man treffen sollte. Oder es erschien eine Rechenaufgabe, Kästchen mit Zahlen und der Rechenart. Und dazu andere

Kästchen mit verschiedenen Ergebnissen. Dann hatte man blitzschnell die Aufgabe auszurechnen und das Kästchen mit dem richtigen Ergebnis ins Visier zu nehmen. Und schon erschien die nächste Aufgabe. Oder es wurde ein Blick auf idyllische Natur gezeigt oder auf ein Gebäude und dann tauchte plötzlich eine Schützenscheibe auf, Tango-Golf-Konstellation, also Täter und Geisel. Oder eine, auf der ein Unbeteiligter zu sehen war, oder ein Täter allein, sodass man in kürzester Zeit die Situation erfassen und wieder die Entscheidung treffen musste, schieße ich oder schieße ich nicht. Und wenn schießen angeraten war, sollte man natürlich auch treffen. Man musste also die ganze Zeit, jede einzelne Sekunde, hochkonzentriert sein – und extrem reaktionsschnell.

Auch hier brauchte es viele Stunden Übung und unzählige Wiederholungen, um ein Level zu erreichen, das einen für Einsätze qualifizierte und einem selbst Sicherheit gab. Und noch mal viele Stunden und Wiederholungen, um dieses Level zu halten oder eine noch höhere Stufe zu erklimmen. Nur so konnte man als Kommandosoldat seinem Auftrag gerecht werden. Selbst als ich später ins PLEX-Team wechselte, diesen Teil der Ausbildung für unsere Kompanie übernahm und die Übungen leitete, trainierte ich so oft es ging mit. Um mich fit zu halten, aber auch, um bereit zu sein für einen Einsatz, falls es die Lage erforderte.

## MYTHOS KSK

Um das Leben in der Kaserne in Calw rankt sich so mancher Mythos. Die Medien strapazieren gern die Formulierung von der geheimnisumwobenen Eliteeinheit. Tatsächlich werden die Einsätze des Kommandos seit jeher streng geheim gehalten, selbst wenn es sich nicht um Kampfeinsätze, sondern Ausbildungsmissionen handelt – die stillen Profis. Und Geheimnisse lassen nun einmal die Fantasie blühen, das liegt in der Natur des Menschen. Wenn man etwas nicht weiß, stellt man sich unter Umständen die wildesten Geschichten vor. Damit will ich nicht sagen, dass wir Kommandosoldaten die Langeweile auf einem Tablett vor uns hertrugen. Ganz und gar nicht. Aber es war auch nicht so, dass wir 12 Monate im Jahr von einem spektakulären Einsatz zum nächsten hetzten und uns jede Woche an einem anderen Ort unseres Planeten aufhielten. Die Realität lag dazwischen. Für eine Kommandokompanie teilte sich das Jahr grob in zwei Abschnitte: sechs Monate Einsatz samt Vor- und Nachbereitung und sechs Monate Ausbildung, wozu Lehrgänge, Übungen, Weiterbildungen und solche Auffrischungen wie für den Combat First Responder gehörten. Da Ausbildungsmaßnahmen nicht selten woanders stattfanden (am weitesten entfernt die Freefall-Lehrgänge in Arizona und die Klimazonentrainings im hohen Norden Kanadas sowie im Dschungel von Belize), war man auch dann gut unterwegs, aber nicht ständig. Während der Zeit jedoch, die man in Calw verbrachte, waren die Tage geregelt wie in einer Behörde: Dienst von 7 bis 16:30 Uhr. Danach fuhren die Heimschläfer nach Hause oder man verabredete sich zum Sport. Oder der Schützenverein traf sich zum Training im Schießausbildungszentrum. Der normale Alltag von Soldaten in Friedenszeiten.

Da ich gerade bei dem Mythos war, der das Kommando in Calw umgibt, von wegen geheimnisvolle, verschworene Truppe: Wir im Gebirgstrupp waren damals tatsächlich wie eine kleine Familie. Man brauchte sich nur anzugucken und wusste, was der andere wollte. So etwas bekommt man bis zu einem gewissen Grad durch Training hin, indem man die Abläufe im Team perfekt einstudiert. Noch eine Stufe anders ist es, wenn man sich auch menschlich versteht. Und hier kommt Kameradschaft ins Spiel. Vertrauen, Zusammenhalt, gegenseitiger Respekt, für den anderen einstehen – in guten wie in schlechten Zeiten … nein, im Ernst, diese Kameradschaft machte uns aus und war zugleich ein Teil unserer Motivation. Im Team und für das Team gut sein. Und besser werden, jeder Einzelne, damit das Team davon profitierte. So in etwa kann man sich das vorstellen.

Insofern stimmte das mit dem Mythos – in diesem Punkt, für unseren Trupp, zu anderen kann ich nichts sagen. Ich gehe aber davon aus, dass es dort ähnlich war. Ohne Kameradschaft und einen gewissen Korpsgeist, dieses besondere Wir-Gefühl, stelle ich mir das im Einsatz schwierig vor. Und auch sonst. In einem Trupp ist jeder auf jeden angewiesen, man muss sich zu hundert Prozent aufeinander verlassen – und verlassen können, wie sollte es anders funktionieren? Wir wurden dafür ausgebildet, unserem Land zu dienen und unser Leben für dieses Land zu riskieren. Das sind große Worte, die fast schon heroisch klingen. Auf den Alltag übertragen, fing das beim Nebenmann an, mit dem man trainierte und mit dem man in einen Einsatz zog.

Darüber hinausgeschaut, stellte es sich etwas anders dar. Gewöhnlicher, wie es wahrscheinlich überall anzutreffen ist. Mit einigen war man gut befreundet, auch außerdienstlich, mit anderen kam man aus, in der Regel auch gut, ohne dass man nach der Dienstzeit etwas mit ihnen zu tun hatte, und dann gab es noch welche, denen man aus dem Weg ging – diese Kategorie Mitmensch war natürlich ebenfalls vertreten. Manche führten Buch über die Fehler der anderen. Nicht etwa, weil sie sonst nichts zu tun gehabt hätten, sie munitionierten sich damit, um demjenigen bei Gelegenheit zu schaden. Oder sich selbst einen Vorteil zu verschaffen, zum Beispiel wenn Beurteilungen anstanden. Manche schreckten nicht einmal vor Erpressung zurück. Nicht zu vergessen die Schleimer. Bei uns hießen sie Brownies – weil sie ihrem Vorgesetzten in den Allerwertesten krochen. Aber auch solche Zeitgenossen trifft man vermutlich überall an.

Wie allgemein bekannt sein dürfte, war der Initialimpuls für die Gründung des KSK, eine kleine schlagkräftige Truppe mit außergewöhnlichen Fähigkeiten und ausgestattet mit modernster Technik aufzubauen, um deutsche Staatsbürger, die irgendwo auf der Welt als Geiseln genommen wurden, zu befreien. Ursprünglich nach dem Vorbild des britischen Special Air Service (SAS) dann stärker orientiert an den U. S. Navy SEALs. Was – verständlicherweise – bisher nicht in den Vordergrund gerückt wurde: Noch nie in all den Jahren führte das KSK eine solche Geiselbefreiung durch. Zwar gab es mehrere Male einen konkreten Auftrag, eine solche Befreiung vorzubereiten, zu planen, wie man es am besten anstellen könnte, doch in keinem dieser Fälle kam es zur Umsetzung der in Calw entworfenen Einsatzstrategien. Einmal, ich kam gerade von einem Lehrgang zurück, sollten wir nach Ägypten. Dort war eine Reisegruppe, zu der fünf Deutsche gehörten, entführt worden. Doch bevor wir aktiv werden konnten, kamen die Touristen, die ins sudanesische Grenzgebiet verschleppt worden waren, wieder frei, nach zehn Tagen oder so. Angeblich hatten einheimische Sicherheitskräfte einige der Entführer getötet, woraufhin die übrig gebliebenen die Geiseln laufen ließen. Eine andere Version besagte, es sei Lösegeld im Spiel gewesen. Wie es hieß, hatten die Kidnapper 15 Millionen Dollar gefordert.

Im Zuge seiner Aufstellung wurden dem KSK aber noch weitere Kernaufträge zugedacht, für die Kommandokräfte dann tatsächlich im Einsatz waren. Ein Punkt betraf die Gefangennahme von Terroristen und Kriegsverbrechern, Letzteres vor allem im ehemaligen Jugoslawien, das war vor meiner Zeit. Was Terroristen anging, konzentrierten sich die Aktionen im Wesentlichen auf Afghanistan. Dort wurden über die Jahre mehrere Talibanführer geschnappt, wobei unsere Kräfte dabei selten allein agierten und meist nur eine Beobachter- oder Sicherungsrolle innehatten. Andere Kernaufträge bezogen sich auf die Bekämpfung von sogenannten Hochwertzielen des Gegners, von Zielen also, die für den Gegner von strategischer und operativer Bedeutung sind, so etwas wie Kommandozentralen, Waffendepots oder wichtige Logistikeinrichtungen. Und auf die Gewinnung von Schlüsselinformationen für die eigene Führungsebene. Damit wurden wir zum Beispiel bei meinem ersten Einsatz in Afghanistan betraut, wovon ich noch berichten werde.

Wenn man es genau nimmt, ist ein Konstrukt wie das KSK darauf ausgerichtet, unendlich viel Energie und Zeit und nicht zuletzt eine Menge Geld darauf zu verwenden, eine schlagkräftige Truppe von Soldaten mit außergewöhnlichen Fähigkeiten auszubilden und für Einsätze bereitzuhalten, von denen niemand sicher weiß, dass es sie geben wird. Über die Jahre flammte immer wieder die Diskussion auf, ob wir als hoch spezialisierte Kräfte nicht unter unseren Möglichkeiten eingesetzt wurden – hier auch wieder das Beispiel Afghanistan. Nicht generell, aber bei manchen Operationen. Jeder Kommandosoldat, der an solchen Einsätzen teilnahm, wird darauf seine eigene Antwort haben. Aus meiner Sicht war unser Trupp an einigen Einsätzen beteiligt, die weniger qualifizierte Soldaten ebenso gut hätten bewältigen können, besonders in der Anfangszeit. Das soll nicht heißen, dass ich die Sinnhaftigkeit des KSK anzweifle oder das jemals tat, überhaupt nicht. Eher konnte man über das Engagement in Afghanistan diskutieren, nicht speziell das des KSK oder der Bundeswehr, sondern allgemein des Westens. Als ich dort eingesetzt war, stellte ich es nicht infrage – heute sage ich: Wir hatten dort niemals etwas verloren. So gern manche Politiker sich das offenbar einreden, man kann die westliche Demokratie nicht in jedes Land tragen. Tief in der eigenen Geschichte und Religion verwurzelte Kulturen lassen sich nicht im Handumdrehen umkrempeln. Wie man gesehen hat, nicht einmal innerhalb von 20 Jahren.

Aber das ist an der Stelle nicht der Punkt. Mir geht es um die Einstellung, die man als Kommandosoldat mitbringen musste. Die Bereitschaft, Abläufe und Trainings tausendmal und noch öfter zu wiederholen, wieder und wieder seine Grenzen auszuloten, besser zu werden in dem, was man machte, um noch schwierigere Herausforderungen zu bewältigen – auch wenn man es vielleicht nie in einem Einsatz anwenden würde. Und ohne dafür jemals wirklich Dank oder Anerkennung zu bekommen. Außer vielleicht vom Kommandeur, aber wer das zu meiner Zeit auch war, sie hatten alle die gleichen Texte, die sie immer abspulten … Dank auch an die Familie und so weiter und so fort. Was sollte man damit anfangen? Von der Politik oder der Öffentlichkeit, den Medien, hatte man ebenfalls nichts zu erwarten. Wenn es Berichte gab, dann waren es meist Negativgeschichten. Ich erinnere mich überhaupt nur an eine Geschichte, wo wir als KSK mal lobend erwähnt wurden – 2016 war das, nach dem Anschlag auf das deutsche Generalkonsulat in Masar-e Scharif. Dort war eine andere Kompanie von uns im Einsatz, nachdem die Attentäter die Flucht ergriffen hatten, was zu dem Zeitpunkt allerdings niemand wissen konnte. Vor einiger Zeit schrieb eine Zeitung, die über das KSK berichtete – ich glaube, es war *Die Zeit* –, in Deutschland Elitesoldat zu sein, sei gut und schlecht zugleich. Man überlebe diesen Job vermutlich nirgendwo mit höherer Wahrscheinlichkeit, sei bestens ausgebildet und ausgerüstet, müsse aber nicht wirklich kämpfen. Genau das sei aber auch der Grund, weshalb der Job vermutlich nirgendwo so frustrierend sei – eben weil man bestens ausgebildet und ausgerüstet sei, aber trotzdem kaum kämpfe. Das beschreibt ganz gut, dass man schon eine große Portion Motivation mitbringen musste.

# TEIL 3

# IM EINSATZ

# »ANWEISUNGEN FÜR DEN FALL MEINES TODES«

Ich reiste als Alexander Tellge nach Afghanistan. Das war der Name, der in meinem Dienstausweis stand. Es war ein neuer Dienstausweis, der reguläre, der meinen richtigen Namen enthielt, wurde in der Kompanie in einem Safe eingeschlossen. Ebenso mein Reisepass und der Personalausweis. Jeder von uns bekam einen Tarnnamen, um seine Identität im Einsatzland zu schützen. Das zweite Reisedokument, das uns legitimierte, war ein NATO-Marschbefehl. Auch darauf war der falsche Name vermerkt. Wir waren vier Mann, unser Trupp, der Gebirgstrupp. Die anderen Kräfte kamen später nach.

Vor der Abreise hatten wir eine Woche Urlaub erhalten, um Zeit mit der Familie verbringen zu können, mein Sohn war damals zweieinhalb. Außerdem wurde uns nahegelegt, ein Testament aufzusetzen und alles zu regeln für den Fall, dass man nicht lebend zurückkam. Dafür gab es ein Formular, das wir »Shit Map« nannten, vier Seiten – »Anweisungen für den Fall meines Todes«. Ein Punkt darauf: »Ich wünsche Erdbestattung/Feuerbestattung/Seebestattung …« Für die Art des Grabsteins konnte man auch eine Wahl treffen.

Unsere Ausrüstung wurde in Blechkisten verstaut, die mit Luftfolie ausgepolstert waren. Die Waffen kamen separat verpackt in den Waffentransportcontainer. Ein Bus brachte uns zum Flughafen nach Köln, zum militärischen Teil. Dort erwartete uns ein Oberstleutnant vom Einsatzführungskommando der Bundeswehr, das in Schwielowsee bei Potsdam saß. Genauer gesagt vom Kommando FOSK – Führung Operationen von Spezialkräften –, das dort kurz zuvor als Extra-Kommando installiert worden war, ausschließlich zuständig fürs KSK und die Spezialisierten Kräfte der Marine, wie sie damals hießen, hauptsächlich Kampfschwimmer und Minentaucher. Der Oberstleutnant erteilte uns den ersten Auftrag für unseren Einsatz: Bewaffnete Rückführung eines Mitarbeiters einer internationalen Nichtregierungsorganisation. Er gab uns die wichtigsten Koordinaten, wo der Mann steckte, ein Engländer. Während des Flugs sollten wir einen Plan ausarbeiten, wie wir die Aktion durchführen würden.

Wir flogen mit einem Airbus der Luftwaffe. Keine Transportmaschine, Sitze wie bei der Lufthansa. Unser Ziel war nicht Afghanistan, sondern Termiz, eine Stadt im Süden Usbekistans, nahe der Grenze. Dort befand sich der Strategische Lufttransportstützpunkt der Bundeswehr, über den ein Großteil der Truppentransporte nach Afghanistan abgewickelt wurden. Aus Sicherheitsgründen. Von da flogen die Einsatzkräfte mit C-160-Transalls oder CH-53-Hubschraubern weiter, die zum Teil gepanzert und mit Raketenabwehrsystemen ausgestattet waren. Oder mit amerikanischen Hercules-C-130-Flugzeugen, insbesondere nach Faizabad, die Landebahn dort war für Transalls nicht geeignet.

Wir blieben zunächst in Termiz, am Flughafen. In einem separaten Bereich richteten wir behelfsmäßig unsere Planungszelle ein. Die taktische Ausrüstung und die Waffen kamen in einer anderen Maschine nach. Allerdings war keine Munition dabei. Die Nacht über konkretisierten wir unseren Plan, in Absprache mit den Piloten zweier CH-53, die uns bei dem Einsatz fliegen sollten. In so einen Hubschrauber passten bis zu 36 Mann. Theoretisch hätte also einer mehr als genügt, doch es flogen immer zwei – falls es zu Zwischenfällen kommen sollte.

Am nächsten Tag ging es mit den Hubschraubern nach Faizabad weit oben im Nordosten Afghanistans, unser eigentliches Ziel. Dort, in der Hauptstadt der Provinz Badachschan, unterhielt die Bundeswehr seit 2004 ein Feldlager, als Standort eines Provincial Reconstruction Teams (PRT), das im Rahmen von ISAF, der Sicherheits- und Wiederaufbaumission der NATO, entsandt wurde. Der Flugplatz, auf dem wir landeten, stammte noch aus der Zeit, als die Sowjets in Afghanistan waren. Die Landebahn eine Rumpelpiste aus Beton-Schnellverlegeplatten, als Terminal diente eine schlichte

Lehmbude nach Art des Lands. Das Bundeswehr-Feldlager hatten sie direkt nebenan aufgebaut. Als wir aus dem Hubschrauber stiegen, dachte ich: Landschaftlich ganz interessant, aber strategisch nicht unbedingt die beste Wahl. Faizabad liegt auf einer Höhe von etwa 1200 Metern. Rundherum erheben sich noch höhere Berge, die bis zu 2000 Meter in den Himmel ragen, sodass die Häuser in einem Talkessel stehen, entlang eines Flusses, der sich durch dieses Tal windet. Lager und Flugplatz lagen am Rand der Stadt, wo die Bebauung aufhörte, waren aber ebenfalls von Bergen umgeben. Von den Höhen boten wir Feinden ein gut einsehbares Ziel. Zu der Zeit galt die Region noch nicht als Taliban-Gebiet, trotzdem war das Lager bereits einige Male mit russischen Raketen beschossen worden. Der nächste Auftrag, um den wir uns kümmern sollten.

Aber noch standen wir auf dem Flugplatz. Der Zugführer des Sicherungszugs, der das Lager bewachte, eine Infanterieeinheit der Bundeswehr, hatte uns Essen und Getränke besorgt, was wir uns in der Lehmhütte schmecken ließen. Und er hatte aus dem Lager Munition für uns bringen lassen, die er von den Beständen seines Sicherungszugs abzweigte, damit wir aufmunitionieren und direkt zu unserem Einsatz starten konnten. Das Ziel: ein Kaff in den Bergen, etwa eine Dreiviertelstunde entfernt. Viel mehr Details hatten wir nicht. Die Beschaffenheit des Geländes? Fehlanzeige. Die Minensituation? Keine Erkenntnisse. Auch die beiden Piloten, Heeresflieger, waren noch nie dort gewesen.

Mit dem NGO-Mitarbeiter war ausgemacht worden, dass er sich zu einer festgelegten Zeit an einer bestimmten Stelle am Rand des Dorfs auf den Boden kniete und die Hände über dem Kopf verschränkte. Sozusagen als Erkennungscode. Wir hatten ein Foto von ihm bekommen, damit wir ihn sicher identifizieren konnten. So lief es dann auch. Er hockte am vereinbarten Platz. Der Hubschrauber ging runter, wir sind raus, nahmen die Sicherungspositionen ein. Dann hin zu dem jungen Mann, er war um die 30, PID durchgeführt, *positive identification,* also gecheckt, ob es sich tatsächlich um unsere Zielperson handelte … und zurück zum Hubschrauber. Nichts Aufregendes. Für ihn schien die Aktion trotzdem stressig gewesen sein – er zitterte am ganzen Leib und hatte sich in die Hose gemacht. Allerdings wussten wir auch nichts über die Hintergründe, warum er mit diesem Aufwand dort herausgeholt wurde.

Dann zurück nach Faizabad, diesmal in das Feldlager, wo wir ein Übergangszelt bezogen. Darin wurden die untergebracht, die frisch aus der Heimat kamen und warten mussten, bis ihre Vorgänger die eigentliche Unterkunft freimachten. Falls ich mich recht erinnere, waren wir die ersten Kommandokräfte, die in dem Lager eingesetzt wurden. Spezialkräfte bekamen normalerweise einen separaten Bereich, der extra abgesperrt wurde, somit zusätzlich gesichert war. Dort mussten wir den erst mal mit aufbauen.

Außerdem hatten wir noch Hausaufgaben zu erledigen. Der Raketenbeschuss. Bisher waren die Raketen immer neben dem Lager eingeschlagen. Es wurden auch nicht jede Nacht welche abgefeuert. Aber hätte nur eine ins Ziel getroffen, hätte es wahrscheinlich mehrere Tote und Verletzte gegeben. Ganz abgesehen davon, dass wir jetzt auch selbst Zielscheiben abgaben.

Inzwischen hatten wir in Erfahrung gebracht, dass sich auf den Höhen rings um das Lager alte Stellungen befanden, die einst die Sowjets angelegt hatten. Also machten wir uns auf den Weg, die Lage dort oben zu erkunden. Wir hatten eine ungefähre Richtung lokalisiert, auch wie hoch wir mussten, konnten wir in etwa abschätzen. Und wir hatten einen afghanischen Local Guide dabei. Was wir jedoch nicht wussten: ob die Stellungen beziehungsweise die Zugänge dorthin gesichert waren, durch Schützenabwehrminen zum Beispiel.

Der Marsch dauerte Stunden. Ziemlich genau dort, wo wir es vermutet hatten, stießen wir tatsächlich auf ein Stellungssystem beziehungsweise auf die Überreste davon. Es war wie eine Zeitreise 20 Jahre zurück. In der Nähe des Dorfs, in dem ich aufwuchs, waren Einheiten der Sowjetarmee stationiert. Über die Sommermonate bezogen sie eine Art Außenlager in einer alten Sandgrube, in die sonst niemand reindurfte, das Gelände war abgesperrt. Wir Kinder waren natürlich neugierig, was die geheimnisvollen Besucher dort trieben. Von außen konnte man kaum etwas sehen, alles war mit Tarnnetzen abgespannt. Doch wenn die Truppe im Herbst wieder abrückte und niemand mehr da war, schlichen wir uns rein. Daran musste ich auf dem Berg denken. Die Laufgräben in der Sandgrube hatten ähnlich ausgesehen. Dort gab es eine Holzbaracke, mehr eine Bretterbude, vielleicht zehn Mann hatten darin schlafen können. Alle anderen müssen den Sommer über in den Stellungen gehaust haben, bei jedem Wetter, manche Grabenabschnitte waren überdacht. Wer weiß, dachte ich, vielleicht waren damals Soldaten darunter, die später hierhergeschickt wurden. Wo wir gerade standen, musste es noch unmenschlicher zugegangen sein, schon wegen der Temperaturen, im Sommer konnte es unerträglich heiß werden. Und auch hier stand nur eine einzige kleine Hütte, nicht aus Holz, aus Lehm. In dieser Hütte fanden wir schließlich, was wir gesucht hatten. Es war ein ganzer Stapel Raketen, 30 bis 40 Stück. Und dazu Munitionsgurte für Maschinengewehre. Als hätten die Sowjets erst vor Kurzem die Stellung aufgegeben, nur dass die Sachen schon halb verrottet waren.

Das Einfachste wäre gewesen, das Zeug an Ort und Stelle zu sprengen. Es kam aber der Befehl, alles ins Tal zu transportieren und dort auf einem regulären Sprengplatz zu vernichten. Deutsche Gründlichkeit. So entstand vermutlich der Begriff Raketenesel. Es waren nämlich Maulesel, die unseren Fund ins Tal schleppten, rechts ein paar Raketen, links ein paar Raketen. Aber das war nicht mehr unser Job, wir hatten unsere Mission erfüllt.

Man konnte natürlich die Frage stellen, ob es Spezialkräfte wie uns für solche Einsätze brauchte. Andererseits wusste niemand, was einen außerhalb des Lagers erwartete. Offiziell wurde die Gefährdungslage als nicht sehr hoch eingeschätzt. Aber es konnte immer jemand hinter einer Kurve, einem Bergfelsen lauern, der uns nicht wohlgesinnt war, um es mal so auszudrücken. Wer auch immer die Raketen abgefeuert hatte, er wird nicht aus Spaß auf das Lager gezielt haben. Außerdem war abzusehen, dass das Engagement der Bundeswehr nicht nur vorübergehend sein würde. Man konnte es also auch als eine Art von Akklimatisierung betrachten, sich mit dem Einsatzort vertraut zu machen, mit der Natur, den Menschen, ihrer Kultur.

So gesehen war unser erster längerer Ausflug eine günstige Gelegenheit, die landestypischen Gegebenheiten besser kennenzulernen. Den Grund weiß ich nicht mehr, aber eines Tages wurden wir nach Kundus geschickt. Wir fuhren in einem kleinen Konvoi, vier Fahrzeuge, die üblichen Mercedes-Jeeps, G 250 Wolf, Diesel, Schaltgetriebe. Etwas umgebaut, damit man nach hinten sichern konnte. Die Entfernung nach Kundus betrug rund 250 Kilometer. Bei normalen Straßenverhältnissen keine lange Fahrt. Nur war das Wort Straße vollkommen unangebracht. Ein mittelprächtiger Feldweg in Deutschland hätte dort als Autobahn gegolten. Ich war als Fahrer eingeteilt. Die Navigation lief über Karte und Kompass. Wir hatten auch GPS dabei, nutzten das aber kaum. Man musste immer schauen, wo man weiterkam und ob grob die Richtung stimmte. Die Landschaft, durch die wir im Schneckentempo zuckelten, gezwungenermaßen, war das, was man unwirtlich nennt, aber in ihrer Kargheit schon wieder beeindruckend. Wir hatten Anfang Juni, die Piste war so trocken, dass wir durch eine einzige Staubwolke fuhren. Bei jedem Halt klopften wir unsere Klamotten aus. In vielen Gegenden schienen noch Minen zu liegen. Man sah ständig rot-weiß markierte Steine auf dem Boden. Die weiße Seite sollte die gute sein, die hatten sie geräumt, die rote betrat man besser nicht, wenn einem sein Leben lieb war. Gelangten wir an Brücken, schauten wir uns die erst mal an, bevor wir vorsichtig drüberrollten. Oft waren es einfachste Verlegebrücken, offenbar auch noch von den Sowjets, ohne Leitplanken oder Geländer. Einen Fahrfehler durfte man sich da nicht erlauben. Manche führten über eine Schlucht, die geschätzt

30, 40 Meter in die Tiefe ging. Am Ende brauchten wir 12 Stunden für die Strecke. Als wir Kundus erreichten und das Lager ansteuerten, dämmerte es bereits. Es war noch das alte Lager, das in der Stadt lag, eingerahmt von Mauern, direkt dahinter befanden sich Unterkünfte. Es wäre ein Leichtes gewesen, eine Granate über die Mauer zu werfen.

Wieder zurück in Faizabad zogen wir in den neu geschaffenen abgetrennten Bereich. Unser Trupp bekam ein Zelt, in dem genug Platz für unsere Ausrüstung war. Wie ich schon erwähnte: Wir lebten mit unseren Waffen, hatten sie 24/7 bei uns. Das Zelt teilten wir mit einem Sniperzug aus Calw, der inzwischen eingetroffen war. Die operativen Kräfte im Lager, zu denen wir gehörten, wurden in MOLTs eingeteilt – Mobile Observation and Liaison Teams. Ihr Auftrag: Aufklärung in der Fläche. Die Region, für die das Lager zuständig war, war in verschiedene Distrikte aufgeteilt. Die MOLTs sollten herausfinden, wie die Situation in den einzelnen Distrikten war, wer dort das Sagen hatte, wie die Menschen uns gegenüber eingestellt waren, ob man mit ihnen zusammenarbeiten konnte … also ein möglichst umfassendes Lagebild liefern. Anfangs betrieben wir die Aufklärung gemeinsam mit dänischen Soldaten, die ebenfalls im Lager stationiert waren. Zusammen waren wir acht bis zehn Fahrzeugbesatzungen. Später bildeten wir ein rein deutsches Team, ausgenommen unser Dolmetscher, das war ein Afghane, der in Dresden studiert hatte. Und wir bekamen AGFs, Aufklärungs- und Gefechtsfahrzeuge, die extra für das KSK entwickelt wurden und den Geländegegebenheiten weitaus besser entsprachen. Außerdem hatten sie eine ordentliche Bewaffnung an Bord und verfügten über genügend Stauraum für unsere Ausrüstung. Da wir im Schnitt 14 Tage unterwegs waren, mussten auch Feldbetten und solche Sachen mit.

Man konnte stundenlang durch die Gegend fahren, ohne dass man einer Menschenseele begegnete. Das musste aber nicht bedeuten, dass dort niemand war. Oder dass uns niemand sah. Wenn wir dann nämlich in einen Ort kamen und den Stammesfürsten aufsuchten, schien der selten überrascht, dass Besuch in der Tür stand. Einer erzählte uns, er wüsste seit Stunden, dass wir uns seinem Dorf näherten. Des Rätsels Lösung: Auf den Bergen, von denen man die Zufahrtsstrecke weithin einsehen konnte, saßen seine Leute, ausgestattet mit Fernglas und Satellitentelefon. In anderen Orten war es ähnlich.

Selbst wenn wir nicht willkommen waren, wurden wir willkommen geheißen. Das Gastrecht war dort heilig. Es beinhaltete freundliche Worte, aber ebenso die Verpflichtung, seine Gäste zu verpflegen. In manchen Dörfern wurde schnell ein Schaf geschlachtet, über einem Feuer gebrutzelt und das Fleisch am Spieß mit Fladenbrot gereicht. Trotz solcher großzügigen Gesten wussten wir allerdings nie, was unser Gegenüber wirklich dachte. Um an brauchbare Informationen zu gelangen, musste man anders vorgehen. Manchmal entwickelte sich ein solcher Besuch zu einem kleinen Volksfest – was wir beabsichtigten. Ein Hahnenkampf wurde angesetzt, oder die Einheimischen und wir verabredeten ein Vergleichsschießen, sie mit ihren Waffen, wir mit unseren. Dann holte fast jeder von denen stolz eine Kalaschnikow aus seiner Hütte. Damit brachten wir gleich zwei Dinge in Erfahrung: über welche Bewaffnung sie verfügten und wie gut sie damit umgehen konnten. Oder man gab kurz seine eigene Waffe aus der Hand, dann kamen sofort alle angerannt. Je ungezwungener die Stimmung wurde, umso größer war die Chance, mehr über unsere Gastgeber zu erfahren. Idealerweise war die Stimmung irgendwann so gut, dass man sich zu gemeinsamen Fotos mit dem Stammesfürsten aufstellte.

Meist blieben wir ein, zwei Tage, bevor wir zum nächsten Ort weiterfuhren oder zum Lager zurück. Für die Nächte hatten wir die Feldbetten dabei. Oder wir schliefen auf Isomatten, immer unter freiem Himmel. Selbst wenn uns eine Lehmhütte für die Übernachtung angeboten wurde, blieben wir bei unseren Fahrzeugen und hielten abwechselnd Wache. Nur so konnten wir sicherstellen, dass ihnen niemand zu nahe kam, irgendetwas manipulierte oder einen undefinierbaren Gegenstand hinterließ, der bei der nächsten Erschütterung alles in die Luft fliegen ließ. Damit musste man immer rechnen, auch wenn wir offiziell im Friedenseinsatz waren.

Mit der Zeit konzentrierte sich die Raumaufklärung immer stärker auf die Frage, über welche Waffen und militärischen Fähigkeiten die einzelnen Gruppierungen in der Region verfügten. Ob man sie nun Warlord, Stammesführer oder anders nannte, jede dieser Figuren scharte eine gewisse Anhängerschaft um sich, um ihre Interessen durchzusetzen. Zwar war der Bürgerkrieg im Land offiziell beendet, die alten Rivalitäten bestanden jedoch fort. Die Regierung in Kabul hatte einen Gouverneur für die Provinz ins Amt gehoben, der von der Bevölkerung nicht akzeptiert wurde, erst recht nicht von den Warlords. Der Gouverneur wiederum konnte sich weder auf eine Armee stützen, die existierte nicht, noch auf die Polizei. Polizeikräfte gab es zwar, aber wenige – und diese wenigen waren schlecht oder gar nicht ausgebildet. Oder kriminell. Wie später herauskam, war der Polizeichef himself in Drogengeschäfte verstrickt. In dem Jahr nach unserem damaligen Einsatz soll er eines Nachts mit mehreren Säcken Heroin und Opium verschwunden sein. Dafür existierten in jeder Region bewaffnete Milizen, die von Warlords und mancherorts wohl auch von Kriegsverbrechern angeführt wurden. Und es gab Unmengen an nicht registrierten Waffen, an Munition und Sprengmitteln. Hier kamen wir ins Spiel.

Irgendwann in dieser Zeit kam es noch einmal zu einem RPG-Beschuss unseres Lagers, und diesmal verfehlte die Granate ihr Ziel nicht. Sie schlug in das Übergangszelt ein, in dem wir die ersten Tage untergebracht waren. Glücklicherweise hielt sich derjenige, dessen Bereich getroffen wurde, just in dem Moment im Duschcontainer auf. Unser Trupp wollte sofort los, um den oder die Schützen ausfindig zu machen. So eine Rakete flog maximal 400 Meter, er konnte also nicht weit entfernt sein. Nach unserer Schätzung musste sie aus Nordosten gekommen sein, vermutlich vom anderen Ufer des Flusses. Doch der Kommandeur des Lagers stoppte uns. Alle sollten sich im Bunker in Sicherheit bringen. Der Bunker war ein Container, der in der Mitte des Lagers stand, rundherum geschützt mit Sandsäcken, die bis übers Dach aufgetürmt waren.

Am nächsten Tag klärte sich die Sache zwar nicht auf, aber man konnte eins und eins zusammenzählen, nachdem einer dieser Warlords, wohl der mächtigste in der Provinz, ihm sollen 1500 Milizkämpfer unterstanden haben, im Feldlager auftauchte und sich eine Audienz beim Kommandeur verschaffte. Angeblich um sein Entsetzen über den Angriff kundzutun. Er wollte sich höchstpersönlich des Falls annehmen und dafür Sorge tragen, dass so etwas nie wieder vorkäme. Schließlich sei man gut Freund und so weiter, während er ein Lächeln vorspielte. Jeder wusste, dass dieser Kerl im großen Stil im Drogen- und Waffenhandel mitmischte, seine Leute die wichtigsten Schmuggelrouten kontrollierten. Und dass er den Gouverneur als seinen Erzfeind betrachtete. Wir dagegen unterstützten den Gouverneur. Darauf war die ISAF-Mission ausgerichtet, die eingesetzte Provinzregierung zu stärken, um damit dann auch die Regierung des Lands zu stärken. Dass ihm das nicht in den Kram passte, hätte der Warlord niemals direkt gesagt. Indem er uns eine Granate schickte, wollte er den Gouverneur schlecht dastehen lassen. Und somit auch uns, weil wir aufs falsche Pferd setzten, aus seiner Sicht. Ein bisschen um die Ecke gedacht, aber so tickten solche Gestalten. Sie lächelten ihrem Gegenüber schamlos ins Gesicht, während sie gleichzeitig einen Plan ausheckten, wie sie denjenigen beseitigen konnten.

Wir konzentrierten uns also zunehmend darauf, Waffen und Waffenverstecke ausfindig zu machen. In manchen Orten fragten wir direkt danach. In der Regel zeigten uns die Leute ihre Lager, oft überraschend bereitwillig. Genauso überraschend war dann der Anblick, der sich uns bot. Meist war es eine Sammlung von Uralt-Waffen, Sturm- und Maschinengewehre, Maschinenpistolen, größtenteils sowjetischer beziehungsweise russischer Bauart. Auch Panzerminen und RPGs. Fast alles verrottet und nicht mehr funktionstüchtig. Dazu die überfreundlichen Gesichter der Leute, die ihre

»Schätze« präsentierten. Man wurde oft das Gefühl nicht los, die verarschen einen. Präsentierten Schrott und hielten die wahren Waffen, die noch etwas taugten, verborgen.

## RUSTAQ

Im Zuge dieser Maßnahmen kamen wir nach Rustaq, einem kleinen Ort irgendwo im Nirgendwo, 10 000 Einwohner hätte ich geschätzt, noch ein Stück weiter nördlich. Vorher mussten wir einen Umweg über Kundus einlegen, um einen Soldaten aufzunehmen, der die Strecke kannte. Vielmehr, der sie kennen sollte, da er sie bereits gefahren war, angeblich mehrmals.

Wir übernachteten in Kundus und machten uns früh am Morgen auf den Weg. Ich war die gesamte Zeit als Fahrer eingesetzt. Als die Sonne am Horizont auftauchte, durchquerten wir gerade ein wüstenähnliches Gebiet mit Sand- und Steinböden. Der Wechsel der Farben, ein atemberaubendes Schauspiel, als hätte jemand ein riesiges Tuch mit Engelsgeduld über die Landschaft gezogen. Schade nur, dass wir uns auf andere Dinge konzentrieren mussten. Ich als Fahrer besonders. Umso mehr, als uns auffiel, dass wir vom Weg abgekommen sein mussten. Der ortskundige Soldat schien doch nicht so ortskundig zu sein. Es waren die weiß-rot markierten Steine am Boden, die uns erst stutzig machten und mich dann bremsen ließen. Irgendwie waren wir auf der roten Seite gelandet, in einem Abschnitt, der anscheinend noch nicht geräumt war. In der Gegend standen zu viele alte Panzerwracks und anderes zerstörtes Kriegsgerät, um das nicht ernst zu nehmen. Wir steuerten zurück, ohne umzudrehen, versuchten dabei, die alte Spur zu treffen, bis wir wieder sicheren Boden unter uns hatten.

Den halben Tag waren wir bestimmt unterwegs, ehe die ersten Lehmhütten am Rand von Rustaq wie aus dem Nichts vor uns auftauchten. Wir nahmen Kurs auf das Ortszentrum, Richtung Bürgermeisteramt, das in der Landessprache vermutlich eine andere Bezeichnung hatte. Unmittelbar daneben befand sich die Polizeistation. Beide Grundstücke waren von Lehmmauern umgeben, wie man es dort überall sieht. Die typischen Compounds. Davor erstreckte sich ein großer, unbefestigter Platz, auf dem Staub aufwirbelte, als wir vorfuhren.

Dann das erste Treffen mit dem Dorfältesten, langer weißer Bart und Turban, wie man es aus Filmen kennt. Und mit dem örtlichen Polizeichef, der war auch dabei. Als Erstes ging es darum, die Verantwortlichkeiten zu erforschen, wer hatte welche Ämter und mit wem mussten wir reden, um unseren Auftrag ausführen zu können. Im nächsten Schritt sollte geklärt werden, wo im Ort Waffen lagerten und wie man es erreichen konnte, dass die Einwohner alles abgaben, was sie an Waffen und Munition in ihrem Besitz hatten. Das Ziel war, kurz gesagt, den gesamten Ort waffenfrei zu bekommen. Allerdings war weder der erste Teil, die eigentliche Aufklärung, noch alles andere, was dafür notwendig war, in zwei oder drei Tagen zu klären. Allein die Annäherung und alles Diplomatische im Vorfeld zog sich über Wochen hin. Was es zusätzlich kompliziert machte: Im Hintergrund schwelte wohl seit Längerem ein Konflikt zwischen dem örtlichen Warlord und seinen schwerbewaffneten Milizen, die ihren Einfluss nicht aufgeben wollten, und den von der Regierung in Kabul eingesetzten staatlichen Kräften, die wir zu unterstützen hatten.

Unser Trupp quartierte sich mit den Fahrzeugen im Garten des Bürgermeisteramts ein. Ein bisschen Gras, ein paar Bäume, viel mehr Grün gab es nicht, also weit entfernt von einer saftigen Oase. Wir bauten unsere Feldbetten auf und schliefen wie üblich unter freiem Himmel, um unseren Fahrzeugen gute Bewacher zu sein. Als Sonnenschutz und Behelfsbedachung spannten wir Planen auf. Tagsüber stieg das Thermometer bis auf fast 50 Grad, da war jedes Fitzelchen Schatten ein Segen.

Dann wurden wir von einem anderen MOLT-Team abgelöst. Auf dem Rückweg zum Feldlager sollten wir eine direkte Strecke nach

Faizabad erkunden. Luftlinie lagen die beiden Orte nicht einmal halb so weit entfernt, wie wenn man die Autostrecke über Kundus nahm. Ein abenteuerliches Unterfangen, wir waren mit vier Fahrzeugen unterwegs, zwei AGFs, zwei Mercedes-Jeeps. Ein bisschen Camel Trophy, ein bisschen Nervenkitzel, auch ein bisschen Lebensgefahr, aber wir schafften es ohne größere Schäden. Unterm Strich ein Fahrtraining der speziellen Art, kombiniert mit einer Extralektion Orientieren im Gelände.

Nach ein oder zwei Wochen kam unser Trupp zurück, um nun selbst andere Kräfte abzulösen. Inzwischen waren die Gespräche so weit gediehen, dass eine Schura einberufen wurde. Mehrere Hundert Personen versammelten sich auf einem alten Militärgelände unweit der Polizeistation. Unsere Teamführer waren dazu auch geladen, sie führten für unsere Seite die Verhandlungen, vermittelt durch einen Dolmetscher.

Wir waren wieder als MOLT-Team unterwegs. Das bestand aus unserem Gebirgstrupp, einem amphibischen Trupp und Leuten von den Spezialisierten Einsatzkräften der Marine, insgesamt 12 bis 16 Mann, das variierte. Einer der Truppführer und ein Marineoffizier waren als Verhandlungsführer bevollmächtigt. Das war wichtig für die afghanischen Honoratioren, sie setzten sich nur mit jemandem zusammen, der ihrer Hierarchieebene entsprach. Jedenfalls musste man sich ihnen gegenüber entsprechend als Führer präsentieren.

Jeder in der Runde schien etwas sagen zu müssen, als hätte er sonst an Ansehen und Bedeutung verloren. Man kann sich das so ähnlich vorstellen wie in *Rambo III* – John Rambo in Afghanistan. Erst wurden Komplimente ausgetauscht und der gute Wille bekundet. Dann näherte man sich dem eigentlichen Thema … und schließlich wurde verhandelt, ohne den freundlichen und respektvollen Ton aufzugeben. Natürlich wurden von afghanischer Seite auch Forderungen gestellt, manchmal auch absurd übertriebene, aber das gehörte dazu und jeder der Beteiligten wusste es einzuordnen. Konkret ging es vor allem um die Lieferung von Medikamenten. Auch der

Bau von Wasserbrunnen war ein Thema. Und eine bessere Ausstattung für das örtliche Krankenhaus. Immerhin schienen die Parteien Schritt für Schritt vorangekommen zu sein. Offenbar war selbst der Warlord bereit, seine Truppen zu entwaffnen. Wie ehrlich er es damit meinte, konnte niemand einschätzen.

Noch während die Schura andauerte, wurden aus Gebäuden, die sich auf dem Militärgelände befanden, Waffen und Munition herbeigeschafft und aufgereiht, wie zum Beweis, dass die Verantwortlichen auf afghanischer Seite ihren Worten auch tatsächlich Taten folgen ließen. Und es kamen Einheimische mit Eseln, die sie mit alten Maschinengewehren, Kalaschnikows, RPGs und Mörsergranaten beladen hatten, um diese vor aller Augen abzuliefern. Der größte Teil stammte aus russischer Produktion, oder sowjetischer, um genau zu sein. Aber auch chinesische Lizenzen waren darunter. Selbst Sprengstoff, der in Kartons verpackt war, stapelte sich bald zu einer kleinen Mauer, etwa 20 Meter lang und einen Meter hoch. Der stammte allerdings nicht aus Privatbesitz, sondern aus einem alten Waffendepot auf dem Militärgelände, das bis obenhin vollgestopft war. Dort fanden sich sogar T-34-Panzer, Raketenwerfer und Flugabwehrkanonen, auch hier wieder das Gros aus russischer Produktion. Die Botschaft war nicht zu missdeuten: Wir erfüllen unseren Teil, jetzt seid ihr dran.

Am Ende der Schura wurde beschlossen, dass alle Waffen abgegeben würden. In den folgenden Tagen sammelten sich immer mehr Kriegsgerätschaften an, auch aus umliegenden Dörfern, die irgendwie dazugehörten. Die Milizen des Warlords hielten sich dagegen noch zurück.

Wieder wurde unser Team für einige Tage abgelöst … und kam danach noch einmal nach Rustaq zurück, in dasselbe Quartier im Garten des Bürgermeisteramts. Ein weiterer Routineeinsatz, dachten alle Beteiligten. In der Zwischenzeit hatten sich noch mehr Waffen, Sprengmittel und Munition angesammelt – nun auch von Kämpfern des Warlords.

Irgendjemand hatte grob überschlagen, man bräuchte sechs bis sieben Lastwagen, um allein die Munition wegzuschaffen. So viele kamen dann auch. Man sollte nicht glauben, wie viele Lkw, die dort herumfuhren, aus Europa und besonders aus Deutschland stammten – Mercedes, MAN und andere bekannte Marken. Wobei es sich zum größten Teil um ausrangierte Fahrzeuge handelte, was man unter anderem daran erkennen konnte, dass auf den Fahrer- und Beifahrertüren noch die Firmennamen und -adressen zu lesen waren. Und auf manchen Sonnenblenden alte Werbeaufschriften. Dass diese Art des Exports im Sinne des Klimaschutzes ist, wage ich zu bezweifeln – aber das ist ein anderes Thema.

Zeitgleich mit uns rückten EOD-Kräfte der Bundeswehr an, die in Kundus stationiert waren. EODler sind Kampfmittelabwehrsoldaten. Besser bekannt als Kampfmittelbeseitiger, was auch ziemlich genau die Übersetzung dessen ist, wofür die drei Buchstaben stehen: Explosive Ordnance Disposal. Das sind die, die im Einsatz normalerweise in Schutzanzügen stecken und Sprengfallen, Minen oder nicht detonierte Munition entschärfen. In Rustaq sollten sie das Sammelgut begutachten und sortieren, damit es fachgerecht verladen wurde und nichts passierte. Sie erledigten ihren Job im Hof der Polizeistation. Dort türmte sich inzwischen ein Großteil der Munition und Sprengmittel, die beseitigt werden sollten. Auf dem Platz vor der Station standen die Lastwagen. Zwei waren bereits beladen, einer davon stand ein Stück abseits vor dem Bürgermeisteramt, bei einem dritten war man noch dabei. Was die EODler freigaben, wurde von afghanischen Helfern zu den Lkw geschleppt. Einige der EODler halfen auch beim Tragen.

Wir sollten das Ganze überwachen, zusammen mit anderen Sicherungskräften aus Kundus. Also Posten beziehen und gucken. Und wer gerade nicht damit dran war, kümmerte sich um die Fahrzeuge oder um die Waffen. Oder er schlief, falls er die Nachtwache erwischt hatte. Um ehrlich zu sein, waren die Tage ziemlich langweilig. Es erinnerte mich an die Stabilisierungseinsätze im Kosovo mit den Gebirgsjägern. Nicht gerade das, weshalb man einst Soldat werden wollte. Aber gut, in solchen Situationen machte man halt einfach seinen Dienst. Ich glaube nicht einmal, dass ich groß darüber nachdachte. Das gewöhnte man sich mit der Zeit ab. Solche Phasen gab es nun einmal, es würden auch wieder andere kommen. Dass ausgerechnet Kommandosoldaten mit solchen Einsätzen ihre Zeit verbrachten, konnte man natürlich infrage stellen, hätte in dem Moment aber auch nichts geändert.

An einem Nachmittag dieser eher sinnfreien Tage war ich gerade dabei, die leere Zeit mit etwas Sinnvollem zu füllen. Ich hatte die Motorhaube unseres AGF geöffnet, einen Kompressor in Gang geworfen, den wir an Bord mitführten, und damit begonnen, den Luftfilter zu reinigen. Das machten wir nach jeder Fahrt, was bei dem Staub auf den Pisten auch höchst angebracht war. Abgesehen davon war es Vorschrift, technischer Dienst nach Benutzung nannte sich das. Überhaupt passten wir akribisch auf Technik und Material auf und pflegten es entsprechend. Niemand von uns wollte irgendwo in der Wüste stehen bleiben.

Das Fahrzeug stand im Garten des Bürgermeisteramts.

Mit einem Mal bebte die Erde und gleichzeitig war eine gewaltige Detonation zu hören. In nächster Nähe, daran gab es keinen Zweifel. Nach der ersten Schrecksekunde schnappte ich mir mein Medicpack und meine Waffe und lief mit zwei, drei anderen hinaus auf den großen Platz, wo die Lastwagen standen. Vor dem Tor des Bürgermeisteramts lag ein Mann auf dem Boden. Ein Afghane. Er regte sich nicht. Ich sah Blut. Und ich sah einen unserer Kameraden, der sich über ihn beugte.

»Kann ich was tun?«, fragte ich ihn.

»Dem können wir nicht mehr helfen, er macht gerade seine letzten Atemzüge …«

Die Detonation … der Lastwagen, der direkt vor der Polizeistation stand, brannte … ich versuchte, zu realisieren, was geschehen war.

Ein paar Schritte vor mir liefen zwei Medics von den Marinekräften Richtung Polizeistation. Um dorthin zu gelangen, hätten wir den Lastwagen passieren müssen, der explodiert war. Neben ihm, quer zum Gebäude, stand ein zweiter Lastwagen, sodass zwischen beiden ein Durchgang blieb. Gerade als ich seine Ladefläche erreichte, sah ich, wie eine Stichflamme in die Höhe schoss. Ich stoppte und schrie zu den beiden vor mir: »Sofort zurück!!! Hier fliegt gleich alles in die Luft!«

Als ich sah, dass sie mich gehört hatten, nahm ich selbst meine Beine in die Hand, rannte zurück auf das Grundstück des Bürgermeisteramts, hinter die schützende Mauer. Die Marinekräfte folgten eine Sekunde später. Gerade noch rechtzeitig.

Die Detonation, die dann folgte, war um einiges gewaltiger als die erste. Ich hatte nie eine gewaltigere gehört. Und dann regnete es Metall vom Himmel. Splitter flogen wie winzige Pfeile kreuz und quer durch die Luft. Und nach dem einen großen Schlag ging es weiter, als hätte jemand ein Feuerwerk gezündet, nur dass die Explosionen lauter waren, bedrohlicher – und nicht aufhören wollten. Hinterher meinte jemand, es hätte über eine Stunde gerumst und geknallt, fast zwei.

Da wir an den Lastwagen vor den Grundstücken nicht vorbeikamen, kletterten wir hinten im Garten über die Mauer, die das Gelände von dem der Polizeistation trennte. Von dort bewegten wir uns zu der Durchfahrt, die auf den Platz hinausführte. Um zu sehen, ob es Verletzte gab, ob wir helfen konnten. In dem Moment, als wir die Ausfahrt erreichten und nach draußen gehen wollten, gab es eine weitere Detonation. Unzählige Geschosse und Splitter schlugen kurz vor uns in die Wand ein. Wären wir ein, zwei Schritte weiter gewesen, hätte es einen von uns erwischt.

In solchen Situationen verlor man das Gefühl für die Zeit. Man war im Kopf nur damit beschäftigt, was man tun konnte, welcher Weg sich anbot, ob man irgendetwas übersehen hatte. Bei all dem versuchte man, einen klaren Kopf zu bewahren, um sich nicht leichtsinnig, unüberlegt, selbst in Gefahr zu bringen. Allerdings hätte man sich auch nicht irgendwo hingehockt, wo es sicher schien, um abzuwarten, bis alles vorüber war. Schon gar nicht, wenn man davon ausgehen musste, dass andere Hilfe benötigten. Und das mussten wir.

Irgendwann flauten die Explosionen ab. Wir wagten einen neuen Versuch, uns ein Bild der Lage zu verschaffen. Diesmal wieder durch das Tor in der Mauer des Bürgermeisteramts. Die Bilder sehe ich noch heute vor mir. Manchmal kommen sie in der Nacht, im Schlaf, in Träumen. Von den beiden Lastwagen waren kaum mehr als die Fahrgestelle übrig. Metallene Gerippe. Alles war schwarz verkohlt. Auch der Boden ringsum. Und die Frontmauer der Polizeistation. Aber das Schlimmste war der Anblick der Leichen. Auch sie komplett verkohlt, man konnte nur erahnen, dass es einmal Menschen waren. Ob wir sie damals selbst zählten, kann ich nicht sagen. Einerseits war jede Information nach solch einem Ereignis wichtig, zumal wir die ersten Augenzeugen waren. Andererseits wollte man am liebsten nicht hinsehen. Man versuchte, professionell zu sein, es nicht an sich heranzulassen – was vielleicht sogar gelang, in dem Moment. Doch die Festplatte im Kopf speicherte jedes einzelne dieser Bilder, und irgendwann holten sie einen ein.

Am Abend zuvor hatte ich mit einer der Sicherungskräfte aus Kundus in unserem Gartenquartier zusammengesessen. Ein Oberfeldwebel, 26 Jahre alt. Er erzählte, dass es seine *golden mission* sei. Noch 14 Tage, dann sollte es für ihn in die Heimat zurückgehen. Dort warteten Frau und Kind, seit fünfeinhalb Monaten nun schon. Er war gut gelaunt, freute sich auf das Wiedersehen. Wir alberten herum, machten dumme Sprüche. Soldatensprüche, mit denen man sich ablenkte und für einen Moment vergaß, in welche Einöde es einen verschlagen hatte.

Und nun lief ich durch diesen Albtraum.

Die Wracks, die Leichen.

Sah den jungen Kerl vor mir, das Leuchten in seinen Augen, als er von seiner Familie erzählt hatte, von seinem Kind.

Und lief weiter. Hier konnten wir nichts mehr tun.

Irgendwoher kam die Information, im Krankenhaus könnten sie Hilfe gebrauchen, dort würden sich immer mehr Verletzte melden. Das Krankenhaus lag direkt hinter der Polizeistation. Der kürzeste Weg dorthin führte über die hintere Grundstücksmauer. Wir stellten schnell eine Leiter an und kletterten drüber.

In dem Krankenhaus herrschte ein ziemliches Durcheinander. Vor allem Frauen, ältere Männer und Kinder, die sichtlich unter Schock standen. Das Gesicht eines dieser Männer war vollkommen mit Blut beschmiert, sodass man eine üble Verletzung erwarten musste. Ein älteres Mütterchen führte ihn an der Hand wie ein Kind, er konnte nicht mehr sehen. Wir legten ihn auf eine Trage und entfernten vorsichtig das Blut. Wie sich herausstellte, hatte er kaum etwas abbekommen. Es war ihm nur Blut in die Augen gelaufen, aber er dachte, er sei von einem Splitter getroffen worden und erblindet. Dagegen hatte es einen kleinen Jungen, vier oder fünf Jahre alt, tatsächlich erwischt. In seinem Arm steckte ein Geschoss, zum Glück nicht allzu tief, sodass wir es herausoperieren konnten.

Ein richtiges Krankenhaus war es eigentlich nicht. Eher eine Lehmhütte, die aus mehreren Räumen bestand, in denen sich die Hitze staute und einem Gerüche entgegenwaberten, denen man sich am liebsten entzogen hätte. Es gab nur einen Arzt, der mit seinem Helferteam vom Ansturm an Verwundeten regelrecht überrannt wurde. Er hatte Erfahrung mit Kriegsverletzungen, konnte allerdings nur auf einfachste medizinische Ausrüstung zurückgreifen. Die OP-Bestecke, die wir dort sahen, hätte hierzulande niemand mehr angefasst. Daher waren wir mit unseren gut ausgestatteten Medicpacks mehr als willkommen. Wir versuchten, so gut wie möglich zu helfen, versorgten unzählige Leute, auch mit Splitter- und Schussverletzungen, die unter anderen Umständen von einem Arzt oder einer Ärztin behandelt worden wären.

Später kam ein Versorgungshubschrauber mit Medikamenten und Verbandsmaterial, das dringend benötigt wurde.

Zeitlich kann ich es schwer genau einordnen, doch es muss noch im Laufe desselben Tages gewesen sein, als wir die Nachricht erhielten, dass sechs Afghanen, die zum Beladen der Lastwagen eingeteilt waren, durch die Detonationen getötet wurden. Und zwei Bundeswehrsoldaten aus Kundus, ein EODler, 37 Jahre alt, und der junge Oberfeldwebel, mit dem ich am Vorabend gesprochen hatte. Einer von ihnen konnte angeblich nur über die Seriennummer des Verschlusses seiner Pistole identifiziert werden.

Für solche Nachrichten besitzt unser Gehirn einen Schutzmechanismus, wie eine Firewall, die das Böse nicht passieren lässt. Man nimmt es wahr, ist in dem Moment auch schockiert oder betroffen, aber man realisiert es nicht wirklich. Die Information bleibt an der Oberfläche, dringt nicht so tief ein, dass es einen umhaut. Hinzu kam, dass wir dafür ausgebildet wurden, in außergewöhnlichen Situationen zu funktionieren. Das ist der Sinn der sogenannten Drillausbildung: Man erledigt seine Aufgabe, bewahrt einen kühlen Kopf und einen klaren Verstand, egal was um einen herum geschieht. So war es auch dort in Rustaq. Erst in der Nacht, als ich etwas zur Ruhe kam, drängten sich Gedanken auf. Der junge Oberfeldwebel hatte Frau und Kind. Ich hatte Frau und Kind. Was, wenn ich ein paar Sekunden später aus dem Garten zu dem Lastwagen gekommen wäre, der als zweiter detonierte?

Am Ort des Geschehens durfte nichts verändert werden. Auch die Leichen rührte niemand an. Sie blieben über Nacht liegen. Das Gelände wurde von unseren Kräften bewacht. Irgendwann kamen die Feldjäger, sichteten das Grauen und sicherten an Beweisen, was es noch zu sichern gab.

Für uns war von Anfang an ziemlich klar, dass es nicht einfach so zu den Detonationen gekommen sein konnte. Erst flog die Ladung des einen Lastwagens in die Luft, dann die Stichflamme auf dem zweiten Lastwagen, die ich zum Glück rechtzeitig bemerkt hatte, und Sekunden darauf auch dort eine Detonation. Ein bisschen viel des Zufalls. Wahrscheinlich hatte es auf dem ersten Lastwagen vorher eine ebensolche Stichflamme gegeben. Und beide Stichflammen konnten durch einen Brandbeschleuniger erzeugt worden sein.

Allerdings wurde uns sofort eingetrichtert, derlei Spekulationen gefälligst für uns zu behalten. Falls jemand Fotos gemacht hatte, sollten diese umgehend gelöscht werden. Offiziell wurde es als Unfall ausgegeben. Bei der Verladung jahrelang unsachgemäß gelagerter Munition sei es zu einer zufälligen Explosion gekommen – ungefähr so lautete eine der Erklärungen. Auch das Einsatzführungskommando der Bundeswehr stützte die Unfallvariante und ließ verkünden, es gäbe keinerlei Hinweise für einen Anschlag. Selbst bei der Trauerfeier für die getöteten Kameraden, die nach der Überführung ihrer sterblichen Überreste in die Heimat in Köln stattfand, sprach der damalige Verteidigungsminister von einem »tragischen Unfall« infolge einer verheerenden Kettenreaktion. Dabei gab es sogar von afghanischer Seite unmittelbar nach dem Vorfall die Vermutung, die Fahrzeuge könnten mit einer ferngezündeten Sprengladung in die Luft gejagt worden sein.

Etwa anderthalb Jahre später kam dann heraus, dass es mitnichten ein Unfall oder eine zufällige Explosion war. Das ging aus einem Untersuchungsbericht des Verteidigungsministeriums hervor, der allerdings nicht öffentlich verkündet, sondern durch die Recherchen einer Zeitung publik wurde. Auf einmal hieß es, mit »sehr hoher Wahrscheinlichkeit« sei eine 107-Millimeter-Rakete als versteckte Ladung manipuliert und zur Explosion gebracht worden. Obwohl es angeblich keine Erkenntnisse zu den Hintermännern des Anschlags gab, wollte man wissen, dass dieser nicht den Kräften der Bundeswehr gegolten habe. Die getöteten Soldaten seien demnach Opfer innerafghanischer Auseinandersetzungen geworden. Diese Annahme bezog sich auf die Rivalität zwischen den Einheimischen und den Truppen jenes Warlords, die sich lange geweigert hatten, ihre Waffen und Munition herauszurücken. Die ursprüngliche Version einer möglichen Selbstentzündung der verladenen Munition hatten Experten jedenfalls in der Luft zerrissen, technisch sei das nahezu unwahrscheinlich.

Ich schätze, in solche Untersuchungsberichte flossen immer auch politische Befindlichkeiten mit ein. Die Ursache hatte man ausgemacht, aber auf den Schlips treten wollte man niemandem. Um die Mission in Afghanistan nicht infrage zu stellen. Oder um die ohnehin angespannte Situation nicht noch zusätzlich aufzuheizen. Konnte man alles irgendwie verstehen, auch wenn es einmal mehr deutlich machte, wie Politik manchmal betrieben wird. Den Familien der getöteten Soldaten wird es nicht der geringste Trost gewesen sein. Als Berufssoldat weiß man, worauf man sich einlässt, dass es im schlimmsten Fall der Tod ist, mit dem man einen Pakt eingeht. Dabei führen sich aber die wenigsten vor Augen, wie sinnlos dieser Tod sein kann.

Wie gesagt: Damals stellte ich nicht infrage, dass wir in Afghanistan einen wichtigen Beitrag leisteten. Es war erst wenige Monate her, dass sich al-Qaida-Führer Osama bin Laden in einer Videobotschaft zu den Terroranschlägen des 11. September 2001 in New York und Washington bekannt hatte. Wohl aber zweifelte ich manches Mal daran, ob wir als Kommandosoldaten unserer Qualifikation entsprechend eingesetzt wurden. Der nächste Auftrag war so ein Fall. Sie schickten uns nach Baharak, einem Ort etwa 30 Kilometer südöstlich von Faizabad. Dort standen Wahlen an. Wir sollten das Geschehen beobachten und überwachen, um Unruhen zu vermeiden. Ritterkreuzaufträge nannten wir solche Operationen, sehr besonders und unheimlich wichtig – was ironisch gemeint war. Als Base für die Zeit des Einsatzes sollten wir eine alte Kaserne der Sowjets nutzen. Sie sah aus wie eine Burg – hohe Mauern, ein Turm an jeder Ecke – und thronte oberhalb des Orts. Als wir eintrafen und das Objekt erst einmal inspizierten, kamen uns Zweifel, dass es eine gute Idee war, sich ausgerechnet dort einzuquartieren. In mehreren Räumen und in einem Nebengelass stapelte sich bis unter die Decke Munition, hauptsächlich Mörsergranaten, aber auch anderes Zeug, das bei gezieltem Beschuss leicht zu einem Pulverfass hätte werden können. Wir blieben trotzdem, der Befehl lautete nun einmal so.

An den folgenden Tagen betrieben wir das, was man Raumaufklärung nannte. Wir fuhren durch die Gegend, um mögliche Gefahrenherde aufzuklären, und führten Gespräche mit Polizeiverantwortlichen und lokalen Würdenträgern. Und als der Wahltag herangerückt war, bewachten wir das Wahllokal. Dazwischen viel stumpfer Tagesdienst, 24/7, aufgeteilt in die üblichen Schichten. Das Aufregendste war ein kleines Erdbeben, das mich während einer Nachtwache überraschte. Und, in derselben Nacht, ein ungebetener Besucher in dem Moskitonetz, das ich über mein Feldbett gespannt hatte. Ich wollte mich gerade schlafen legen, guckte zum Glück noch mal nach oben – ungefähr 30 Zentimeter über meinem Kopf lauerte ein Skorpion.

## PLANUNG VS. REALITÄT

Bei einem späteren Einsatz in Afghanistan, in Kundus, wurde mir der Posten des S3 Current non-commissioned Officer übertragen. Ich saß in der Operationszentrale im Lager und war für den Tagesschriftverkehr zuständig. Der reinste Papierkrieg. Plante unsere Truppe eine Operation, musste ein *concept of operation* erstellt werden, auf gut Deutsch: ein Plan für den Einsatz. Da wir in einem internationalen Einsatz waren, lief so ziemlich alles auf Englisch. Ein solcher Plan enthielt alle wesentlichen Fakten, angefangen beim taktischen Vorgehen über die Lage im Raum, also die Feindsituation, bis hin zu dem, was man an Unterstützung für den Einsatz benötigte, personell, aber auch materiell, Aufklärungsdrohnen zum Beispiel. Jedes Führungsgrundgebiet steuerte Informationen aus seinem Bereich bei, und am Ende wurde alles im Concept of Operation zusammengepackt. Im nächsten Schritt ging es darum, die Bewilligung für die Operation zu erhalten. Dafür musste der Plan zum Einsatzführungskommando der

Bundeswehr nach Schwielowsee geschickt werden beziehungsweise zum dortigen Kommando FOSK – und zum ISAF-Headquarter am Flughafen in Kabul. Dort saß auch ein Verbindungsoffizier von uns. Nur wenn beide Stellen den Plan absegneten, durfte die Operation stattfinden. Und genau da lag manchmal das Problem. Gab die übergeordnete Führung in der Heimat grünes Licht, konnte es gut sein, dass die internationale Führung in Kabul Einwände geltend machte. Oder es war umgekehrt: Kabul hob den Daumen und die in Deutschland hatten Bedenken. Das Resultat: Die Planungen uferten aus, jegliche Flexibilität, die man in der Anfangszeit noch gehabt hatte, blieb auf der Strecke. Zum Beispiel musste in jedem Plan berücksichtigt sein, dass Operationen nur in Bereichen durchgeführt werden durften, die innerhalb einer Stunde von Hubschraubern zu erreichen waren. Wurde diese Distanz überschritten, brauchte man gar nicht erst weiterplanen, selbst wenn die Operation noch so erfolgversprechend gewesen wäre. *Direct actions,* wie wir sie ganz am Anfang durchführten, um *insurgents* – Aufständische –, denen wir auf die Spur gekommen waren (meist durch Informationen von Einheimischen oder durch Telefonüberwachung), kurzerhand in ihren Compounds festzunehmen, waren so kaum mehr möglich.

In diese Zeit fiel auch die Operation COIN – Counterinsurgency. Man könnte es als die etwas andere Kriegstaktik beschreiben. Die Amerikaner hatten damit angefangen, angeblich nicht ohne Erfolg. Die Idee dahinter war, die Herzen und das Vertrauen der Afghanen zu gewinnen, indem man eine gewisse Zeit in ihren Ortschaften lebte und dabei Gutes vollbrachte oder zumindest in Aussicht stellte, den Bau eines Brunnens für Trinkwasser beispielsweise. Auf diese Weise sollte die lokale Bevölkerung überzeugt werden, dass es der falsche Weg wäre, auf die Taliban zu setzen oder auf andere Kräfte, die gegen die neue Regierung handelten. Um wiederum denen die Möglichkeit zu nehmen, sich selbst in dem Ort breitzumachen oder Sympathisanten für ihren Kampf zu akquirieren. Dieses Mitleben in den Ortschaften war auf jeweils mehrere Monate ausgelegt. Danach sollten die Kräfte zum nächsten Ort weiterziehen oder durch andere ersetzt werden, die ihren Part übernahmen.

In der Planung hörte sich das ganz friedlich an. Nachdem auch der Ort definiert war, machten sich unsere Leute auf den Weg, eine komplette Kompanie inklusive Aufklärern und Scharfschützen, etwa 40 Mann. Im Konvoi, mit gepanzerten Fahrzeugen, hauptsächlich Dingos, aber auch Eagles, einem Panzerspähwagen Fennek sowie einem Transportpanzer Fuchs. Von Kundus lag das Ziel etwa 30 Kilometer entfernt, Luftlinie vielleicht 10. Ich war, wie gesagt, in der Operationszentrale eingesetzt. Auch der Kompaniechef blieb im Lager, er hielt sich wie ich im Stab auf. Einer der Zugführer hatte das Kommando.

Kurz vor der Ortschaft, sie war bereits in Sichtweite, wartete ein Empfangskomitee, allerdings keins, das den Gästen wohlgesinnt war. Als Begrüßung schickte es eine RPG, durch die einer unserer Soldaten verletzt wurde. Überrascht von dem Angriff wich unsere Truppe aus und bezog auf einer Anhöhe in der Nähe Stellung. Dort wurde sie weiter beschossen, nicht pausenlos, aber immer wieder. Unsere Leute erwiderten das Feuer, versuchten den Durchbruch zu erzwingen, forderten dafür Luftunterstützung an, das waren wie immer Amerikaner … nur schafften auch die es nicht, den Weg für uns freizumachen. Das Feuer aus den Stellungen, die ein Stück vor dem Dorf ausgehoben worden waren, hörte einfach nicht auf. Ein Katz-und-Maus-Spiel. Mal schossen die, mal schossen wir, ohne dass wir einen Schritt vorankamen. Das Ganze zog sich über zwei oder drei Tage. Bis der Zugführer vor Ort zu der Erkenntnis gelangte, dass es keinen Sinn machte, noch länger in der Stellung zu verbleiben. Allerdings durfte nicht er die Entscheidung treffen, den Rückweg anzutreten, das musste der Kommandeur im Lager befehlen – was er auch tat, nachdem ihm die aussichtslose Lage geschildert worden war.

Wenn ich eben schrieb, dass unsere Leute überrascht waren, plötzlich angegriffen zu werden, dann trifft es das nicht ganz. In diesem Land durfte einen nichts überraschen. Sie waren nicht ohne

Grund in gepanzerten Fahrzeugen und mit voller Bewaffnung aufgebrochen. In der Ortschaft, die wir für die Mission ausgewählt hatten, wussten sie, dass und wann wir kommen – solche Aktionen wurden vorher mit dem Bürgermeister oder dem, der dort das Sagen hatte, ausgehandelt. Und von dieser Person auch gutgeheißen, zumindest uns gegenüber. Nur musste das eben nicht viel bedeuten. Rein gar nichts musste es bedeuten. Sinnbildlich gesprochen: Fuhr man tagsüber an einem Feld vorbei, winkten einem die Einheimischen freundlich zu. Wurde es dunkel, konnten es die gleichen Personen sein, die Gewehre in ihren Händen hatten und auf einen schossen. Man blickte nie durch, was diese Menschen wirklich dachten. Von daher musste man immer auf alles gefasst sein.

Sogar dann, wenn man allen Grund zu der Annahme hatte, die Leute würden auf derselben Seite stehen. Zu unseren Aufgaben gehörte später, afghanische Polizeikräfte auszubilden. Das machten wir in Kundus, in Masar-e Scharif und in Khilagay. Das Ziel bestand darin, die einheimischen Polizisten so weit zu befähigen, dass sie selbstständig Operationen durchführen konnten, schwerpunktmäßig gegen die Taliban. Dieser Prozess lief schrittweise ab. Erst die eigentliche Ausbildung, bei der die Grundlagen vermittelt wurden. Dann leiteten wir sie an, eigene Operationen zu planen und umzusetzen. Und schließlich nahmen wir uns so weit zurück, dass wir die von ihnen vorbereiteten Operationen nur noch begleiteten und beobachteten, sozusagen monitorten, um im Notfall eingreifen beziehungsweise helfen zu können. So jedenfalls war es gedacht. Und so lief es auch, zumindest bis zu einem gewissen Punkt.

Wir hatten inzwischen das Stadium erreicht, in dem wir ihre Operationen nur noch beobachtend begleiteten. Dafür war festgelegt, dass wir zahlenmäßig in der Minderheit sein mussten, markant weniger als die Hälfte. Und wir hatten uns hinter den Polizeikräften zu bewegen. Der Plan und alle Informationen, die im Voraus einzuholen waren, stammten nun aber nicht mehr von deutschen oder anderen NATO-Informationsquellen, sondern von afghanischen.

Das war auch die Ausgangssituation an jenem Tag im Mai 2013, als 17 Kameraden unserer Kompanie in Khilagay ausrückten, um von uns ausgebildete afghanische Polizeikräfte bei einem Einsatz unterstützend zu begleiten. Es ging in die Gegend von Zaman Khel, rund 50 Kilometer südlich von Kundus. Dort lieferten sich afghanische Sicherheitskräfte seit Tagen Gefechte mit Aufständischen. Bei den Sicherheitskräften handelte es sich in der Hauptsache um Angehörige der Afghanischen Nationalarmee ANA, einer Freiwilligenarmee, die zum Großteil zwar ebenfalls von ISAF-Kräften ausgebildet wurde, aber längst nicht den Standard westlicher Armeen erreichte. Mit den Aufständischen waren Taliban und deren Anhänger gemeint. Da die Armee bei den Kämpfen mehr zurückgedrängt wurde, als dass sie vorankam, wollten die Polizeikräfte ähnlich einer schnellen Eingreiftruppe – *quick reaction force* – der Armee mit einem Überraschungsangriff zu Hilfe kommen, die Blockade durchbrechen. So jedenfalls wurde es uns verkauft. Im Vorfeld gab es eine Besprechung zwischen den Polizeikräften und unseren Leuten, um das gemeinsame Vorgehen abzustimmen. An dieser Besprechung nahm unser Kompaniechef teil, der dann selbst den Einsatz unserer Kameraden führte. Es war derselbe Kompaniechef, dem wir die Abschiedsfeier auf der Schießanlage widmeten.

Ich war damals nicht mit meiner Kompanie in Afghanistan, sondern beim Einsatzführungskommando in Schwielowsee als Liaison Officer (LNO) eingesetzt, also als Verbindungsoffizier. Das Kommando FOSK gab es da nicht mehr. Mittlerweile wurden Spezialkräfte, die im Auslandseinsatz waren, von der Abteilung Spezialoperationen – SpezOp – innerhalb des Einsatzführungskommandos geführt. Und genau zu dieser Abteilung hatten sie mich für die Zeit, die die Kompanie in Afghanistan verbrachte, abkommandiert. Fünf oder sechs Monate waren das. Als Verbindungsoffizier war man zwar weit weg von der Truppe, sollte aber jederzeit Kontakt halten und über alles in Kenntnis gesetzt werden, was sich im Einsatzland ereignete. Da sämtliche Informationen streng geheim behandelt werden mussten, bekam man ein Kryptohandy, bei dem sowohl Textnachrichten als auch Telefonate so verschlüsselt wurden, dass sie abhörsicher waren.

Kurz zur Erklärung: Das Einsatzführungskommando der Bundeswehr ist eine sogenannte Höhere Kommandobehörde, das heißt, eine Dienststelle, die auf operativer Ebene direkt dem Verteidigungsministerium unterstellt ist. Was wiederum bedeutet, dass sie als einzige militärische Dienststelle nationale Weisungen, also Weisungen, die auf Entscheidungen der Bundesregierung beruhen, an die obersten Führungskräfte in den jeweiligen Einsatzländern gibt. Das Headquarter des Einsatzführungskommandos befindet sich in der Henning-von-Tresckow-Kaserne in Geltow, einem Ortsteil der Gemeinde Schwielowsee bei Potsdam. Dass die Kaserne, die in den 1930er-Jahren errichtet wurde, eine wechselhafte Geschichte hinter sich hat, kann man sich denken – Wehrmacht, Sowjetarmee, NVA, Bundeswehr. Der Bereich, in dem ich meinen Dienst versah, war innerhalb des Kasernengeländes, wo es auch eine Dienststelle des MAD gab, durch einen Zaun und Überwachungskameras noch einmal extra gesichert. Man musste eine Drehtür passieren, die sich nur mit einer entsprechenden Zugangskarte öffnete. Auch das Gebäude, das ursprünglich speziell fürs Kommando FOSK gebaut worden war, ließ sich nur auf diese Weise betreten. Und selbst im Inneren öffnete sich jede einzelne Tür erst, nachdem man sich mit der Karte legitimiert hatte. Das Gebäude bestand aus einem Bürotrakt, Erdgeschoss plus zwei Obergeschosse, und einem damit verbundenen sogenannten Sonderbaukörper, einem grauen, fensterlosen Block, der an einen modernen Bunker erinnerte. Darin befanden sich mehrere Konferenzräume und die eigentliche Operationszentrale.

Die Abteilung SpezOp beim Einsatzführungskommando war über den Einsatz unserer Kompanie informiert, hatte ihn genehmigt. Für Einsätze dieser Art, also im Verbund mit den Polizeikräften, gab es eine Art Generalgenehmigung. Es musste dann nur noch abgesegnet werden, dass es zum gewünschten Zeitpunkt losgehen durfte. Auch das war hier der Fall.

Unsere Kräfte und die der afghanischen Polizei, insgesamt etwa 50 Mann, setzten sich also gemeinsam in Bewegung. In gepanzerten Fahrzeugen, anders durften wir uns aufgrund der Gefahrenlage, die inzwischen herrschte, nicht mehr fortbewegen. Meist kamen Dingos, Enoks und Eagles zum Einsatz. Die Strecke verlief mehr oder weniger parallel zum Kundus-River, der sich in südliche Richtung durchs Gelände schlängelte. Irgendwann trennten sich Straße und Fluss, der westwärts weiterverlief, während der Konvoi seinen Weg nach Süden fortsetzte. Aber nur ein kurzes Stück, um dann wieder Kurs auf den Kundus-River zu nehmen. Das Zielgebiet befand sich nun nördlich des Flusses.

Die Einsatzkräfte näherten sich dem Ufer, um mit einer kleinen Fähre überzusetzen, die von Einheimischen betrieben wurde. Allerdings zu Fuß, nicht mit den Fahrzeugen, die mussten sie an einer sogenannten Petrol Base zurücklassen, da das Gelände ab dort nicht mehr befahrbar war. Die Fahrzeuge waren mit schweren Waffen ausgerüstet, hauptsächlich Maschinengewehren. Die jeweilige Besatzung blieb im Fahrzeug, um von der Stelle aus das weitere Vorgehen der übrigen Kräfte im Blick zu behalten und ihnen im Zweifel aus der Distanz Feuerschutz zu geben. Allerdings reichte ihre Sicht kaum weiter als bis über den Fluss. Jenseits desselben erstreckte sich ein weitläufiges Kusselgelände – ein Dickicht aus niedrigen Bäumen und mannshohen Sträuchern, stellenweise unterbrochen von grasbewachsenen Lichtungen. Dort irgendwo wurden die Aufständischen vermutet.

Unsere Truppe (womit ich auch die afghanischen Polizisten meine) fing an, das Gebiet in östliche Richtung zu durchkämmen. Gerade als sie sich an einer Wald- oder besser Gebüschkante entlangbewegte, wurde sie plötzlich überfallartig beschossen, und zwar massiv, mit Handfeuerwaffen und RPGs, als hätten die Aufständischen nur darauf gewartet, dass unsere Leute als Zielscheiben vor ihnen auftauchten. Von den feindlichen Schützen war keiner zu sehen. Man konnte nur grob erahnen, aus welcher Richtung das Feuer kam. Sofort gingen unsere Kräfte in Deckung und erwiderten das Feuer. Ohne den Feind zu sehen, war das allerdings ein recht aussichtsloses Unterfangen. Wohin sollten sie zielen? Sie konnten nicht blind ins Gebüsch feuern, so hätten sie nur sinnlos Munition vergeudet, auf die sie später vielleicht angewiesen sein würden. Also versuchten sie sich vom Feind zu lösen, indem sie auswichen. Konkret machte man das so, dass die Gruppe aufgeteilt wurde, eine Hälfte in Richtung Feind Deckungsfeuer schoss, während die andere Hälfte im Sprung auswich – das heißt, die Kameraden sprangen auf und liefen schnellstmöglich zu einer rückwärtigen Stellung oder Deckung. Dort gingen sie in Position, um jetzt das Deckungsfeuer für die Kameraden zu übernehmen, die noch dichter am Feind waren, damit auch sie sich von ihm lösen konnten.

Diese Taktik hatten wir auch den afghanischen Sicherheitskräften beigebracht und mit ihnen immer wieder trainiert. Trotzdem bevorzugten sie jetzt ihre eigene: Sie liefen einfach weg und schossen dabei wild um sich, sodass wir auch vor ihnen in Deckung gehen mussten. Flucht vor dem Feind nennt man den ersten Teil. Für den zweiten, das Um-sich-Ballern, gibt es keinen Begriff außer Irrsinn.

Unseren Leuten gelang es, bis zum Fluss auszuweichen und dort Stellung zu beziehen. Ebenso einigen der Afghanen, während die anderen für eine Weile nicht zu sehen waren. Aus der Stellung heraus wurde Luftnahunterstützung angefordert, die nicht lange auf sich warten ließ – zwei Lockheeds der Amerikaner, ausgestattet mit Wärmebildkameras, die helfen sollten, den unsichtbaren Feind im unübersichtlichen Gelände aufzuklären und zu bekämpfen.

Irgendwann kam die Meldung, dass keine Feindkräfte mehr aufzuklären seien. Die Lockheeds rückten ab.

Da in Afghanistan oft behauptet wurde, bei solchen Aktionen würden ohne Rücksicht auf Verluste auch Zivilisten getötet, entschlossen sich die Einsatzkräfte, das beschossene Gebiet zu durchkämmen, um sich einen Überblick über die Zahl der Opfer zu verschaffen – und um zu belegen, dass keine Zivilisten darunter waren.

In westlichen Militärkreisen kursierte damals die Rechnung, zehn minus zwei sei nicht acht, sondern mindestens zwanzig. Wenn also von zehn Taliban zwei getötet würden, blieben nicht acht übrig, sondern es würden zwanzig oder mehr werden. Denn jeder Getötete habe eine Menge Verwandte, die in dem Fall Rache schwören würden.

Inzwischen hatten sich die afghanischen Polizeikräfte wieder zusammengefunden, beabsichtigten anscheinend aber nach wie vor nicht, sich an gelernte taktische Vorgaben zu halten. Das fing bei ihrem Anführer an, der plötzlich der Meinung war, er sollte das Kommando einem seiner Zugführer übertragen, um selbst die Stellung nicht verlassen zu müssen. Es brauchte erst einen – auf gut Deutsch gesagt – Arschtritt unseres Kompaniechefs, nur verbal natürlich, damit er auf seinen Posten zurückkehrte. In der Zwischenzeit waren seine Leute einfach allein losmarschiert. Alles, was man ihnen in der Ausbildung versucht hatte beizubringen, schien komplett vergessen. Vielleicht hätte man die Operation an dem Punkt abbrechen sollen, aber hinterher ist man immer schlauer.

Die Truppe marschierte dann also wieder Richtung Feind, der nicht mehr vorhanden sein sollte. Der Polizeiführer befehligte kurz seine Leute, fand es bald aber interessanter, sich wie ein Gefechtsfeldtourist in aller Ruhe die Waffen der getöteten Feinde anzuschauen. Nach einer Weile waren plötzlich Stimmen zu hören, rechts vor ihnen. Sie bahnten sich gerade, wie die meiste Zeit in dem Gelände, einen Weg durch hohes Strauchwerk. Weder war Licht zu sehen noch konnten sie irgendwelche Gestalten erkennen. Aber da waren welche, denn einen winzigen Augenblick später krachten Schüsse – in ihre Richtung, aus nächster Nähe. Im Nachhinein hieß es, der Feind sei nicht weiter als fünf bis zehn Meter entfernt gewesen.

Noch ehe sie auf das Feuer reagieren konnten, wurde einer unserer Kameraden getroffen. Einen zweiten erwischte es, als die Polizeikräfte zum zweiten Mal bei diesem Einsatz einfach wegrannten, anstatt in Stellung zu gehen und dem Feind Paroli zu bieten. Wieder schossen sie dabei wie Geisteskranke wild um sich, sodass sie für die eigenen Kräfte eine größere Gefahr darstellten als für die Angreifer. Soviel ich weiß, konnte nie geklärt werden, wer den zweiten Kameraden anschoss. Er konnte sich zum Glück in Sicherheit bringen und überlebte. Aber es drängte sich damals stark der Verdacht auf, dass das Geschoss aus dem Gewehr eines der flüchtenden Polizisten stammte.

Nur unsere Truppe leistete Widerstand. Während des Feuergefechts lag der Kamerad, der zuerst getroffen worden war, im Kugelhagel, unerreichbar für die anderen. Unser Kompaniechef versuchte immer wieder, ihn über Funk anzusprechen – ohne dass er antwortete. Er schien sich auch nicht zu bewegen, sodass sie vom Schlimmsten ausgehen mussten.

Schließlich entschied der Kompaniechef, ihn unter Deckungsfeuer zu bergen. Es bleibt kein Kamerad zurück!, das war unser Schwur. Vorher wurden Handgranaten eingesetzt, um den Feind niederzuhalten oder zu bekämpfen. Oder um sich zumindest einen Vorteil zu verschaffen. Ein paar Sekunden, in denen der Feind nicht schießen konnte. Und die der Kompaniechef nutzte, um zu dem Kameraden zu kriechen und ihn in die Deckungsstellung zu ziehen, wo man ihn hätte medizinisch versorgen können. In seinem Fall war das leider Gottes keine Option mehr. Die Schussverletzung, die er erlitten hatte, ließ ihm keine Chance. Obwohl es später oft anders berichtet wurde, konnte unser Kompaniechef dort in der Deckungsstellung nur noch seinen Tod feststellen.

Dieser Einsatz war für alle unsere Kameraden, die dabei waren, eine Zäsur. Es hätte auch eine Zäsur für die deutsche Militärführung sein sollen, und für die deutsche Politik. Bis dahin war immer kommuniziert worden, wie großartig die Fortschritte seien, die in Afghanistan gemacht würden. Speziell auch auf die Ausbildungsmissionen bezogen, ob bei den Polizeikräften oder bei der Armee. Die afghanischen Sicherheitskräfte, hieß es in offiziellen Statements, würden sich bestens entwickeln und bald in der Lage sein, in ihrem Land selbst für Ordnung und Sicherheit zu sorgen. Die Taliban hätten auf Dauer keine Chance, das Land sei auf dem Weg in die Demokratie … und was man noch alles an Schönmalerei zu hören bekam. Inzwischen weiß jeder, wie wenig solche Aussagen mit der Realität zu tun hatten. Was auch immer dahintersteckte, Wunschdenken oder politisches Kalkül, womöglich auch wirtschaftliches, es war vor allem eines: eine Lüge. Beziehungsweise eine Kette von Lügen, über Jahre, über mehr als zwei Jahrzehnte.

Wie so etwas im Kleinen lief, durfte ich bei diesem Fall selbst miterleben. Wobei klein angesichts des tragischen Todes unseres Kameraden die falsche Klassifizierung sein sollte. Nur wurde die Sache von offizieller Seite genau so behandelt, als wäre es kein großes Drama – und als gälte es nicht, das zukünftige Vorgehen grundsätzlich zu überdenken. Nicht einmal als später der Verdacht aufkam, die afghanischen Polizeikräfte könnten bei dem Einsatz nicht nur zweimal feige davongelaufen sein, sondern unsere Truppe bewusst für die Taliban in eine Falle gelockt haben.

Der Einsatz ging damit zu Ende, dass der gefallene und der verletzte Kamerad per Hubschrauber aus dem Einsatzgebiet ausgeflogen wurden. Allerdings gelang das erst im zweiten Anlauf, nachdem der Heli beim ersten Anflug beschossen worden war. Die restlichen Kräfte bewegten sich mit der Fähre über den Fluss und von dort zurück zu den Fahrzeugen. Anschließend wurde ein Bericht über die Ereignisse angefertigt. Das war übliche Praxis, nur dass er diesmal Wahrheiten enthielt, die man beim Einsatzführungskommando vermutlich so ungern las wie im politischen Berlin. Mag sein, dass ich als Liaison Officer innerhalb der Kommandostruktur der Abteilung SpezOp ein zu kleines Licht war, um über diesen Bericht informiert zu werden. Ich bekam ihn trotzdem in die Hände. Und da mir sein Inhalt wichtig erschien, informierte ich den zuständigen Dezernatsleiter, der mit in der Operationszentrale saß. Überraschenderweise kannte er den Bericht noch nicht, zumindest nicht in seiner Gesamtheit, sondern nur den ersten Teil, den offiziellen, der lediglich grob die Geschehnisse umriss. Den zweiten Teil, der detaillierter ausfiel und ein Resümee unseres Kompaniechefs enthielt, ein sogenanntes ABF (Ansprechen – Beurteilen – Folgern), das deutlicher kaum formuliert sein konnte, hatte man offenbar nicht einmal ihm vorgelegt. Da er den Inhalt ähnlich brisant einschätzte wie ich, meinte er, er müsse damit zu seinem Vorgesetzten. Im Nachhinein erfuhr ich, dass diesem der Bericht bereits vorgelegt worden war, er ihn aber offenbar noch nicht an seine Dezernate weitergeleitet hatte.

Ich war in der Zwischenzeit nicht so zurückhaltend und verteilte den Bericht an so ziemlich jeden im Dezernat – nicht zuletzt, weil ich die Widrigkeiten, mit denen unsere Leute tagtäglich in Afghanistan konfrontiert wurden, aus eigenem Erleben kannte. Wenn diese Widrigkeiten zum sinnlosen Tod von Kameraden führten, wie das auch in Rustaq geschehen war, dann gehörte das meiner Meinung nach nicht in die Verborgenheit irgendwelcher Schubladen, sondern auf allen Entscheidungsebenen diskutiert. Vermutlich machte man sich auf diese Art unter seinen Vorgesetzten keine Freunde.

Die deutlichen Worte unseres Kompaniechefs in seinem Resümee beschrieben unter anderem, dass man bei der Ausbildung der Polizeikräfte den Eindruck gewinnen konnte, sie machten Fortschritte und würden die Prinzipien übernehmen, die wir ihnen beizubringen versuchten. Im Einsatz jedoch würde davon kaum etwas übrig bleiben. Kampfmoral? Pflichtgefühl? Kameradschaft? Dreimal Fehlanzeige. Die Polizisten würden nicht nur keine verlässliche Kraft darstellen, sondern seien durch ihre ziel- und planlose Herumballerei eine zusätzliche Gefahr neben dem eigentlichen Feind. Ein negativer Drogentest und keine schwerwiegenden Vorstrafen seien die einzigen Voraussetzungen, um bei der Polizei aufgenommen zu werden. Dabei würden die meisten weniger aus Überzeugung die Uniform überstreifen als vielmehr aus dem Grund, dass es ihnen ein gesichertes Einkommen und regelmäßige Mahlzeiten beschert. Bei den Armeekräften war das nicht anders. All das, so stand es in dem Bericht, sei keine Basis, um als Truppe gemeinsam in Einsätze zu ziehen. Und es konterkariere alles, was an Erfolgen bisher an die Führungsebene in Deutschland gemeldet wurde.

## MYTHOS KSK, PART II

Um es sich noch einmal in Erinnerung zu rufen: Das waren Erkenntnisse aus dem Jahr 2013. Geändert hat sich danach für uns nichts. Im Zuge der NATO-Mission Resolute Support, die Ende 2014 als Nachfolge der ISAF-Mission eingeläutet wurde, gab es meines Wissens Überlegungen, sämtliche deutschen Spezialkräfte aus Afghanistan abzuziehen. Warum es nicht dazu kam, kann man nur vermuten. Eine Vermutung wäre, dass dann auch die Abteilung SpezOp beim Einsatzführungskommando nicht weiter notwendig gewesen wäre, zumindest nicht in der bisherigen Personalstärke (Kommandosoldaten waren ja auch in anderen Krisenregionen im Einsatz, etwa in Mali). Somit hätte der eine oder andere in Schwielowsee womöglich an Bedeutung verloren. Das mag abwegig klingen, doch nach meiner Erfahrung liegen die Gründe selbst für solche Entscheidungen manchmal im Banalen. Ein anderer Punkt könnte gewesen sein, dass dadurch auch die Frage im Raum gestanden hätte, mal wieder, wofür man eine Truppe wie das KSK brauchte, wenn sie nicht einmal im größten Krisenherd eingesetzt würde, in dem sich die Bundeswehr engagierte.

Nach außen hin, für die Öffentlichkeit, wurde lieber an dem Mythos gestrickt, die Elitetruppe aus Calw würde zu den geheimsten aller geheimen Operationen um die Welt geschickt, die nur von solch hoch qualifizierten Kämpfern realisiert werden könnten. Die Wahrheit ist, aus meiner Sicht: Manchmal wurden solche Operationen auch geheim gehalten, weil sie gnadenlos schiefgingen. Und damit meine ich nicht, dass Kameraden von uns getötet wurden oder

Mist gebaut hätten. Es konnte auch hier weitaus banaler zugehen. Ich denke da an unseren Einsatz im Rahmen der EUFOR-Mission (European Union Force) in der Demokratischen Republik Kongo 2006. Ein multinationaler EU-Militäreinsatz, der in dem krisengeschüttelten Land die Durchführung der ersten freien Parlaments- und Präsidentschaftswahl seit über 40 Jahren sichern sollte. In den Medien war das damals ein ziemlich großes Thema. Die Bundeswehr schickte 780 Soldaten. Insgesamt waren 2400 EU-Kräfte im Einsatz. Geleitet wurde die Mission, die durch eine UN-Resolution zustande kam und auf vier oder fünf Monate befristet war, vom Einsatzführungskommando in Schwielowsee, das für diese Zeit als EU-Headquarter auserkoren wurde.

Irgendwie sickerte die Information durch, vermutlich nicht ganz unabsichtlich, dass auch 25 KSK-Kräfte in den Kongo geschickt wurden. Was sie dort machen sollten, blieb ein Geheimnis, und wie ich schon sagte: Geheimnisse lassen die Fantasie sprießen. Dabei war unser Auftrag zwar nicht für die Öffentlichkeit bestimmt, aber alles andere als spannend. Die Hauptaufgabe bestand darin, einen Evakuierungsplan für das Personal der Deutschen Botschaft in Kinshasa zu erarbeiten – falls die Situation im Land eskalieren sollte.

Ich flog mit dem Gebirgstrupp unserer Kompanie in die kongolesische Hauptstadt. Der erste Wahlgang war bereits gelaufen. Keiner der Kandidaten hatte die absolute Mehrheit errungen, sodass es einige Monate später eine Stichwahl geben sollte. Das Land war kein Pulverfass, das gleich zu explodieren drohte, aber die Lage war durchaus angespannt. Es kam immer wieder zu Zusammenstößen von Anhängern der konkurrierenden Lager, wobei es Verletzte und wohl auch Tote gab. Für die aus Europa entsandten Militärkräfte war es auf jeden Fall unerlässlich, ihre Mission bewaffnet auszuführen, schon zum eigenen Schutz. Das machte Militär ja aus – dass es bewaffnet war.

Wir kamen dort auch mit unseren Waffen an, nur dass wir keine Munition dabeihatten, nicht eine einzige Patrone. Unsere Munition sollte gesondert mit einer anderen Maschine ins Land gebracht werden. Das war so üblich, auch bei anderen Einsätzen in anderen Ländern. Mit dem Unterschied, dass diesmal die Munition nicht kam. Keine Ahnung, wer da was verbockt hatte. Es hieß, es gäbe Überflugprobleme. Irgendein Land wolle nicht, dass eine Militärmaschine voller Munition sein Territorium überflog. Das kam tatsächlich häufiger vor, auch auf anderen Routen. Für gewöhnlich ließ sich das immer irgendwie klären. Diesmal anscheinend nicht. Oder es gab einen anderen Grund, über den wir nicht in Kenntnis gesetzt wurden.

Wir warteten einen Tag, dann eine Woche, dann zwei Wochen. Die Munition kam nicht. Nach drei Wochen, in denen wir nicht viel mehr gemacht hatten, als in unserer im Vergleich zu Afghanistan recht komfortablen Unterkunft, einer leer stehende Villa im Botschaftsviertel, die Zeit totzuschlagen, wurden wir in die Heimat zurückbeordert. Später soll es eine Anfrage im Bundestag gegeben haben, was die KSK-Kräfte im Kongo vollbracht hatten. Gut, dass man sich wie so oft auf die Geheimhaltungspflicht berufen konnte.

Dagegen klappte es mit Lehrgängen und Ausbildungsmaßnahmen umso besser. Einige Zeit nach der Kongo-Pleite wurde ich zum Bergführerlehrgang kommandiert – so ziemlich das Anspruchsvollste, was man bei der Bundeswehr an Ausbildung mitmachen konnte. Körperlich und mental extrem herausfordernd. Es hatte seinen Grund, dass es nicht viele Heeresbergführer gab.

Der Lehrgang ging über ein ganzes Jahr, gliederte sich in einen Sommer- und in einen Winterteil. Normalerweise fing man mit dem Sommerteil an. Um überhaupt richtig loslegen zu können, musste man als Eingangstest den Dammkarlauf im Karwendelgebirge absolvieren, mit vollem Gepäck. Ich sage nur: Höhenmeter schrubben! Und das mit Köpfchen, denn man musste sich seine Kräfte einteilen. Wer unten zu schnell loslief, bekam oben Probleme. Einige schafften es nicht, die durften dann gleich wieder die Rückreise antreten.

Bei mir lief es etwas anders, ich begann mit dem Winterteil. Sechs Wochen Skiausbildung in Garmisch-Partenkirchen, natürlich auch auf der Kandahar, alle Fahrformen, die auf der Piste machbar waren – skialpine Sportler würden Disziplinen dazu sagen. Dann weiter nach Seefeld in Österreich, die nächsten Prüfungen, freie Abfahrt und Stangenfahrten. Das war schon knackig. Auch dort schieden welche aus.

Dann Skitourenausbildung in Andermatt in der Schweiz. Theorie und Praxis. Skitouren planen, Unterricht in Bergrettung, Lawinenverschüttetensuche. Und Lawinenkunde und Lawinensprengen. Am Ende erneut Prüfungen. Der ständige Druck, rauszufliegen, wenn man eine nicht schaffte, erinnerte mich an die Zeit des Eignungsfeststellungsverfahrens. Im Grunde war es kein Lehrgang, sondern ein Könngang. Um alles neu zu erlernen, wäre gar nicht genug Zeit gewesen, obwohl wir den Winter über jeden Tag auf Ski unterwegs waren. Man musste schon ein hohes Level an Grundkönnen mitbringen, sonst wäre man verloren gewesen.

Das Gleiche galt für den Sommerteil. Zuerst ging es in die Fränkische Schweiz, in die Nähe von Gößweinstein im Frankenjura, Klettertechniken verbessern und verfeinern. Schwerpunktmäßig Sportklettern. Dazu reichlich Unterricht: Wetterkunde, Bergrettung im Sommer und Verwundetenversorgung. Die Gegend ist traumhaft schön. Es machte wahnsinnig Spaß, dort zu klettern, vor allem im oberen Schwierigkeitsgrad. Da war man im Kopf schon sehr weit weg von Calw. Und noch viel weiter von Afghanistan.

Man lernte die schönsten Bergregionen kennen. Chamonix war die nächste Station. Hochtouren am Montblanc. Gletscherausbildung: Bergrettung, Spaltenrettung, Eisklettern, Bewegen auf dem Gletscher, solche Sachen. Mitunter äußerst abenteuerlich, vor allem, wenn man Richtung Gipfel unterwegs war und ein Gewitter aufzog, viel früher als der Wetterbericht es angekündigt hatte. Und wenn dieses Gewitter von Regen, Hagel und Schnee begleitet wurde, während man irgendwo in 3500 Metern Höhe saß. Nie werde ich vergessen, wie ich dort oben mit meinem Kletterpartner hockte, wir auf eine Wetterlücke warteten, um den Abstieg fortsetzen zu können, und er auf einmal sagte: »Wenn du überlebst, sag meiner Frau, ich liebe sie.«

Gott sei Dank überlebten wir es beide. Aber das hätte auch anders ausgehen können.

Zum Schluss ging es noch in die Dolomiten, alpines Klettern im Sommer – und die restlichen Prüfungstouren. Hätte es nicht immer diese Prüfungen gegeben, wäre es für mich die schönste Zeit bei der Bundeswehr gewesen. So hatte man ständig den Druck, nicht zu versagen, lebte in dauernder Anspannung. Aber vielleicht war genau das eine gute Schule, sozusagen zusätzlich, über das Fachwissen und die Fähigkeiten als Heeresbergführer hinaus. Wenn man es packte, konnte man gelassener mit allen möglichen Herausforderungen umgehen.

So genial solche Lehrgänge waren, einige Jahre später machte ich noch eine Wüsten-Fahrausbildung in Namibia, nicht vergleichbar mit der Zeit in den Bergen, aber auch eine außergewöhnliche Erfahrung, bei der ich viel lernte und auch sonst meinen Horizont erweiterte – nur hätte ich mein Können auch gern angewendet, im Sinne der Aufgaben, für die das KSK aufgestellt worden war. Das blieb, mit einigen Ausnahmen, die ewige Krux.

Einen Auftrag der etwas anderen Art ereilte uns im Oktober 2019. Während etwa die Hälfte unserer Kompanie in Afghanistan war, hielt sich der Rest, zu dem ich gehörte, als sogenannte Einsatzkompanie in Calw bereit – für den Fall, dass kurzfristig Kräfte angefordert würden, wie es dann auch kam. Konkret ging es darum, den Staatsbesuch eines deutschen Ministers in einem von Bürgerkrieg gebeutelten Land in Nordafrika in Zusammenarbeit mit Kräften des Bundeskriminalamts, Personenschützern in erster Linie, abzusichern. Sagen wir, es war eine willkommene Abwechslung und ein interessanter Blick hinter die Kulissen. Wer weiß schon, wie viel Aufwand im Vorfeld eines solchen Besuchs betrieben wird. Und dabei erlebten wir nur den Ausschnitt, der den sicherheitsrelevanten Bereich betraf. Die Einsatzplanung wurde im Wesentlichen vom BKA erledigt, von den Leuten, deren Job es war, Politiker zu schützen – der Sicherungsgruppe, Fachbereich Auslands- und Spezialeinsätze. Die kannten sich damit am besten aus. Wie ich schon erwähnte, setzten wir mit ihnen immer wieder gemeinsame Ausbildungsvorhaben um. Und eine Delegation der Truppe war regelmäßig Gast bei unserem Teichfest.

Vielleicht waren wir nicht das eingespielteste Team, aber jeder wusste vom anderen, dass er sein Fach beherrschte und wie man zusammen funktionierte. Ungewöhnlich für uns war, dass wir in Zivil agierten. Niemand sollte mitbekommen, dass Militär beteiligt war. Wir waren auch nur mit Pistolen bewaffnet, die zudem verdeckt getragen wurden, im Holster unterm Hemd. Mit Ausnahme der Sniper, aber die mussten am Einsatzort sowieso unsichtbar sein. Das bedeutete jedoch nicht, dass wir unsere Langwaffen und die Munition dafür nicht dabeihatten. Beides führten wir in Rolltaschen mit uns. Schließlich wusste niemand, was uns erwartete, also mussten wir auf alles vorbereitet sein.

Etwa eine Woche vor dem eigentlichen Besuchstermin flogen wir mit BKA-Kräften in einer Bundeswehr-Transall auf eine italienische Mittelmeerinsel. Ein Teil unserer Truppe war schon dort, hatte in einer kleinen Baracke auf dem Flughafen Quartier bezogen. Das war dann unsere Forward Operation Base. Die Ausrüstung kam gesondert mit einer zweiten Transall – Munition, Waffen, Verpflegung und alles, was wir fernmeldetechnisch benötigten. Dafür wurde uns ein Hangar bereitgestellt. In dem konnten wir die Ausrüstung deponieren und für den Einsatz vorbereiten.

Ein oder zwei Tage später machten wir uns das erste Mal auf den Weg in das nordafrikanische Land, das hier nicht genannt werden soll. Wieder in einer Transall. Zusammen mit den BKA-Kräften waren wir etwa 20 Mann. Der Zielflughafen, ein ziviler, lag direkt am Meer. Es gab eine Start- und eine Landebahn, ein paar flache Gebäude, sonst nichts, rundherum wüstenähnliche Fläche. Der Flughafen war in der Vergangenheit mehrfach beschossen worden. In dem Land gab es eine sogenannte Einheitsregierung, dabei konnte von Einheit nicht die Rede sein. Verschiedene Rebellengruppen kämpften seit Jahren um Macht und Einfluss, es brodelte und brodelte.

Während des Staatsbesuchs sollten wir den Flughafen sichern. Die Vorab-Aufklärung diente dazu, sich mit den Gegebenheiten des Objekts vertraut zu machen, mögliche Gefährdungspunkte zu definieren und einen geeigneten Platz für unseren Gefechtsstand zu finden. Außerdem mussten wir schauen, wo die Sniper Position beziehen konnten, damit sie das Gelände gut im Blick hatten, selbst aber nicht gesehen wurden.

Den Gefechtsstand, sozusagen unsere Einsatz- und Kommunikationszentrale vor Ort, bauten wir hinter einem Hangar neben dem Empfangsgebäude auf, unter freiem Himmel. Am Einsatztag würde ich dort mit einem Fernmelder Position beziehen. Bis dahin wurde die Funktechnik installiert, die Antenne ausgerichtet und gecheckt, ob die Verbindung zu allen eingesetzten Kräften, unseren und denen vom BKA, funktionierte. Der Kontakt nach Deutschland wurde per kryptiertem Funkgerät über Satellit eingerichtet. Ungewöhnlich war, dass wir zum Teil aus Calw geführt wurden und zum Teil vom Einsatzführungskommando in Schwielowsee. Damit hatten wir auch beiden Stellen Meldung zu erstatten.

Ein anderer Trupp von uns checkte zusammen mit BKA-Leuten die Fahrtroute vom Flughafen in die Stadt, zu den Örtlichkeiten, die der Minister besuchen sollte, eine Schule und eine Flüchtlingsunterkunft. Routinemäßig wurden eine Alternativroute ausgesucht und eine Exitroute definiert, falls es unterwegs zu einem Zwischenfall käme, der zum Abbruch des Besuchs führen würde. Als Worst-Case-Szenario, falls eine Rückkehr des Ministers zum Flughafen unmöglich oder zu gefährlich wäre, planten wir ein Ausweichen über den Landweg ins friedlichere Nachbarland, notfalls sogar zu Fuß. Bis zur Grenze waren es rund 50 Kilometer. Botschaftsmitarbeiter in dem Nachbarland klärten vorab die Formalitäten für einen möglichen Grenzübertritt.

Nachdem das alles erledigt war, ging es im Flieger zurück auf die italienische Insel zu unserer Forward Operation Base, für einen oder zwei Tage. Pizzatime, sage ich nur. In dem afrikanischen Land hatten wir nichts zu futtern bekommen.

Dann kam der Tag des Ministerbesuchs. Wir also wieder zurück, um rechtzeitig die festgelegten Positionen zu beziehen. Am Flughafen ein ziemlicher Menschenauflauf. Viele Anzugträger. Und noch mehr lokale Sicherheitskräfte. Jeder sollte sehen, dass sie alles aktivierten für den hohen Besuch aus Deutschland. Die Maschine mit dem Minister landete, kurze Begrüßung, dann ging es in einem Konvoi von mindestens 20 Fahrzeugen Richtung Stadt – der Staatsgast in einer gepanzerten Limousine. Ich arbeitete meinen Plan sauber ab, bekam von den Begleitkräften die einzelnen Meldepunkte durchgegeben, sobald sie diese passiert hatten, und gab die Informationen nach Deutschland weiter.

Es lief alles nach Plan, unterwegs keine Zwischenfälle.

Nach drei oder vier Stunden tauchte der Konvoi am Horizont wieder auf. Zuerst waren die vorausfahrenden Blaulichter zu sehen. Am Flughafen sollte es noch eine kurze Pressekonferenz geben, eher ein Statement für die versammelten Medienleute. Der Minister hatte das Fahrzeug verlassen und setzte gerade an, als am Himmel plötzlich ein Düsenjäger herandonnerte. Wenn der jetzt ablädt, dachte ich, dann war es das für uns. Weit und breit keine echte Schutzmöglichkeit. Den Hangar hätte er mit links wegbomben können, alles, was dort auf der Fläche stand.

Die improvisierte Pressekonferenz wurde augenblicklich abgebrochen. Die Personenschützer eskortierten den Minister im Laufschritt zu der gepanzerten Limousine. Der Fahrer gab sofort Gas, kaum dass sein Passagier Platz genommen hatte. Alte Regel, sich bewegende Ziele sind schwerer zu treffen.

Der Spuk dauerte fünf, sechs Minuten, dann kam die Entwarnung. Es war offenbar doch keine Maschine feindlicher Rebellen, was von den lokalen Sicherheitskräften zunächst angenommen worden war. Der Pressetermin wurde trotzdem gecancelt. Es gab noch eine kurze Verabschiedung für den Regierungsgast aus Deutschland, dann stieg er in den Flieger und war wieder weg.

Ich meldete, was zu melden war, anschließend packten auch wir unsere Sachen zusammen und flogen zurück, mit Zwischenstopp und Übernachtung auf Sizilien. Wie gesagt, für uns war es eine coole Abwechslung. Von mir aus hätte es mehr solche Aufträge geben können. Ab und zu machten wir so etwas auch, wenn Politiker nach Afghanistan kamen. Eine ganz andere Frage war, ob sich ein solcher Einsatz lohnte. Wenn man allein die Kosten für unseren Einsatz überschlug, dazu den Personal- und Zeitaufwand, konnte man schon ins Grübeln geraten.

Um den Gedanken von vorhin fortzusetzen: Ich glaube, dass wir vom soldatischen Können her nicht schlechter waren als die SEALs, der SAS oder die Delta Force der U.S. Army. Im Gegensatz zu ihnen fehlte uns jedoch das Maß an Erfahrung bei echten Einsätzen, das die amerikanischen Kollegen aufzuweisen hatten. Dieses Dilemma hätte sich nur politisch lösen lassen, wäre in der Gesellschaft aber kaum zu kommunizieren gewesen. Rein rechtlich durfte das KSK – wie die gesamte Bundeswehr – nur nach Zustimmung des Bundestags bewaffnete Einsätze im Ausland durchführen beziehungsweise daran teilnehmen. Mit der einzigen Ausnahme, wenn für deutsche Staatsbürger Gefahr in Verzug bestand, ein sofortiger Einsatz über Leben und Tod entschied. Da tauchte dann aber schnell die Frage auf, wer beurteilte, ob tatsächlich Gefahr in Verzug war. Und ob diese Gefahr nicht auf andere Weise und mit geringerem Risiko abgewendet werden konnte, etwa durch Verhandlungen oder durch die Zahlung von Lösegeld. Wobei solche Lösegeldzahlungen streng geheim gehalten und der Öffentlichkeit gegenüber meist bestritten wurden, schon um keine Nachahmungseffekte zu provozieren. In manchen Ländern, besonders in Südamerika, das sollte bekannt sein, galt – und gilt – Kidnapping als lukratives Geschäftsmodell.

Und noch ein Punkt machte es kompliziert: Selbst wenn Deutsche im Ausland unstrittig in höchster Gefahr schwebten, wie weit durften KSK-Kämpfer bei einem solchen Einsatz gehen?

Klar definiert war das – unabhängig von Geiselbefreiungen – für sogenannte Capture-or-kill-Aktionen, bei denen beides, also Gefangennehmen oder Töten, im Vorfeld als Resultat akzeptiert wurde. Das stand für uns zu keinem Zeitpunkt zur Debatte. Dafür hätte es niemals eine Genehmigung vom Ministerium oder der Bundesregierung, die das zu entscheiden hatte, gegeben. Selbst in Afghanistan mussten wir uns bei der Suche nach Talibanführern zurückhalten. Hatten wir einen aufgespürt, sodass seine Festnahme angegangen werden konnte, sollten wir ins zweite Glied zurücktreten – damit es keiner von uns war, der schoss, falls sich die Zielperson nicht ohne Widerstand festnehmen ließ. Töten war nur in einem Gefecht erlaubt. Oder bei einer akuten Bedrohungslage, wo es darauf hinauslief, dass derjenige überlebte, der zuerst schoss.

Warum wir nie für eine Geiselbefreiung eingesetzt wurden, kann ich selbst nach 20 Jahren beim KSK nicht wirklich beantworten. Es lag jedenfalls nicht daran, dass wir nicht gewollt hätten. Jedes Mal, wenn wir von einer Entführung deutscher Staatsbürger irgendwo auf der Welt erfuhren, scharrten wir in Calw mit den Füßen. Wie oft dachten wir, dieses Mal endlich kommen wir zum Zug. Doch wenn sich die Sache nicht von selbst löste, wurden wir aus Gründen, die nie wirklich offengelegt wurden, ausgebremst. Meine Vermutung ist, dass sich die Verantwortlichen vor den Konsequenzen fürchteten, die es nach sich gezogen hätte, falls bei einem solchen Einsatz die Geiseln oder einer unserer Männer getötet worden wären. Möglich wäre auch, dass uns die Entscheidungsträger nicht zutrauten, Geiseln erfolgreich befreien zu können. Ich schätze aber, dass persönliche Konsequenzen, die bei einem Misserfolg zu erwarten gewesen wären, das stärkere Gegenargument waren. So oder so war das mit der Zeit frustrierend, bei aller Motivation, die man sich zu bewahren bemühte. Jeder Sportler, der lange und fleißig trainiert, will bei

Meisterschaften antreten. Der Vergleich mag etwas hinken, da es in unserem Fall nicht um Sieg oder Niederlage ging, sondern um Leben und Tod. Aber wie ein Sportler einen Teil seiner Motivation daraus schöpft, eines Tages siegen zu wollen, so schöpften wir unsere daraus, etwas Wichtiges für unser Land und seine Menschen zu leisten. Das kann ich für mich behaupten, aber auch für alle Kameraden, die mir nahestanden.

# NACHTRAG UND DANK

Das Leben hält für jeden Höhen und Tiefen bereit. Es gibt Zeiten, an die man sich gern zurückerinnert und andere, die man lieber nie erlebt hätte. Man macht Fehler, aus denen man lernt. Manche lassen sich geradebiegen, andere nicht. Meinen größten Fehler beschreibe ich im ersten Teil dieses Buchs. Leider ist er nicht rückgängig zu machen, so sehr ich das auch wollte. Ich habe daraus gelernt – und mehr als das. Viele Menschen, die mir am Herzen liegen, haben darunter gelitten, aber trotzdem zu mir gestanden. Es gibt keine Worte, die meine Dankbarkeit dafür ausdrücken könnten. Diese Menschen – meine lieben Eltern, meine liebe Frau, mein lieber Sohn, all die Verwandten, Bekannten, die wahren Freunde und Kameraden – waren für mich da, obwohl ich sie mit meinem Handeln unendlich enttäuscht haben muss. Sie halfen mir, diese dunkle Zeit durchzustehen und mein Leben nach der Haft und dem Prozess neu zu organisieren, ihm wieder einen Sinn zu geben. Ich bin nicht mehr Soldat, führe jetzt ein Leben als Zivilist, versuche meinen Beitrag zu leisten. Alles ist anders nach fast 25 Dienstjahren, daran muss ich mich noch immer gewöhnen. Auch wenn ich aus tiefstem Herzen Soldat war und es irgendwie auch immer bleiben werde, bin ich froh, einen neuen Weg gefunden zu haben, mit all den Herausforderungen und Hürden, die zu nehmen waren und auch in Zukunft auf mich warten werden. Wohl dem, der eine Familie und gute Freunde hat.

## Ebenfalls bei Yes Publishing erschienen